国家文化产业资金支持媒体融合重大项目

“十二五”职业教育国家规划教材
经全国职业教育教材审定委员会审定

**普通高等教育“十一五”国家级规划教材**

21世纪新概念教材：“换代型”系列
高职高专教育市场营销专业教材新系



# 市场调查与预测

SHICHANG DIAOCHA YU YUCE

陈晖 魏炳麒 主编

（第七版）

东北财经大学出版社
Dongbei University of Finance & Economics Press
大连

**图书在版编目（CIP）数据**

市场调查与预测 / 陈晖，魏炳麒主编．—7版．—大连：东北财经大学出版社，2022.8

（高职高专教育市场营销专业教材新系）

ISBN 978-7-5654-4583-5

Ⅰ．市…　Ⅱ．①陈…②魏…　Ⅲ．①市场调查-高等职业教育-教材②市场预测-高等职业教育-教材　Ⅳ．F713.52

中国版本图书馆CIP数据核字（2022）第131158号

东北财经大学出版社出版

（大连市黑石礁尖山街217号　邮政编码　116025）

网　址：http：//www.dufep.cn

读者信箱：dufep@dufe.edu.cn

大连日升彩色印刷有限公司印刷　东北财经大学出版社发行

幅面尺寸：185mm×260mm　字数：385千字　印张：17

2022年8月第7版　2022年8月第1次印刷

责任编辑：许景行　张爱华　刘东威　孟　鑫　责任校对：包利华　吉　扬　梓　柠

封面设计：张智波　版式设计：原　皓

定价：42.00元

教学支持　售后服务　联系电话：（0411）84710309



如有印装质量问题，请联系营销部：（0411）84710711

# 总序

随着“教育兴国”战略的实施，面对21世纪社会经济发展对人才的需要，党中央、国务院决定扩大高等教育规模，通过多种形式积极发展高等教育，使我国高等教育的毛入学率至2015年达到36%左右，实现由“精英型”高等教育向大众化高等教育的转变。高职高专是我国高等教育的重要组成部分，培养拥护党的基本路线，适应生产、建设、管理、服务第一线需要，德、智、体、美等全面发展的高等技术应用型专门人才，学生应在具有必备的基础理论和专门知识的基础上，重点掌握从事本专业领域实际工作的基本能力和基本技能，具有良好的职业道德和敬业精神。大力发展高等职业教育，培养大量的高等技术应用型专门人才，是实现高等教育大众化目标的必然选择。

高职高专教育要完成培养高等技术应用型专门人才这一根本任务，迫切需要解决的问题之一是教材问题，因为目前高职高专院校使用的教材基本上是本科教材、原专科教材和成人高校教材。与高职高专教育新的培养目标相适应的新教材建设，从严格意义上讲，还是一块未开垦的“处女地”。切实做好占整个高等教育在校生规模60%以上的高职高专教育教材的建设已迫在眉睫。

《中华人民共和国国民经济和社会发展“九五”计划和2010年远景目标纲要》明确指出，国有企业要按照市场需求组织生产，“搞好市场营销，提高经济效益”，要积极发展“代理制、连锁经营等新的营销方式”，“建立科研、开发、生产、营销紧密结合的机制”。1999年8月12日，江泽民总书记在东北和华北地区国有企业改革与发展座谈会上所做的题为“坚定信心，深化改革，开创国有企业发展的新局面”的讲话中指出：“加强企业发展战略管理，关键是要根据不断变化的市场要求，抓住发展战略、技术创新战略和市场营销战略这些重点环节。”这就把市场营销战略提到了与发展战略、技术创新战略并驾齐驱的位置上。社会主义市场经济发展的客观需要和党中央、国务院对市场营销工作的重视，表明市场营销专门人才存在着广阔的市场需求潜力，预示着高职高专教育的市场营销专业将有强劲的发展态势。

有鉴于此，在21世纪初，以具有开设市场营销专业的历史经验和师资、规模优势的上海商业职业技术学院、山东商业职业技术学院、安徽商贸职业技术学院、无锡商业职业技术学院、浙江商业职业技术学院、温州职业技术学院、浙江工商职业技术学院和广东农工商职业技术学院等为主体的全国商业高职高专院校，按照教育部关于高职高专教育“专业课程等依据教学大纲组织自编教材”的精神，提议编写高职高专教育市场营销专业课程教材。

根据高职高专市场营销专业教学计划和培养目标的要求，列入编写初版的教材有《市场营销学》《现代企业经营管理》《广告原理与实务》《公共关系原理与实务》《现代推销理论与实务》《市场营销策划》《价格理论与实务》《国际贸易理论与实务》《市场调查与预测》《商务谈判》《现代营销礼仪》《电子商务与网络营销》《消费者行为学》《商品学概论》共14本。

这些教材自初版起便具有如下特点：

（1）依据高职高专教育的培养宗旨和人才培养模式的基本特征，围绕市场营销职业岗位群的要求，坚持以提高学生整体素质为基础，以培养学生市场营销综合能力特别是创新能力和实践能力为主线，兼顾学生的后续发展需要，确立专业课程新体系和教材内容新体系。各门课程的教材在基本理论和基础知识的选择上以应用为目的，以“必需、够用”为度，服从培养能力的需要，突出针对性和实用性。

（2）着力于学生市场营销能力的培养，但不是与中等职业教育相同的一些单项技能，而是综合运用营销理论分析、解决营销实际问题的能力。因此，“必需、够用”的基本理论也必须理论概念清楚、知识完整准确、重点突出，有一定的深度和难度，使其与中等职业教育教材相区别。

（3）坚持实用性与前瞻性的统一。高职高专教育属于大众化教育，旨在培养适应我国社会主义市场经济体制下新型企业市场营销岗位第一线需要、具有市场营销综合能力的高等技术应用型专门人才。学生毕业后，绝大多数要进入营销岗位就业或者自己去创业，因此教材内容必须强调实用性和针对性。同时，兼顾市场营销职业岗位群发展和学生的后续发展需要，教材编写必须坚持前瞻性原则，在内容上要新，做到充分吸收本学科海内外最新教科书、最新科研成果和最新营销实践经验、举措、案例，并把这些新内容与高职高专教育教学要求及学生的接受能力结合起来，以强化教材的科学性、先进性和适应性。

（4）自觉摆脱“传统专科教育的学科型教育和专科教育教材为本科教育教材的压缩”的框框，摈弃“传统教材以理论知识为核心，以原理、范畴、概念分类为主线，以从理论到理论的阐述为章节结构”的惯性做法，在重点、扼要、完整地论述“必需、够用”的基本理论知识的同时，增加图、表、典型案例、专栏、补充阅读资料等栏目的内容比例，设置课堂讨论题、自测题、实训题和复习思考题，以强化理论与实际的结合、学习知识与开发智力的结合、动脑思考与动手操作的结合，真正体现高等职业教育的特色。

光阴荏苒。到2014年，“21世纪新概念教材：‘换代型’系列·高职高专教育市场营销专业教材新系”中的教材大部分已出第四版，印刷24次左右。其中：有8种入选“普通高等教育‘十一五’国家级规划教材”，有6种入选“‘十二五’职业教育国家规划教材”，3种成为“国家级精品课程教材”，1种入选“教育部普通高等教育精品教材”，多种被评为全国、行业或省级畅销书，深受广大高职院校师生的喜爱与欢迎。

为了将《国家中长期教育改革和发展规划纲要（2010—2020年）》中提出的“着力提高人才培养水平”“坚持育人为本，德育为先”“强化能力培养，创新人才培养模式”“着重培育学生的主动精神和创造性思维”等新时期教育要求进一步落到实处，完成“十二五”时期起我国高等职业教育新型人才培养的阶段性目标，市场营销专业教材必须与时俱进，体现国内外先进的专业技术水平、教育教学理念和课改新趋势，实现课程教材建设的模式转换。为此，我们于2013年年底启动了对原版教材的全面修订。

改版的教材在以下方面沿着“21世纪新概念教材：‘换代型’系列”的方向继续前行：

（1）同步提升了高职高专职业教育经管类专业的人才培养目标定位。借鉴发达国家高等职业教育关于“职业教育与学术教育有机结合”的课改经验，“克服高职各类专业的同质化倾向”，将高职高专职业教育经管类人才培养目标由先前的“教高〔2006〕16号”（培养“面向生产、建设、服务和管理第一线高素质技能型专门人才”），经过“教职成〔2011〕9号”、“教高〔2012〕4号”和国发〔2014〕19号等文件的一般定位（培养“高端技能型人才”、“应用技术型人才”乃至“技术技能型人才”），提升到“职业知识”、“职业能力”与“职业道德”并重的“高等复合应用型”人才培养目标上来；同时，对照《国家中长期教育改革和发展规划纲要（2010—2020年）》关于“创新人才培养模式”“着重培育学生的主动精神和创造性思维”等新时期教育的要求，将“问题思维”和“创新意识”的培养纳入新版教材的人才赋型机制中。

（2）兼顾了“衔接”和“层次区别与提升”。在教学重点、课程内容、能力结构等方面，既细化了高职教材与中职教材的有机衔接，也研究和探索了前者不同于后者的层次区别与提升。

（3）兼顾了“工学结合型”教育所要求的“双证沟通”与“互补”。在把国家职业资格标准融入专业课程内容与标准的同时，一方面着眼于高等职业学历教育与职业培训的重要区别，强化了对学生“职业学力”的全面建构；另一方面通过同步反映行业领域、国内外高职教育教学及课程改革新发展、新标准、新成果，弥补国家职业资格标准的相对滞后性。

（4）兼顾了“理论”、“实务”、“案例”和“实训”等教学与训练环节。与只侧重“实务”的中职教材不同，修订版教材依照“原理先行、实务跟进、案例同步、实训到位”的原则，循序渐进地展开高职教材内容。

（5）扩展了“职业学力”建构的基本内涵。将学生“职业学力”基本内涵的建构，由先前的“职业知识”和“职业能力”两者并重，扩展到“职业知识”、“职业能力”和“职业道德”三者并重，致力于建构以“健全职业人格”为更高整合框架的教材赋型机制。

（6）兼顾了各种教学方法。将“学导式教学法”“案例教学法”“问题教学法”“讨论教学法”“项目教学法”“工作导向教学法”等诸多先进教学方法具体运用于专业课程各种教学活动、功能性专栏和课后训练的教材设计中。

（7）联合国教科文组织的研究表明：进入21世纪，不少学科知识更新周期已缩短至2～3年。这意味着在高职院校学习的相当多知识在毕业后已经过时。为应对日益加速的“知识流变性”，自第五版起，本系列教材将“自主学习”视为与“实训操练”同等重要的能力训练：在奇数各章“学习目标”的“职业能力”中用“自主学习”子目标替换第四版“实训操练”项，并相应调整了其章后“基本训练”中“能力训练”的子题型。

（8）为阶段性落实《教育部关于进一步推进职业教育信息化发展的指导意见》（教职成〔2017〕4号）和《教育部高等教育司2018年工作要点》中的“推进教育教学与信息技术深度融合”等要求，自2018年起本系列再版教材增加了二维码教学资源，以解决传统教材所缺少的“互联网+”移动学习内容，即纸质教材与二维码数字资源融合的问题。

（9）自2020年起，全面落实《国家职业教育改革实施方案》（国发〔2019〕4号）、

《教育部 财政部 关于实施中国特色高水平高职学校和专业建设计划的意见》（教职成〔2019〕5号）、《职业院校教材管理办法》（教材〔2019〕3号）和《职业教育提质培优行动计划（2020—2023年）》（教职成〔2020〕7号）等文件要求与精神，在落实立德树人根本任务方面，进一步创新思想政治教育模式，通过将本系列教材各章“学习目标”中的“职业道德”子目标、正文中的“职业道德与企业伦理”专栏和章后“基本训练”中的“善恶研判”题型，一并升级为“课程思政”，将树立社会主义核心价值观要求融入专业课教材。

（10）自2022年起，扩充了本系列教材“职业学力”建构中“学习目标”的“职业能力”子目标与“基本训练”中“实训操练”和“自主学习”题型的主题、内容与要求，旨在强化“专业能力”训练的同时，通过兼顾“问题思维”、“批（研）判思维”、“自主学习”、“与人协作”和“与人交流”等“通用能力”训练，进一步整合“职业能力”训练中的“专能”与“通能”，从而向体现“整体能力观”的专业课教材建设迈出新的一步。

教材改革与创新是一项系统工程，旨在培养“高等复合应用型人才”的高职高专教育经管理类专业教材的改革与创新更是如此。我们试图在深入调查研究、系统总结国内外教材建设先进经验的基础上，与时俱进地不断推出具有我国高等职业教育特色、优化配套的市场营销专业的新型教材。

期待广大专家、学者和读者们继续给我们以宝贵的意见与支持，使本系列教材通过阶段性修订，与我国新时期高等职业教育教学及课程改革发展始终保持同步。

**“高职高专教育市场营销专业教材新系”项目组**

# 第七版前言

为贯彻落实《国家职业教育改革实施方案》（国发〔2019〕4号）、《教育部 财政部 关于实施中国特色高水平高职学校和专业建设计划的意见》（教职成〔2019〕5号）、《职业院校教材管理办法》（教材〔2019〕3号）和《职业教育提质培优行动计划（2020—2023年）》（教职成〔2020〕7号）等文件要求与精神（以下简称“要求与精神”），《市场调查与预测》根据东北财经大学出版社“21世纪新概念教材：‘换代型’系列·高职高专教育市场营销专业教材新系”的修订方案，在先前6版已取得的成果基础上推出第七版。新版教材与第六版的不同主要表现在以下几个方面：

第一，资料更新。更换主教材第六版中陈旧的内容和资料，包括“同步案例”中“背景与情境”和“基本训练”中“案例分析”超过3年的资料。更新了主教材书后的“主要参考文献”，重点补充了近3年的书目。

第二，教学内容更新。重点充实课程思政相关内容，体现党和国家的意志，体现国家和民族的价值观，引导学生树立正确的世界观、人生观和价值观。更新与同步反映了“体验经济时代”和“互联网时代”市场营销理论与实践的新发展，并将诸多新发展提炼和聚焦于新增的教学内容之中。

第三，“学习目标”更新。调整和优化了各章的“学习目标”，使之更加具体、明确，并与第七版“总序”的第（10）项要求协调一致。

第四，“能力训练”更新。第七版“基本训练”同步更新了某些题型，特别是“实训操练”、“课程思政”和“自主学习”的主题、内容与要求，旨在强化专业能力训练的同时，通过兼顾“问题思维”、“批（研）判思维”、“自主学习”、“与人协作”和“与人交流”等“通用能力”训练，进一步整合“职业能力”训练中的“专能”与“通能”，从而向体现“整体能力观”的专业课教材建设迈出新的一步。

第五，为阶段性落实《教育部关于进一步推进职业教育信息化发展的指导意见》（教职成〔2017〕4号）和《教育部高等教育司2018年工作要点》等文件要求，自2018年起本系列再版教材增加了二维码教学资源，以满足广大高职院校对二维码教材内容的最新需求。

第六，同步更新了第六版的网络教学资源包。使用本教材的教师可登录东北财经大学出版社网站（www.dufep.cn）查询和下载这些教学资源。

本书第七版由无锡商业职业技术学院陈晖、魏炳麒主编，其中陈晖编写第1章至第7章，魏炳麒编写第8章至第12章。全书由陈晖总撰。在编写过程中，作者在参考了大量相关文献的基础上，结合自己的教学、科研、调查项目实践经验，对市场调查与预测的方法与技术进行了新的尝试。

本书引用了国内外市场调查与预测专家学者的大量最新研究成果，限于篇幅，未能逐一说明，在此，谨向各位专家学者表示感谢。同时，对东北财经大学出版社领导和编辑部的同志们对本书出版给予的热情关怀和大力支持表示衷心的感谢！

限于编者水平，本书不足与疏漏在所难免，敬请读者批评指正。

陈　晖　魏炳麒

2022年5月

# 目　录

# 第1章 市场调查概述



## ◆ 学习目标

通过本章学习，应该达到以下目标：

**职业知识**：学习和把握市场调查的相关概念，必要性与作用，发展历程，含义与特征，类型、原则与程序，以及“补充阅读资料”和二维码资源等理论与实务知识；能用其指导“同步思考”、“教学互动”和“基本训练”中“知识训练”各题型的认知活动，正确解答相关问题。

**职业能力**：运用“市场调查概述”知识研究相关案例，培养在“市场调查概述”特定业务情境中的分析问题与决策设计能力；通过搜集、整理与综合“市场调查”的前沿知识，并撰写、讨论与交流《“市场调查的原则与程序”最新文献综述》，培养“市场调查概述”中“自主学习”、“团队协作”和“与人交流”等通用能力。

**课程思政**：结合本章教学内容，依照“课程思政”的要求或标准，对相关案例中的企业及其从业人员行为进行思政研判，培养高尚的道德情操，树立社会主义核心价值观。

学习微平台

思维导图 1-1

【引例】

## 美国关于速溶咖啡的市场调查

**背景与情境：**这是一个经典的关于市场调查的故事。

20世纪40年代，当速溶咖啡这个新产品刚刚投放市场时，厂家相信它会很快取代传统的豆制咖啡而获得成功，因为它的味道和营养成分与豆制咖啡相同但饮用方便，不必再花长时间去煮，也不用再为刷洗煮咖啡的器具而费很大的力气。

厂家为了推销速溶咖啡，就在广告上着力宣传它的这些优点。出乎意料的是，购买者寥寥无几。调查人员对消费者进行了问卷调查，请被调查者回答不喜欢速溶咖啡的原因。很多人一致回答是因为不喜欢它的味道，这显然不是真正的原因。为了深入地了解消费者拒绝使用速溶咖啡的潜在动机，调查人员在心理学家的帮助下，改用了间接的方法对消费者真实的动机进行调查和研究。他们编制了两种购物单，一种上面写的是速溶咖啡，另一种上面写的是新鲜咖啡，除了这一项不同之外，两种购物单其他各项均相同。调查人员把两种购物单分别发给两组妇女，请她们描述按购物单买东西的家庭主妇是什么样的妇女。

结果表明，两组妇女所描写的想象中的两种家庭主妇的形象是截然不同的。看速溶咖啡购物单的那组妇女几乎有一半人认为按这种购物单购物的家庭主妇是个懒惰的、邋遢的、生活没有计划的女人；有12%的人把她说成是个挥霍浪费的女人；还有10%的人说她不是一位好妻子。另一组妇女则把购买新鲜咖啡的妇女描绘成勤俭的、讲究生活的、有经验的和喜欢烹调的主妇。这说明当时的美国妇女有一种带有偏见的自我意识：作为家庭主妇，担负繁重的家务劳动乃是一种天职，而逃避这种劳动则是偷懒的、应遭到谴责的行为。速溶咖啡的广告强调的正是速溶咖啡省时、省力的特点，因而并没有给人以好的印象，反而被理解为它帮助了懒人。

由此可见，速溶咖啡开始时被人们拒绝，并不是由于它本身，而是由于人们的动机，即都希望做一名勤劳的、称职的家庭主妇，而不愿做被别人和自己谴责的、懒惰的、失职的主妇。这就是当时人们的一种潜在的购买动机，这也正是速溶咖啡被拒绝的真正原因。

谜底揭开之后，厂家对产品的包装进行了相应修改，除去了使人产生消极心理的因素。广告不再宣传其又快又方便的特点，而是宣传它具有新鲜咖啡所具有的美味、芳香和质地醇厚等特点；在包装上，把产品密封得十分牢固，开启时十分费力，这就在一定程度上打消了顾客因使用新产品省力而造成的心理压力。结果，速溶咖啡的销量大增，很快就大受欢迎。

资料来源　作者根据相关资料整理得来。

**问题：**根据这个案例说明市场调查活动的内容。

推出一种新的产品，不仅需要进行产品测试方面的调查，还需要了解消费者的行为。本引例是一个典型的消费者行为调查，调查人员通过直接询问法并未能获得真正的答案，最终调查人员在心理学家的帮助下，借助于投射法调查技术，通过联想的方法了解消费者的真实态度与情感。本引例表明，市场调查的技术和方法呈现出复杂化、交叉化和专业化的特点。现代市场营销理论和实践的发展，使得市场信息对于市场营销决策乃至企业经营管理决策越来越重要。企业面临的市场环境和竞争环境的变化呈加速发展的趋势，消费者的需求呈现越来越明显的多样化和个性化。企业为了适应这样的变化，需要比以往更详尽、更精确的市场信息，因此比以往更加重视市场调查的作用。越来越多的企业重视市场调查，但是怎样利用通过市场调查获得的信息进行正确的管理决策依然是困扰众多企业的难题。著名的营销学家菲利普·科特勒说过："营销获胜的基础越来越取决于信息，而非销售的力量。"本章将系统阐述市场调查的发展历程，市场调查的含义、特征、类型、原则及一般程序。

【补充阅读资料 1-1】

日本人疯狂的情报活动

以第二次世界大战后经济发展飞速的日本为例，日本人在考虑打入和渗透美国市场时，因为对美国市场了解甚少，所以开展了"疯狂的情报活动"。而当他们成功地进入美国市场以后，仍然大规模地进行情报的搜集和市场调查工作，并在决策中充分利用获取的情报，从而保住了已占有的市场份额。此外，日本的综合贸易商社为日本的企业提供了一系列最新、最精确的市场信息，其中包括生产计划、资金投放、原材料供应、库存控制、市场需求及价格差异等方面的详尽情报。与此同时，日本的市场调查部门在全球范围内展开信息的搜集活动。日本的市场调查部门通过计算机系统联网，可以在1～5分钟内获得世界金融市场的行情，1～3分钟内查询到日本乃至世界各地出口贸易商品的品种、规格资料，3～5分钟可查询并调用国内100 000个重点企业当年或历年生产经营情况的数据资料，还可以随时获得当天全国各种汽车、生鲜食品批发及零售市场产、销、存及价格变动的情况等。

日本人的"疯狂的情报活动"说明市场调查工作对企业来说是相当普遍的，也是非常重要的。多方面、经常性地搜集、积累情报，是企业处于不败之地的重要前提，也是市场调查在动态的市场中所必须执行的职能。

资料来源　赖文燕. 市场调查与预测［M］. 南京：南京大学出版社，2017.

随着我国社会主义市场经济的发展，商品交换已不再局限于某一具体的时间和地点，而是贯穿于商品交换过程的始终，人们不仅把市场看成交换的场所，而且将其作为整个交换关系的总和。因此，怎样组织生产和销售适销对路的商品，已经成为企业最需要解决的问题。同时作为市场参与者，为了避免决策错误，必须对瞬息万变的市场有全面的了解和把握，所以说正确掌握市场调查与预测的方法，已成为市场参与者必备的能力。亚当·斯密在《国富论》中写道："消费为一切生产的唯一目的。"企业产品销售情况决定着企业的生存，因此对于销售市场，生产者及经营者无不予以高度的重视，于是市场调查与预测的需要应运而生。

学习微平台

延伸阅读 1-1

现代企业在做经营决策时对市场信息的运用不是"一劳永逸"，也不是"时有时无"，而是永不间断的。企业要想在不断变化的市场环境中及时发现和捕捉新机会，适时调整经营计划，使自己立于不败之地，必须依赖于有效和稳定的市场调查研究。

# 1.1　市场调查的必要性与作用

## 1.1.1　市场调查的必要性

"没有调查就没有发言权"。同样，对于一个真正意义上的企业来讲，要占领市场并获得预期效果，必须依赖于行之有效的经营决策，而行之有效的经营决策要以科学的市场预测为前提条件，那么要对市场的未来发展进行科学的预测，则必须及时掌握市场信息、搞好市场调查。因而，从一定意义上讲，市场调查是市场预测、经营决策过程中必不可少的一部分，是企业经营决策的前提。

【同步案例1-1】

吉列公司市场调查的成功案例

**背景与情境：**男人长胡子，因而要刮胡子；女人不长胡子，自然也就不必刮胡子。然而，美国的吉列公司把刮胡刀推销给女人，居然大获成功。

吉列公司创建于1901年，其产品因使男人刮胡子变得方便、舒适、安全而大受欢迎。进入20世纪70年代，吉列公司的销售额已达20亿美元，成为世界著名的跨国公司。然而吉列公司的领导者并不满足，而是想方设法继续拓展市场，争取更多的用户。就在1974年，公司提出了面向妇女的专用“刮毛刀”。

这一决策看似荒谬，却是建立在坚实可靠的市场调查基础之上的。

吉列公司先用1年的时间进行了周密的市场调查，发现在美国30岁以上的妇女中，有65%的人为了保持美好形象，要定期刮除腿毛和腋毛。这些妇女，除使用电动剃须刀和脱毛剂之外，主要靠购买各种男用刮胡刀来满足此项需要，一年在这方面的花费高达7 500万美元。相比之下，美国妇女一年花在眉笔和眼影上的钱仅有6 300万美元，染发剂有5 500万美元。毫无疑问，这是一个极有潜力的市场。

根据调查结果，吉列公司精心设计了新产品，它的刀头部分和男用刮胡刀并无两样，采用一次性使用的双层刀片，但是刀架选用了色彩鲜艳的塑料，并将握柄改为弧形以利于妇女使用，握柄上还印压了一朵雏菊图案。这样一来，新产品立即显出了女性的特点。

为了使雏菊刮毛刀迅速占领市场，吉列公司还拟定了几种不同的“定位观念”到消费者中征求意见。这些定位观念包括：突出刮毛刀的“双刀刮毛”；突出其创造性的“完全适合女性需求”；强调价格的“不到50美分”；表明产品使用安全的“不伤玉腿”等。

最后，公司根据多数妇女的意见，选择了“不伤玉腿”作为推销时突出的重点，刊登广告进行刻意宣传。结果，雏菊刮毛刀一炮打响，迅速畅销全球。

资料来源 作者根据相关资料整理得来。

**问题：**吉列公司雏菊刮毛刀成功的原因是什么？

**分析提示：**市场调查研究是经营决策的前提，只有充分认识市场，了解市场需求，对市场进行科学的分析判断，决策才具有针对性，从而拓展市场，使企业兴旺发达。

### 1.1.2 市场调查的作用

在市场竞争激烈的情况下，企业由于对市场信息掌握不够，从而错失良机或销售受阻的情况比比皆是，因而市场调查的作用就更显重要。对市场信息掌握得越多，分析得越准确，产品的销路就会越好，企业在市场中就更居主动地位。因而，做好市场调查成为企业共同关注的目标。其作用表现在以下几个方面：

1）市场调查为企业经营决策提供依据

经营决策决定了企业的经营方向和目标，它的正确与否，直接关系到企业的成功与失败，因此瞄准市场，使生产或经营的产品迎合消费者的需要是经营决策中首先需要解决的问题。

企业的产品有多大的市场，无非指消费者对本企业产品的购买力有多大。而消费者之所以要选择这种产品，则需要企业摸清以下情况：此种产品被消费者认可的程度，对消费者有何种吸引力；销量有多大；是普遍需要还是哪一个特殊阶层需要；定价多高消费者可以接受，这种定价水平是否能使企业盈利；广告宣传应侧重强调哪一部分才能吸引更多人的注意；市场上是否有同种产品；经销商对此种产品的看法如何，是否愿意经营等。如果是一个出口型的企业，市场调查还要了解更多的情况，如哪些国家对此种产品的需求量最大；产品在进入国际市场前应进行哪些改变；选择什么样的销售渠道；打入国际市场的成本支出有多大等。在掌握了相关市场信息以后，才能根据本企业的实际情况，确定营销活动的最佳方案，进行决策。

【补充阅读资料1-2】

陪伴与看护：机器人“走进”日本养老院

在日本东京的Shin-tomi疗养院，有20种不同类型的机器人负责老人的看护工作。

其中，小型格陵兰海豹Paro能对触摸和声音做出反应，当病人抚摸它或跟它交谈时，能够扭动头部与病人亲密互动。多功能机器人Pepper能与病人对话，在过道里值夜，还能记录体锻课上的情况。

疗养院里还有其他能帮助护工抬起、移动和监控老人们的机器设备。

日本制造机器人的技术在世界范围内领先，许多公司认为有看护功能的机器人有很大的市场。因为日本护理人员极其短缺，许多日本人对机器人感到亲近。相比护工，疗养院的老人们更喜欢机器人。最近一项全国性的调查发现，使用机器人看护能使超过1/3的疗养院老人变得更加积极和自主。

资料来源　佚名. 陪伴与看护：机器人“走进”日本养老院［EB/OL］.［2021-08-22］. https：//www.thepaper.cn/newsDetail_forward2365731. 节选.

在买方市场的情况下，占有市场不易，保住市场份额更不易，这是企业面临的一个长期课题。因此，只有坚持不懈地进行市场调查，不断掌握和反馈消费者及竞争者的信息，才能正确把握经营策略，从而在市场上站稳脚跟，立于不败之地。

2）市场调查有助于企业开拓市场，开发新产品

任何企业不会在现有的市场上永远保持销售旺势，要想扩大影响，继续盈利，就不能把希望只寄托在一个有限的地区范围内。当一种产品在某个特定市场上未达到饱和状态时，企业就应开始着眼于更远的地区，辐射就成为非常迫切的问题了。通过市场调查活动，企业不仅可以了解其他地区对产品的需求，甚至可以了解国外市场的需求状况，从而掌握该向哪些地区发展、有无发展前景等有用信息，从而决定下一步的经营战略。

市场开发活动系统图如图1-1所示。

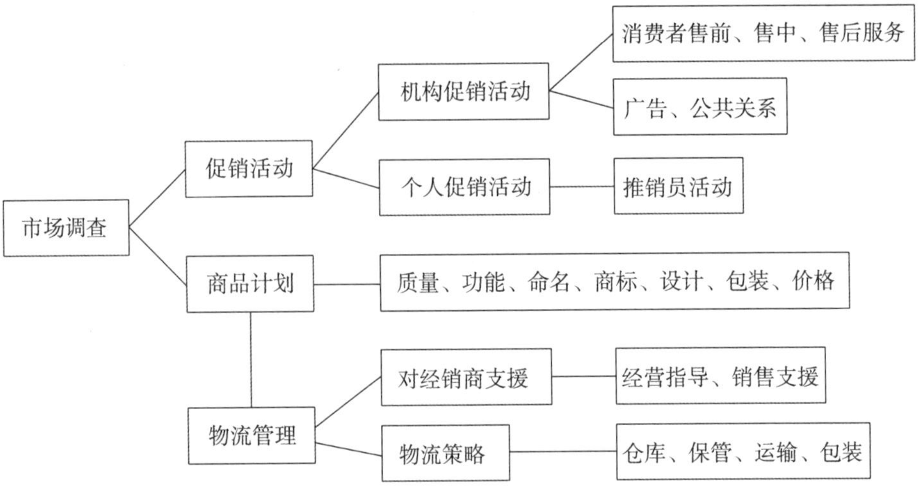


**图1-1　市场开发活动系统图**

3）市场调查有利于企业在竞争中占据有利地位

“人无我有，人有我专”的经营策略是每个企业应对市场竞争的有效方法。知己知彼，才能跟竞争对手进行较量，这要借助于市场调查。

要达到在竞争中取胜的目的，就必须掌握对手的经营策略、产品优势、经营力量、促销手段及未来的发展意图等。企业面对的可能是一个竞争对手，也可能是多个竞争对手，是采取以实力相拼的策略，还是避开竞争另辟蹊径，要根据调查结果并结合企业实际进行决策。在竞争中占据有利地位，并不一定非要进行直接的、面对面的竞争，因为直接竞争的损耗将会很大，通过市场调查可以了解对手的情况，在竞争中绕开对手的优势，发挥自己的长处，或针对竞争者的弱点，突出自身的特色，以吸引消费者选择本企业的产品。一旦竞争决策有误，经营的失败不仅表现为市场占有率的减少，也意味着竞争对手力量的进一步强大，显然，市场调查对于企业在竞争中取胜的意义重大。

【同步案例1-2】

三星集团的管理理念

**背景与情境：**并不是营销调研要很正式才有用，与客户之间的临时会谈也是获得信息的很好途径。韩国三星集团总裁李健熙在拜访美国三星家用电器的零售商时，得到了一些信息。他听到零售商对其产品“以次充好，不吸引人的产品设计以及差劲的售后服务”的强烈抱怨后，立即命令三星集团的高级经理们飞往美国，拜访洛杉矶地区的零售商。当他们听到了同样的抱怨后，李健熙警告属下：“如果我们不改正这些错误，我们就没有资格经营街角的商店。”三星集团随后把改进质量作为最优先目标，结果是令人满意的。三星集团的产品在消费杂志上受到了好评并且销量稳步提高。

资料来源　作者根据相关资料整理得来。

**问题：**

（1）营销调研一定要很正式才有用吗？

（2）通过这一案例，你是如何理解“消费者是上帝”这句话的？

**分析提示：**

（1）营销调研是贯穿在整个营销活动中的，需要随时随地进行，不一定要有正式的形式。在营销活动中，有时一个不经意的信息就会给人很大的启发。

（2）在公司和销售人员眼里，消费者是上帝无可厚非。消费者是公司的衣食父母、公司生存与发展的基础、公司利润的来源。没有消费者就没有公司存在的理由。

4）市场调查促进经营管理的改善

企业生产或经营的好坏，最终取决于经营管理者的管理水平。重视市场调查，不断搜集和获取新的信息，才能熟知生产和管理技术发展的最新动态，找出差距，从而向更先进的水平靠拢。

【教学互动1-1】

**问题：**假设你有几年的工作经验，正在考虑下列3个工作机会：A.大消费品公司的营销调研经理；B.同样或类似的公司的品牌经理；C.小营销调研公司的管理人员。试从工作满意度、工资、风险和未来机会等方面来讨论3个工作的比较优势与劣势。这3个工作中哪一个最吸引你？为什么？

**要求：**

（1）教师不提供上述问题的答案，而是引导学生结合本节内容就这些问题进行独立思考，自由发表见解。教师组织课堂讨论。

（2）教师把握好节奏，对学生提出的典型见解进行点评。

学习微平台

延伸阅读1-2

## 1.2 市场调查的历史、现状与未来

在成熟的市场经济中，使用市场调查方法无疑会给企业管理决策人员带来很多好处，包括可以避免较大的投资风险和获取较大的收益等。由于企业能够从中赢得竞争优势，所以有人想当然地认为市场调查和预测作为一门学科已经存在几百年了。其实，这门学科的产生，本是生产力发展到一定阶段的产物，也就是说市场调查和预测作为一门学科或者一门应用科学是现代工业发展的产物，具体地说是20世纪初，首先在美国发展起来的。以市场营销学的观点来看，市场是由具有一定支付能力的需求所组成的，而形成需求和选择商品的权力都在消费者手中，企业所要解决的问题是如何把消费者的注意力吸引到本企业的产品上来。在众多的商品面前，消费者之所以进行这样的选择，是何种因素在影响和支配着他们？这就需要进行市场调查，并以此为基础宣传企业的产品，引导消费者的购买行为。

在市场上，生产紧随消费的情况普遍存在，生产也可以影响需求，即在消费者对产品有了了解和认识以后，认可产品并进行购买，这种影响需求一旦成功，企业就可率先进入产品的销售领域，从而在市场上占据绝对优势。然而影响需求的成功必须建立在满足消费者的某种需求的基础之上，成功的背后，市场调查起着极为重要的作用。

### 1.2.1 市场调查的历史

1）萌芽期

根据文献记载，最早的大规模的调查是1824年8月美国的一场对总统当选的选票的调查，这是由美国一家报纸进行的。同年，另一家报纸也进行了类似的一次民意调查，而真正用于市场营销决策的市场调查则是在1879年由一个广告代理商为农业设备制造

商制定广告安排，对当地农产品产量与收获水平进行的一次市场调查。有专门的学者进入这个领域则是在1895年，美国明尼苏达大学的一名心理学教授用邮寄问卷调查法进行调查，当时问卷回收率仅为10%。

2）成长期

进入20世纪后，随着生产力的发展、生活消费品的不断丰富以及生产机械化程度的提高，对扩大市场提出了新的要求，原来那种仅能满足基本生活需要的小农经济一去不复返了。为了了解更多的消费者的购买习惯和对产品的需求，美国诞生了第一家正式的调研机构，即1911年美国的柯蒂斯出版公司成立的商业调查部，其部门经理就是现在被称为“市场调研先驱”的佩林，现在美国市场营销协会每年都要以纪念佩林的名义召开学术年会。

【补充阅读资料1-3】

“贴身”研究消费者

如今有许多企业采取了设计研究的方法，在产品开发过程中以消费者为中心，将好的消费者洞察迅速有效地转化为成功的产品和服务。

设计研究团队观察并记录人们在现实生活中的一举一动。他们跟随消费者进入商店内，观察人们如何购买挂锁；他们走进消费者的家中，观察人们怎么拖地板；他们甚至用摄像机记录人们沐浴的整个过程等。设计研究团队还运用心理学和生理学手段，如生物反馈、眼球追踪、声音分析和面部解码来理解这些可观察到的行为背后所蕴藏的情感隐私。

设计研究的结果不是以数据和报告的形式产生，而是以故事和人物的形式呈现，并记录在视频中。这些研究成果更贴近真实体验，也更富有启发性，生动地表现了消费者和产品服务之间的情感联系。

在掌握这些研究成果之后，公司可运用问题汇总图、工作流程图、布告栏等方法对其进行解读，并将以消费者为中心的产品设计流程纳入公司的每一层级。

关注设计的公司可能会在一开始走些弯路，但因为有着对消费者的深刻洞悉，它们得以迅速调整方向，并运用不同手段快速生动地向各部门传达新创意，为创意变为现实打下基础。

资料来源　作者根据相关资料整理得来。

3）成熟期

由于卖方市场向买方市场的转变，企业的市场风险加大，必然要求企业在产品销售、新品开发方面加大力度和不断创新。为了避免决策失误和规避风险，企业必须获得更好的市场情报，通过市场调查来发现需求，以便进行正确的决策。20世纪50年代在市场调查过程中有学者就提出了市场细分的概念，并展开了消费者动机研究、消费者行为分析。这些研究和分析与先进的调查技术相结合，派生出消费者心理学等边缘学科。随着计算机技术的发展，市场调查分析也由原来的定性分析转变为定量分析，并产生了人工智能型的专家决策系统软件，为调查人员快速分析、储存和探索大量信息提供了有力支持。

### 1.2.2 市场调查的现状与未来

1）市场调查在国外企业中的现状和未来

对于发达资本主义国家的工商企业来说，市场调查是其在激烈的市场竞争中不可缺少的工具，也是其谋求更大的市场份额和进行决策的依据。

目前在美国的大公司中，一般都有独立的市场调查部门，直接由最高决策层负责。这些调查部门由专家组成，每年预算占公司销售额的1%~3.5%，必要时还聘用公司以外的专门市场调查公司进行专项调查。

在日本，市场调查工作是在第二次世界大战后从美国引进的，但是发展很快。自20世纪50年代以来，日本的对外贸易发展速度惊人。其增长的原因，除了政府制定的贸易政策有利于扩大出口外，就是花了大成本进行市场调查，把握市场趋势，使产销对路。

在日本除了大贸易公司外，还有官方、非官方和民间机构在搜集世界各地的政治、经济、军事和社会资料。日本企业提供的资料分为3类，即一般经济情报、个别调查情报、贸易统计快报。其中，个别调查情报具有较强的针对性，包括市场调查、商品动向调查、国外企业信誉调查等。

【教学互动1-2】

**问题：** 第二次世界大战后，日本企业在国际市场的竞争中常能取胜的原因是什么？其经济后来为什么又停滞了呢？

**要求：** 同“教学互动1-1”的“要求”。

2）市场调查在我国企业中的现状和未来

一个专项调查结果表明，无论是对于国外投资者还是对于国内企业，在中国投资环境中最应该改进的要素之一就是中国市场调查与咨询服务的能力，因为相当数量的现实服务需求得不到有效满足。国际信息咨询服务中占据重要地位的公共信息领域在我国受到多方制约，开放程度与社会需求相比相对滞后，这也对市场调查业的发展产生负面效应。市场调查业发展迅猛，使占相当比例的市场调查机构在专业人才培养、调查技术进步以及管理手段更新方面因准备不足而面临社会需求的强有力挑战。同时，市场调查业在快速形成和成长过程中，某些业内不规范现象在某种程度上存在，也在一定程度上直接或间接影响到市场调查业的社会声誉和成长环境。目前，国内大多数市场调查机构还处在非常弱小的状态。据估计，大约占整个行业2%的机构拥有全行业85%以上的营业额。

我国的市场调查与西方发达国家相比，还存在相当大的差距。

首先，在理论研究方面，缺乏有效的渠道引进国外先进理论，传播缺乏有力手段。国内尚未出现市场调查的理论专著，专业理论书籍只有寥寥几本，经常性的、具有广泛影响的理论刊物尚未面世。由于缺乏正确而系统的理论指导，导致我国市场调查的应用水平较低。

其次，在应用方面范围狭窄，层次浅显。目前，我国市场调查主要涉及部分消费品领域，极少涉及金融、保险、旅游、交通运输、工业领域，而且在实际应用中，许多方法虽可全过程操作，但重前轻后，对调查研究后半部分即统计分析进行得相当粗浅，缺乏应有的深度。许多计量化的研究手段还未能在实践中应用。

最后，市场调查从业人员的基本素质不高，缺乏专业的理论培训和实践训练，不少人员边干边学，对市场调查了解不足就仓促上阵。

从企业的角度来看，目前市场调查虽然已经引起部分企业的重视，但存在的问题仍旧十分明显。第一，机构设置不健全，许多企业没有专门的市场调查机构。例如，上海市有关部门曾下达文件，要求年销售额在1亿元以上的企业成立市场部，但市场部的功能定位问题尚未得到根本解决，特别是市场调查功能在市场部的定位问题尚未引起足够重视。许多市场部由原有的广告部、销售部改组而来，把推销、广告作为市场部的主要功能。这种功能上的交叉，明显反映了企业高层决策人员对市场调查功能认识上的错位。第二，大多数企业没有固定的市场调查经费，少量的市场调查经费只能以广告费的名义发放。第三，市场调查专业人才紧缺。目前在市场调查岗位上的工作人员大多数缺乏市场营销/市场调查的系统教育及专门训练，因而缺乏系统开展市场调查的整体策划和组织实施能力，市场调查活动带有很大的随意性和短期性。

总的来说，中国市场调查业面临着机遇和挑战。中国市场调查业被誉为跨世纪的朝阳行业，这既是对中国市场调查业发展的远大前景的企盼，也是对开创中国市场调查业光辉明天的艰苦跋涉者的巨大激励。

【补充阅读资料1-4】

### 在大数据时代如何进行市场调研?

当前的市场调研业存在着前所未有的潜力。很多人表示，将传统的市场调研智慧与大数据的巨大威力相结合，可能会在定性分析和定量分析方面产生巨大的优势。但是要做到这一点，还有很多工作要做。沃顿商学院运营与信息管理学教授桑德拉·希尔表示："这是一个非常激动人心的时代。有大量的数据可挖掘，以深入了解客户，了解他们的态度和他们在想什么。此外，数据挖掘在过去的10年已经取得了长足的进步，但我们有很长的路要走……也就是要弄清楚人们说话背后的真正含义。"

希尔补充道："要搞清楚人们进行选择背后的原因，这是最重要的。把大数据和传统市场调研结合起来，就可以从人们的选择当中找出一定的规律，然后市场调研者就可以检测各种假设。有些人和我一样，擅长和机器打交道，进行数据挖掘，而不注重人类行为分析和原因分析。所以说，大数据和市场调研，这两者都需要。"

希尔指出，数据挖掘分析和市场调研这两个方向适用于不同的行业。他表示："对于某个行业而言，如果成功可以用点击率和在线购买量来衡量的话（这方面数据充足），那么这个行业就可能更青睐数据挖掘。在线广告就是一个很好的例子，广告效果完全就是用数据、预测等来衡量。我在电视领域工作多年，现在的电视网络都有数据分析团队，同样做大量的市场调研工作。"

沃顿商学院市场营销学教授埃里克·布莱特劳表示，将大数据和市场研究相结合的一个很好的行业例子就是消费品领域，比如宝洁公司。"虽然像沃尔玛这样的大公司花了很多时间进行分析和数据挖掘，但是其没有放弃对消费群体的民族特性研究、消费调查以及消费心理学研究等。在我看来，你既不能轻视对消费者的跟踪分析，也不能忽视这一点，那就是没有什么比了解消费者的心理更重要，相比前者，后者更难做到。"

未来的发展领域是什么呢？布莱特劳指出："现在，市场调研都变得可测量了，它就是个时间和地点的问题。比如，当你走过百货商店时，市场营销人员是否能根据对你的实时定位来向你发送正确的消费信息？对于我来说，这一点就是最终目标：在正确的时间，向正确的人，提供正确的商品信息。这就是为什么如今你看到这么多的商家投资于移动设备，在人们消费的时候，向他们发布产品和折扣信息宣传。我觉得在这方面，存在很大的机会，但我们目前没有充分发掘这种机会。”

更高层次的数据，比如跟踪人们的眼球在电脑屏幕上的运动轨迹，或在人们逛商场时，通过手机来跟踪他们的购物模式等，可能会带来侵犯个人隐私方面的问题。但是沃顿商学院市场营销学教授芭芭拉·卡恩认为，对于市场调研者来说，这类数据可以帮助他们更好地理解消费者行为和原因。

她指出，最终的目标是要能够跟踪消费者的整个消费轨迹，从最初的消费冲动、权衡阶段，到最终的购买阶段。她表示：“这就是对消费者的消费决策进行更加综合深入的分析。比如，某人没有购买某种新款电视机，因为他从来没见过这种电视机。有人则是见过了，发现不喜欢，才没有购买。虽然结果都是一样的，但原因不一样，所以在进行消费者行为分析的时候，方法应有所不同。要针对不同的原因，采取不同的弥补措施。传统的市场研究显然是有必要的，但有些新的手段和方法，能够带来新的见解和可能性。”

资料来源　作者根据相关资料整理得来。

## 1.3　市场调查的含义与特征

何谓市场调查？市场调查与其他调查相比，有何特征呢？

### 1.3.1　市场调查的含义

**市场调查**，是指通过有目的地对一系列资料、情报、信息进行搜集、筛选、分类和分析，来了解现有的和潜在的市场，并以此为依据做出经营决策，从而达到进入市场、占有市场并取得预期效果的目的。它是企业开展经营活动的前提。

市场由供给和需求两方面组成，它们之间彼此为对方提供市场。在商品日益丰富的情况下，作为供应一方的生产者面临着激烈的市场竞争。这种竞争既有产品竞争，资金、人才的竞争，也有技术水平和技术设施的竞争等。作为需求一方的消费者，在一个日益庞大、种类繁多的商品群面前必然会有所选择，而在这种市场条件下谁能赢得消费者的青睐，谁就是成功者；反之，则面临着被挤出市场的命运。因此，生存危机是企业必须时时注意的问题，然而机遇同时存在，这就要看企业如何掌握和抓住时机。

市场调查是企业有效地利用和调动市场情报、信息的主要手段，是企业开展市场营销活动的基础，因而在很大程度上决定着企业的前途和未来。

### 1.3.2　市场调查的特征

作为企业市场营销活动的基础，市场调查执行着自己的特殊职能和任务，具有如下特征：

1）市场调查具有较强的针对性

市场调查的针对性是由企业经营活动的目的性所决定的。市场调查工作费时、费力，还要有费用的支出等，因此市场调查不能盲目进行，企业应根据所要生产或经营的产品（或服务）进行市场调查。这里应该避免的情况是，一些企业未对自身的实际情况进行充分和科学的估计，就借用别人的市场调查结果或市场上表现出来的某种信息来进行生产或经营，这种做法虽然省时、省力，却冒着盲目经营的风险，在市场竞争激烈的情况下，最终可能导致经营失败。

市场调查既要针对产品，也要针对竞争对手进行，因为应对竞争已经成为企业经营战略的重要组成部分。要想在竞争中取胜，就必须了解竞争对手的实力和优势，从而确定企业的竞争策略是采取直接对抗还是退避迂回的方式。

2）市场调查具有普遍性和经常性

在激烈的市场竞争中，市场调查工作不能只停留在生产或经营活动以前的阶段进行，在生产或经营过程中，售前、售中、售后的阶段都需要进行市场调查，搜集一切可以为企业所用的信息资料，以便随时调整政策，适应市场不断变化的形势。同时，经常的调查活动也是发现潜在市场的有效方法，对开拓新的市场领域有积极作用。

企业可以根据自己的需要，依据相关的情报制定全球战略，这种信息搜集的先进方法被世人称为可以与美国五角大楼匹敌的“现代全球通信巨兽”。由此可以看出，多方面、经常性地搜集、积累情报，是使企业经营处于不败之地的需要，也是市场调查在动态的市场中所必须执行的职能。

3）市场调查具有科学性

市场调查是企业为达到营销目的而进行的活动。为减少市场调查的盲目性和人、财、物等的浪费，对所需要搜集的资料和信息必须经过事先的规划。例如，采用何种调查方式，问卷如何拟定，调查对象该有哪些等。为了获得企业所需要的能够最准确地反映市场情况的资料和信息，又不增加费用开支，在调查内容的确定上就要考虑那些影响程度最大的因素，并将诸多的因素合理搭配，以最简洁的方式呈现给调查对象。

市场调查中对资料的汇集和分析，是为了掌握事物的本质，从而把握住影响市场营销活动的关键因素。由于市场是由消费者组成的，与一般的物理现象或定式不同，受复杂的生理和心理特征的影响。同样的一幅照片或一件商品在同一时间、同一地点可以引起人们不同的联想，而进行了稍微改动之后，又会出现新的变化，所以简单汇总的方法不能解决市场调查中所遇到的很多问题，还要运用统计学、数学及心理学等学科的知识去进行统计、分类和进一步分析。

4）市场调查的结果带有某些不确定性

市场调查根据调查内容的不同，可采用不同的方式，但被调查者千变万化的心理状态有时会增加对市场调查结果进行分析的难度。如果说市场调查人员只是根据那些可以找到的有关销售方面的统计数字来研究问题，所得出的结果肯定会与实际相差颇大，也不能为产品和广告设计提供多少有价值的资料。即使考虑到了消费者的心理因素，但因消费者身临购买现场时对商品的选择与被调查时有意识地回答问题时的心理状态有所不同，也会使调查结果与实际有所偏差。

【教学互动1-3】

**问题**：为什么说市场调查的结果存在不确定性？

**要求**：同“教学互动1-1”的要求。

市场是开放、动态的，时间的推移、经济的发展、国家政策的调整，都会使市场发生相应的变化。一定时期的流行产品会在一时无人问津，而滞销商品有可能在一定时期以后成为新的畅销产品。市场调查是在一定时间范围内进行的，所反映的只是某一特定时期的信息和情况，在一定时期内具备有效性，但一段时间后会出现新情况和新问题，以前的调查结果就会滞后于形势的发展，此时仍沿用过去的调查结果，只会使企业延误大好时机，陷入困难的境地。例如，当电视机的生产能力已经超过需求量，但未在市场上表现出来时，仍以过去的电视机供不应求的观念作为决策依据，盲目引进国外设备或扩大生产能力，其结果肯定是产品大量积压，如果此时能进行一些市场调查，在电视机的性能或规格上多做些文章，情况则会大不相同。

【补充阅读资料1-5】

### 小数据是大数据之魂

我们正在把大数据变成数据大个子之间的游戏——大的数据源的拥有者（如阿里巴巴、腾讯、百度、中国移动、中国银行等）与大的数据挖掘工具拥有者（如IBM、Intel等）之间的游戏。这里被忽略了几个关键的问题：大数据只能是由大个子掌握的，而小个子主要是使用被定义与处理出来的大数据结果，因此大数据成为一种操纵工具，而且大数据鸿沟变得很显著；有大的数据源的就是大数据，但是我们无法抗衡与挑战大数据本身的质量，也无法要求得到接近大数据源的机会，而单源数据的质量本身是不可能即时和公开检验的，人们需要多源数据；大数据太大了，以至于这些数据本身不能解决一个具体的学术问题、研发问题或服务优化问题，因为其太一般了。

数据本来就可以客观存在，个人可以有观点与行为，只有把个人与企业个体的行为搜集起来才能形成小数据库，而打通不同的小数据库就可以获得更多的较大的数据库或者成为中数据库，而中数据库的打通才真正构成了多源大数据。多源大数据才有了互相印证、连接、弥补的可能，而最重要的是，只有更多的个体参与整理、构建属于自己的小数据库与中数据库，我们才有了与其他数据拥有者进行交易的可能性与条件。我们可以要求公共部门公开更多数据，但是我们凭什么要求一个商业机构公开数据呢？除非我们付费或者我们有可交易的数据。交易是数据源多元化的王道。

我们今天有大量的流动性差、互动性差的大数据，还有大量在无奈行为与不理想行为下的消极大数据，比如在很多电子商务平台上因为都是传统的便宜货，所以网民的选择性行为痕迹能反映出在这样的选择条件下人们的行动轨迹，但不能真正反映出人们到底期待什么样的理想选择。这样的大数据能够反映人们在非互联网产品的“黑暗”里挣扎，但不能提供唯有交互数据才能提供的理想选择的那道“曙光”。因此，在这里大数据需要与中数据以及小数据实现结合。真实的、有应用价值的大数据路径是：在有限的小数据意义上的记录、整理，多源小数据打通后形成中数据，在中数据意义上通过交易与交换形成多源大数据。在数据的旷野上，并不是我们真的走向“恐龙”横行的大数据时代，而是一种多层多源数据的生态环境极其丰富的演绎。

资料来源　作者根据相关资料整理得来。

大多数市场调查都会给公司和消费者带来好处。通过市场调查，公司能更了解消费者的需要，为消费者提供更满意的产品和服务。然而，滥用市场调查会危害消费者。

【同步案例1-3】

市场调查中的不确定性

**背景与情境：** 北方一个海滨城市的国有啤酒厂打算引进国外技术改造现有的生产装置，扩大产量。在进行项目评估时，其所选择的市场调查方法是根据记者的报道，估算一个市民平均一天喝一瓶啤酒，本地市场大约能消费多少量。经过计算后得出的总量与技术引进国的消费比例相比较，结果相差很大，因此该企业估算市场潜力会很大，远远超出扩大生产规模后的生产量，结论是可以引进技术扩大生产规模。但在该企业真正引进了技术并投入生产后发现，市场的需求量远远没有预测量多。

资料来源 作者根据相关资料整理得来。

**问题：** 案例中的工作人员进行了市场调查工作，仍出现失误，这种现象说明市场调查工作的哪种特性？市场调查人员应该怎样做才能更好地把握市场需求？

**分析提示：** 案例中出现的问题主要体现了市场调查结果具有不确定性这一特征，它常常会让市场调查人员感到无所适从。以人口基数估算市场的方法是可以用的，但市场调查所涉及的因素远不止仅凭直观或常识就能感悟的那几个。更重要的是，一个企业确认的市场与客观存在的大市场是有很大差异的，不能被肤浅的市场调查所误导。

## 1.4 市场调查的类型

【同步思考1-1】

**资料：** 市场调查的主要提供者是：（1）综合调查服务组织，它们为多个用户持续地跟踪市场；（2）工作室，它们执行一次性的项目；（3）政府机构，出版带有营销应用内容的数据；（4）用户自己为自己做调查；（5）广告代理机构。

**问题：** 企业没有市场调查能力怎么办？

**理解要点：** 市场调查活动一般可以分成为自己（企业）和为别人（企业）进行的市场调查活动。要善于利用社会资源来解决问题，社会分工的细化是社会进步的表现，也是现代意识的表现，所以谁干都一样，问题是要干好了。

在经济建设中，不论是国民经济的宏观管理，还是企业的微观管理，都离不开市场调查。市场调查涉及的内容方方面面、方法林林总总，为了便于学习、归纳和应用，我们将市场调查按照不同的分类方法划分为不同的类型。

1）按调查样本产生的方式划分

按调查样本产生的方式，市场调查可分为市场普查、重点调查、典型调查、抽样调查等类型。

（1）市场普查

市场普查就是对与市场调查指标有关的总体进行调查，即对所要认识的研究对象全体进行逐一的、普遍的、全面的调查。它是一种全面搜集市场信息，获得较为完整、系统的信息资料的方法。

（2）重点调查

重点调查是指在调查对象总体中选定一部分重点单位进行调查。所谓重点单位，是指在总体中处于十分重要地位的单位，或者在总体某项标志总量中占较大比重的一些单位。采用这种调查方式，较易选定为数不多的重点调查单位，能够以较少的人力、较少的费用开支，较快地掌握调查对象的基本情况。

【同步案例1-4】

美国总统选举预测

**背景与情境：** 1948年，美国举行总统大选，由民主党之杜鲁门与共和党之杜威共同角逐总统宝座。

美国《文学文摘》(Literature Digest) 曾经做过一次民意调查预测总统大选结果，他们在比较集中的几个州选择了高达238万余个样本，根据调查结果预测杜威将获胜，但在最后的正式选举中，杜鲁门获胜。

资料来源　佚名. 八则市场调查实例及其意义［EB/OL］.［2022-03-02］. https://wenku.baidu.com/view/d14546a95fbfc77da369b11f.html. 节选.

**问题：** 预测为何失败呢？

**分析提示：** 样本选择不科学，过分集中，不具有普遍的代表性。

（3）典型调查

典型调查是指在调查对象总体中有意识地选择一些具有典型意义或具有代表性的单位进行专门调查。这种典型调查一般可分为两类：一类是对具有典型意义的少数单位进行解剖麻雀式的调查，以研究事物的一般情况。这类调查通常用来研究新生事物以及新情况和新问题，或者用来总结先进经验，以便掌握典型，指导全面工作。另一类是从调查总体中选择具有代表性的典型单位进行调查，以典型样本的指标推断总体的指标。

（4）抽样调查

抽样调查是指从市场调查对象总体中抽取一部分子体作为样本进行调查，然后根据样本信息，推断市场总体情况。在市场调查的实践中，更多的是采用抽样调查的方式。

2）按调查方法划分

按调查方法的不同，市场调查可分为文案调查、实地调查、问卷调查、实验调查等几类。

（1）文案调查

**文案调查**是指从已经存在的各种资料档案中，以查阅和归纳的方式了解企业所需资料的市场调查。各种已存在的资料档案，又称“二手资料”“次级资料”。因此，文案调查又称二手资料调查或文献调查。

（2）实地调查

实地调查是指调查人员通过跟踪、记录被调查事物和人物的行为痕迹来取得第一手资料的调查。这种方法是调查人员直接到市场或某些场所（如商品展销会、订货会、商品博览会、商店等），采用耳闻、目睹和触摸等感受方式或借助于某些摄录设备和仪器，跟踪、记录被调查人员的活动、行为和事物的特点等，来获取某些所需的信息资料。

(3) 问卷调查

问卷调查是指调查人员或面对面或以电话方式询问被调查人员，或者是调查人员携带或邮寄调查表格到调查地点，或通过互联网由被调查人员填写表格等方式，来搜集市场资料的调查。

(4) 实验调查

**实验调查**是指在调查过程中，调查人员通过分析影响被调查的人或事的因素，改变某些因素而假设某种环境或保持其他变量不变，以此来衡量这些变化因素的影响效果，从而找出消费者行为、事物变化的内在因果关系的调查。

3) 按调查性质和目的划分

按调查性质和目的不同，市场调查可分为探索性调查、描述性调查和因果关系调查三种。

(1) 探索性调查

探索性调查也称非正式调查或试探性调查。当研究的问题或范围还不甚明确时，可采用探索性调查。它的主要作用是发现问题或寻找市场机会。它的基本操作是企业将经营问题预先进行假设，然后展开市场调查，检定假设是否成立，进而针对问题采取方法进行改进。如企业有闲置资金欲进行投资，为使投资利润率最大化，就必须对市场相关情况进行调查：资金投向何处会有最好的回报？通常是先对周围环境做一般性了解分析，而后进行调查，以寻找市场机会。其主要解决的问题是“可以做什么”。

【同步思考1-2】

**问题：**探索性调查也称非正式调查或试探性调查。这种调查是不是没有任何目的呢？

**理解要点：**不是没有目的，只是它没有具体的目的。组织学生用平时生活中的实例说明，安排两个学生（男、女各1人），时间每人2分钟，要求例子越多越好。

(2) 描述性调查

描述性调查主要是进行事实资料的搜集、整理，把市场的客观情况如实地加以描述和反映的调查。市场调查的内容很多属于描述性调查，如调查市场潜在需求、商品普及率、市场占有率与市场推销方法，以及销售渠道研究、消费者行为研究、市场竞争研究、新产品开发研究等。所以说，描述性调查是市场调查的重要组成部分，主要解决“是什么”的问题。

(3) 因果关系调查

在描述性调查的基础上，因果关系调查应指出其间的相互关联，进一步分析何者为因、何者为果。例如，自行车销售量的增长会促进轮胎、车锁与车铃的需求量增加；“西装热”会带来领带、皮鞋和礼帽需求量的增加；政府的基建投资增加（减少），会使建筑行业、机械设备产品需求量增加（下降）；职工工资和奖金收入增加了，会使消费品的需求量增加等。掌握了市场各种现象之间或问题之间的联系，就能预测市场的发展变化趋势。它主要解决“为什么”的问题。

4) 按调查区域范围大小和空间层次划分

按调查区域范围大小和空间层次的不同，市场调查可分为国际市场调查、全国性市场调查、区际性（省际）市场调查和地区性（省内、县内）市场调查等；此外，可以分为城市市场调查和农村市场调查等。

以上从不同角度以不同分类方法来划分市场调查的不同类型，其目的是对各种市场调查问题进行深入分析和研究，便于针对不同类型调查的特点，提出不同的调查要求和选择相应的调查方法。上述各种类型的市场调查，有些单独在市场营销和经营管理决策中发挥作用，但在实际工作中往往是相互结合、相辅相成的，许多不同类型的市场调查往往与同类型的市场预测结合起来，共同完成市场调查研究工作，探索市场未来发展，为科学的经营决策提供依据。

学习微平台

延伸阅读1-3

## 1.5 市场调查的原则与程序

市场调查不是无原则、无程序的，坚持和遵循市场调查的原则和程序，是做好市场调查工作的基础。

### 1.5.1 市场调查的原则

市场调查既然是通过搜集、分类、筛选资料、情报、信息，为企业生产和经营提供正确依据的活动，它就需要遵循以下原则。

1）时效性原则

在现代企业经营中，时间就是机遇，也就意味着金钱。丧失机遇，将会导致整个经营策略和活动的失败；抓住机遇，就为成功铺平了道路。市场调查的时效性就表现为应及时捕捉和抓住市场上任何有用的资料、情报、信息，及时分析、及时反馈，为企业所有经营过程中适时地制定调整策略创造条件。在市场调查工作开始进行之后，要充分利用有限的时间，尽可能多地搜集所需资料、情报、信息。市场调查时间的拖延，不仅会增加费用支出，浪费金钱，也会使生产或经营决策出现滞后，不利于生产或经营的顺利进行。

2）准确性原则

通过市场调查工作，对搜集到的资料、情报和信息进行筛选、整理，再经过调查人员的分析以后得出调查结论，供企业决策用，因此市场调查搜集到的资料、情报和信息，必须体现准确性原则，对调查资料、情报和信息的分析必须实事求是，尊重客观事实，切忌以主观臆造来代替科学的分析。同样，以偏概全的做法也是不可取的。要使企业的经营活动在正确的轨道上运行，就必须要有准确的信息作为依据，这样才能瞄准市场，看清问题，抓住时机。

3）系统性原则

市场调查的系统性表现为应全面搜集有关企业生产和经营方面的信息资料。因为在社会大生产的条件下，企业的生产和经营活动既受内部因素也受外部因素的影响和制约，这些因素既可能起积极作用，也可能阻碍企业的正常发展。由于很多因素之间的变动是互为因果的，如果只是单纯地了解某一事物，而不去考察这一事物如何对企业发挥作用和为什么会产生此作用，就不能把握事物的本质，也就难以对影响经营的关键因素做出正确的结论。从这个意义上来说，市场调查既要了解该企业的生产和经营实际，又要了解竞争对手的有关情况；既要认识到企业内部机构设置、人员配备、管理者素质和管理方式等对经营的影响，也要调查社会环境的各方面对企业和消费者的影响程度。

4）经济性原则

市场调查是费时、费力、费财的活动。它不仅需要人的体力和脑力的付出，还需要利用一定的物质手段，以确保调查工作的顺利进行和调查结果的准确。在调查内容不变的情况下，采用的调查方式不同，费用支出也会产生不同的效果。由于各企业的财力情况不同，因此需要根据自己的实力去确定调查费用的支出，并制订相应的调查方案。对中小企业来说，没有像大企业那样的财力去搞规模较大的市场调查，可以更多地采用参观访问、直接听取顾客意见、阅读大量新闻记者在各种宣传媒体上发布的有关信息、搜集竞争者的产品等方式进行市场调查，只要工作做得认真细致又有连续性，同样会收到很好的调查效果。因此，市场调查也要讲求经济效益，力争以较少的投入取得最好的效果。

5）科学性原则

市场调查不是简单地搜集资料、情报、信息的活动，为了在时间和经费等有限的情况下，获得更多更准确的资料、情报、信息，就必须对调查的过程进行科学的安排。采用什么样的调查方式、选择谁作为调查对象、问卷如何拟订才能达到既明确调查意图又能使被调查者易于答复的效果等，都需要进行认真的研究。同时，需要运用一些社会学和心理学方面的知识，以便与被调查者更好地交流。在汇集调查资料、情报、信息的过程中，要使用计算机这种高科技产品来替代手工操作，对大量资料、情报、信息进行准确严格的分类和统计。对资料、情报、信息所做的分析应由具有一定专业知识的人员进行，以便对汇总的资料、情报、信息做出更深入的分析。分析人员还要掌握与运用相关数学模型和公式，从而将汇总的资料、情报、信息以理性化的数据表示出来，精确地反映调查结果。

【课程思政1-1】

市场调查者的道德修养

**背景与情境：**伦理道德原则是社会调查中非常重要而又经常被很多研究者忽略的原则。社会中的任何一个职业都有其特有的、从业者必须遵循的伦理道德原则，社会调查也不例外。社会调查需要涉及调查者与被调查者之间的商谈和交往，有些调查课题本身就存在着涉及人身性的问题，有时还会与其他社会活动的基本原则有冲突，社会调查的伦理道德原则往往就是从这些矛盾中产生的。伦理道德原则的贯彻，不仅可以使被调查者的人格尊严得到尊重，还能使调查更加人性化，达到更好的调查效果。社会调查的伦理道德原则主要体现在以下几个方面：

（1）调查者与被调查者的关系。调查者要做到：①被调查者自愿参与；②不伤害参与者。

（2）调查者本身的职业操守。

**问题：**一个称职的市场调查者应该具备哪些道德修养？

**研判提示：**市场调查者本身应当具有一些必备的素质，除高度的敬业精神，高度的社会责任感，坚持理性、客观、实证，掌握高超的调查研究技术之外，必须注重提高自己的诚实、守信、关心他人、与人为善等道德修养。这种修养的训练是一个长期的过程，是一个从理论到实践的过程，是一个贯穿调查始终的过程。市场调查者只有具备了高水准的职业道德，才能提高调查的质量。

### 1.5.2 市场调查的程序

市场调查过程大致分为如下几个阶段：调查前的准备阶段、调查活动策划阶段、调查计划制订阶段、调查计划实施阶段以及追踪调查阶段。每一阶段工作完成得好坏，关系到下一个过程的工作质量。如果调查主题确定准确，调查方式选择得当，就能够保证调查资料应有的重要价值。如果资料搜集得完备、及时，就为分析的准确性创造了良好的条件。

1）调查前的准备阶段

准备阶段的工作对进入实质性的调查具有重要意义，提出问题是这个阶段的开始。由企业提出的问题，虽然比较明确，但不具体，只是一个带有方向性的问题，一般情况下这类问题主要牵涉以下几个方面：①企业未来的发展方向。企业的进一步发展需要更深层次地了解市场规模和结构，如有关新产品的开发问题，这种产品的需求量、市场潜力和发展前景等情况决定了企业对新产品开发的投资规模，也同样影响企业未来的投资方向。②生产、经营中出现的困难。企业在生产、经营过程中，会出现这样或那样的困难，如销售出现问题，导致产品积压、资金滞留、市场占有率下降等，需要找出产生问题的原因和解决问题的方法。③竞争。为了保住和扩大市场，就必须与竞争对手进行竞争，也就必须了解竞争对手的各种情况。必须通过对市场上各种竞争力量的分析与对比，来寻找市场缝隙，找出竞争对手的弱点，抓住时机，从而在竞争中取胜。

调查前的准备，主要包括以下两个步骤：

（1）提出问题

在很多情况下，企业针对出现的或要解决的问题只是提出一个大致的调查范围或意图，因而对于市场调查部门来说，需要根据调查范围来确定调查的主题。如果企业提出销售不畅的问题，调查范围有了，就要首先针对影响销售的诸多因素进行调查，是渠道选择不当，还是质量有问题；是设计有问题，还是包装不适宜等。初步调查后如果发现是渠道不畅的原因，则要把下一步的调查重点放在渠道的选择上，也就是在关键问题上下功夫，这样才能提出实质性的意见和建议。

提出问题是市场调查过程中最重要也是较困难的任务。如果市场调查人员对销售决策的问题理解不清或对问题的结果没有充分的准备，就会出现难以指导市场调查进行的情况，或者对市场调查的结果感到无所适从，不知关键问题出在哪里。例如，一个生产运动鞋的公司向一个市场调查机构提出调查课题，要求市场调查人员了解人们对该公司抱有什么印象，而当市场调查人员会见该公司的销售人员，希望知道该公司为何要调查这方面的情况时，回答只是上级主管部门要求做出这样的市场调查结果，这就是说，销售人员只是机械地照搬了上级的意图，把市场调查首先建立在消费者只关心该公司的运动鞋上，而没有考虑竞争者的产品，照此意图调查的话，虽然能够调查出消费者对该公司运动鞋的看法，但这种调查结果会与实际销售情况出现较大误差，因为消费者在选择运动鞋时，面对的是众多厂家的产品。为了保证调查结果的准确性和实用性，必须先将调查目标确定下来。但由于市场调查人员并不十分了解企业的业务进展情况和存在的问题，所以要向公司的决策和管理部门了解他们的调查意图。对市场调查工作来讲，漫无目标或目标不明确，只能造成人、财、物的浪费。

调查中，对调查目标的确定需先搞清以下几个问题：①为什么要调查？②调查中想了解什么？③调查结果有什么样的用处？④谁想知道调查的结果？

（2）试验性调查

**试验性调查**是指在调查目标确定以前，调查部门根据提出的问题挑选一些精通有关问题的人，进行访问，探询一些建设性的意见。所谓精通问题者，既包括生产厂商、设计人员，也包括一些经销商，如批发商、零售商等。对精通问题者访问的主要目的是将调查的范围缩小。如果把所有影响因素都调查到的话，不仅成本过高，而且重点未被突出，反而将主要问题的反映程度冲淡。如调查某产品的销售问题时，可就影响销售的各种因素征询相关人员的意见，最后找出最主要的影响因素作为调查重点。

如果已经明了正确的调查主题，则可以根据初步调查的结果，进一步研究调查应采用哪种方式、调查的具体内容及对象等，以便使下一步的调查工作顺利进行。

2）调查活动策划阶段

试验性调查以及调查主题的确定是制订调查计划的基础。为了更有效地进行针对性的调查，需要根据目标进行调查策划，以指导调查活动。

调查活动的策划，需要考虑的方面有调查项目、调查方式、信息来源、经费估算等。在实际调查过程中，调查人员依据调查计划的安排来组织调查活动，管理或负责人员可按照计划规定检查调查活动的情况。

（1）确定调查项目

调查项目是为了获得统计资料而设立的，必须依据调查的目标进行设置。影响调查目标的因素很多，都可以成为调查项目之一，但调查项目的增加，会使调查的工作量和统计量也相应增加，所以要对所有相关因素进行取舍。①对有关项目的重要程度进行比较，然后选择那些相关程度较高的项目。②调查项目有些是调查人员假设的，这些项目必须与调查主题关系密切，而且要意义明确，便于回答。③要根据经费的多少、统计能力和调查方式等情况，确定调查项目。

（2）确定信息来源

调查项目确定以后，调查人员需要考虑如下问题：①哪些是所需的资料？②什么地方可以获得这些资料？③通过什么调查方式能够获得这些资料？④应该进行调查的对象是哪些？

上述问题实际上就是根据调查目标确定信息来源时所应考虑的几个方面。信息来源有两大类：一类是文字资料；另一类是通过各种实地调查从调查对象那里获取的信息资料。

现有的文字资料可以通过如下几种渠道获取：企业的销售业绩、生产情况、财务状况，以及产品质量、性能、包装及材料、规格、价格和利润等可以从企业的各种报表、原始凭证及生产销售报告中获取，其他相关信息可以从公共机构等中获得，如图书馆、统计部门、国际组织、政府机构、出版社、商业协会、情报机构、研究机构、银行、消费者组织等。

现有文字资料一般不能满足调查活动的全部要求，所以在调查中还要采取其他方式获得所需要的资料，如采用实地调查的方式，通过访问、发放问卷、参观、展销等形式了解消费者的要求，也可以采用抽样调查的形式。

通过不同的调查方式获取信息资料，需要考虑如下几个问题：

① 调查地点，是选择某一城市，还是选择几个城市；是选择某城市的一个区，还是选择特定的销售环境。

② 调查对象，是面向所有消费者，还是面向某一部分消费者；是选择熟悉本产品的消费者，还是选择未曾使用过本产品的消费者。有些调查活动采用面向所有消费者的方式，意在了解消费者对产品的看法和印象以及潜在消费者的情况；有些调查活动则专门针对那些使用过某产品的消费者，旨在调查消费者喜欢该产品的哪些方面，对哪些方面还不满意，希望有什么样的改进。

③ 调查时间，是一年调查一次，还是反复多次调查；是采用固定时间进行，还是采用非固定时间进行。

(3) 估算调查费用

调查费用因调查目标的不同而有很大的差异，消费者调查、产品调查、渠道调查或销售调查等的费用支出都不一样。此外，调查方式、规模、时间、项目的多少等也直接影响费用的支出。但不论什么样的调查，调查费用都应包括表1-1中的内容。

表1-1 **调查费用估价单**

申请人：

调查题目：

调查地点：

调查时间： 年 月 日 至 年 月 日

| 项目 | 数量 | 单价 | 金额 | 备注 |
|---|---|---|---|---|
| 资料费 | | | | |
| 文件费 | | | | |
| 差旅费（交通费） | | | | |
| 统计费 | | | | |
| 交际费 | | | | |
| 调查费 | | | | |
| 劳务费 | | | | |
| 杂费 | | | | |
| 其他 | | | | |
| 合 计 | | | | |

调查费用的估算对调查效果的影响很大。对市场调查部门或单独的市场调查机构而

言，每次调查所估算的费用当然是越高越好，但是企业只能支出有限的费用用于调查，不可能任由调查单位提出过高的费用开支，因此在提出经费估算时，调查单位须提交一份详细的估价单，将所有费用开支一一列出，供企业审阅。费用开支数额要实事求是，不能过高也不能过低。合理的支出是保证调查顺利进行的重要条件，调查单位应以有限的经费达到最好的调查效果，这不仅是调查单位树立信誉的需要，也是调查单位水平高低的体现。

在调查费用估算和开支这个问题上，应避免两种情况：①调查时间的拖延。这样必然造成费用开支的加大，应力求避免这种情况的发生。②缩减必要的调查费用也是非常不可取的。调查活动必须有一定的费用开支来维持正常的调查所需，减少必要的开支只会导致调查的不彻底或使调查无法进行下去，因此也就难以达到预期的目的，这对企业自身的生产和经营是有害无益的。

（4）提出调查项目建议书

通过对调查项目、方式、资料来源及经费估算等内容的确定，调查人员可按所列项目向企业提出调查项目建议书，对调查过程进行简要的说明，供企业审阅。调查项目建议书是调查人员经过试验性调查及一系列的分析研究后拟订的，对企业提出的调查任务做了更具体、更详细的说明，因此调查项目建议书完全是以调查人员的角度对调查目标及调查过程所做的说明。但由于调查项目建议书是供企业审阅及参考用的，所以其中的内容一般都比较简明扼要，以便于企业有关人员阅读和理解，具体格式见表1-2。

表1-2　**调查项目建议书**

| | |
|---|---|
| 调查题目： | |
| 调查单位： | |
| 调查人员： | |
| 调查负责人： | |
| 日期：　年　月　日　至　年　月　日 | |
| ①问题以及背景材料： | |
| ②调查内容： | |
| ③调查所要达到的目的： | |
| ④调查方式： | |
| ⑤调查对象： | |
| ⑥调查地点： | |
| ⑦经费估算： | |
| 负责人审批意见： | 申请人： |
| 财务审批意见： | 申请日期：　年　月　日 |

3）调查计划制订阶段

（1）调查计划制订的必要性

调查活动是一个完整的过程，也是一个集体配合的工作过程。由于牵涉大量资料的搜集、整理、分析以及调查人员与各方面有关人士的接触等，因此为了保证调查活动的有条不紊和有序进行，需要制订调查计划，对调查的内容及时间安排等做出明确而详尽的规定，以此来指导整个调查活动的进行。

（2）调查计划的制订

调查计划分为两项内容：对调查内容的说明和调查进度表。调查计划因调查所要达到的目标不同，其内容、繁简程度不相同，时间安排上也有长有短。计划在实施的过程中并不是一成不变的，根据调查进度情况及某些问题的出现，可以就调查计划中的某些内容进行修改、增加或删减，以适应变化的形势，并及时调整计划中不符合实际的内容。

①对调查内容的说明。其部分内容实际上是将各种调查的构想和操作明确化。它包括调查目的、调查的方法、资料的搜集和整理、调查对象的选择、经费估算以及人员安排等。调查计划表参见表1-3。

表1-3 **调查计划表**

| | |
|---|---|
| 调查目的 | 为何要做此调查、需要了解些什么、调查结果有何用途 |
| 调查方法 | 问卷法（当面填写）、询问法、电话法、邮寄法、观察法等 |
| 调查地区 | 被调查者居住地区、居住范围 |
| 调查对象、样本 | 对象的选定（资格、姓名、条件）、样本数量、样本选取 |
| 调查时间、地点 | 所需时间、开始日期、完成日期、在外调查时间、调查会开始时间及地址 |
| 调查项目 | 访问项目、问卷项目（附问卷表）、分类项目 |
| 分析方法 | 统计的项目、分析和预测方法 |
| 提交调查报告 | 报告书的形式、份数、内容，以及中间报告、最终报告 |
| 调查进度表 | 策划、实施、统计、分析、提交报告书 |
| 调查费用 | 各项开支数目、总开支额 |
| 调查人员 | 策划人员，调查人员，负责人姓名、资历 |

调查计划制订以后，调查过程须按照计划规定进行，调查计划表作为监督和指导调查过程进展情况的依据。

②调查进度表。调查进度表是将调查过程中每个阶段需要完成的任务做出规定，避免重复劳动、拖延时间。调查进度，一方面可以指导和把握计划的完成进度；另一方面可以控制调查成本，以达到用有限的经费获得最佳成果的目的。市场调查是针对企业生产、经营中所要解决的问题而进行的活动，因此调查活动必须具备很强的目的性，在目标确定以后，工作需按照一定的程序进行。从准备到方案的制订，直至最后的实施和完成，每一阶段都有特定的工作内容，来保证调查工作有序进行，减少盲

目性。

调查进度表将调查过程划分为几个阶段，并说明各阶段应完成的任务、时间的限定以及人员安排。市场调查的进度一般可分为如下几个阶段：A.策划、确立调查目标。B.查找文字资料。C.进行实地调查。D.对资料进行整理、汇总、分析。E.市场调查报告初稿完成、征求意见。F.市场调查报告的修改与定稿。G.市场调查报告完成，提交有关部门或企业。

4）调查计划实施阶段

从调查计划实施阶段开始，就进入了实质性的调查阶段。这一阶段要按照调查进度表的规定分阶段进行。

（1）查找文字资料阶段

这一阶段主要是对现有的文字资料进行调查和搜集。最现成的文字资料就是企业的各种报表，通过这些资料了解企业的生产、经营、销售及库存等方面的情况。此外，可以查找已经公开发表的统计资料和其他定性的资料，如政府部门、公共图书馆等提供的外界资料。在查找这两类资料的过程中，要考虑还欠缺哪些资料，还应去查找和索取竞争者的业务资料进行对比，最后确定哪些资料需要进行实地调查。

在这一阶段，除了确定哪些资料还需要进行实地调查以外，要准备实地调查方案，设计抽样结构和抽样对象；在编列准备走访的名单时，要查找行业目录或根据企业所推荐的调查对象来确定走访的对象。如果走访的对象是消费者，应先确定是一般消费者还是某一特定的消费者群。总之，这一阶段的工作是为下一步的实地调查创造条件。

（2）实地调查阶段

实地调查可以直接获得调查对象对调查项目的反应，弥补文字资料的不足。实地调查既可以采用询问的方式，由调查人员与调查对象亲自交谈来获取信息，也可以采用发放问卷的形式，由调查对象进行填写。为便于回答，不论是询问式还是问卷式的调查方法，都需要对问题的内容和提问方式进行设计。同时，要考虑走访和答卷所需要的时间，以及调查人员一天能够走访的数量等。在调查过程中，调查人员有必要将已走访的情况或已收回的问卷定期进行一次汇总和研究，以了解实地调查是否能顺利进行，是否能得到调查对象的良好配合。

（3）对资料的整理、汇总、分析阶段

对文字资料和实地调查所获得的资料要进行汇总，这种汇总既可以是一次性的汇总，也可以在调查中逐次汇集和统计。为便于汇总和更清楚地反映问题，需要在汇总前对资料进行分类，编制每一类别的统计表。进行分类整理以后，要核查一下是否还有需要补充的内容或有无疏漏的地方，以便进一步补充和修改。在所有资料整理、汇总工作完成后，就要根据调查的主题对资料进行分析，并着手写调查报告。

（4）对调查报告的初稿征询意见

市场调查的分析报告初稿完成后，需要征求委托单位的经理或有关负责人的意见。采用的方式既可以是面交委托单位审阅，然后听取意见的形式，也可以采用召开讨论会的形式。总之，在初稿完成后，要向委托单位详细说明调查结果及对结果的分析。调查人员通过与委托单位互相交换意见，可检查调查结果与委托单位的意图是否完全吻合，是否达到了委托单位所要求的标准，还有哪些地方需要修改；委托单位在听取调查结果的同时，可以了解用户或消费者对企业产品或促销活动的反应等。当企业有关负责人忙于日常工作而无暇阅读调查报告时，利用一定的空闲时间参加调查讨论会，是了解市场的一个极好的机会。

（5）修改、定稿，呈交报告

在听取了委托单位的意见并对调查报告进一步修改和补充后，就可以定稿，呈交给委托单位。报告既要有文字说明，也应有统计、图表说明。呈交报告既可以采用报告会的形式，也可以直接交给有关负责人。由于阅读报告的人多是繁忙的业务负责人，所以报告的写作应力求语言简练、明确、易于理解，内容讲求适用性，并配以图表进行说明。如果是技术性的报告，因其读者大多数是专业人员或专家，所以要力求推理严密，并提供详细的技术资料及资料来源说明，注重报告的技术性，以增强说服力。

【同步思考1-3】

**资料：**调查报告附录，包括以下几方面的内容：（1）调查项目负责人及主要参加者的名单。说明每人的专业特长以及在该项目中的主要分工，调查项目组成员的水平和经历对项目获得认可有时会起到一定的作用。（2）抽样方案的技术说明及细节说明。（3）问卷设计中的有关技术说明。（4）数据处理方法、所用软件等方面的说明。

**问题：**调查报告的正文和附录是什么关系呢？

**理解要点：**调查报告的正文是核心，而附录则可以证明调查报告的操作人的素质和使用的方法是否科学，所以不是可有可无的内容，务必和正文一样，做到简明扼要、精确到位。

5）追踪调查阶段

调查报告的呈交，说明调查工作就此告一段落。但是，为了更好地履行调查工作的职责，还应进行追踪调查。追踪调查需要了解的情况是：

（1）追踪调查前一段工作的成效

调查单位的调查有时难以与企业的意图完全一致，有时由于调查中所出现的误差也会与企业所要求的标准偏离，因此追踪调查需要了解调查报告中所提建议是否符合实际，所提数据是否准确、合理，调查报告分析结果对企业的适用性如何等，以便考察调查工作的成效。

（2）调查结果的采纳情况

追踪调查还需要了解调查结果是否被委托单位完全采纳，没有被采纳的原因是什么，未被采纳或被搁置是调查单位的责任，还是委托单位的问题。在调查结果被采纳的情况下，在实践过程中仍有可能未按照调查报告所提的建议去做，这样就会影响实施的结果，需要进行纠正，以便使企业的经营顺利进行。

市场调查程序如图1-2所示。

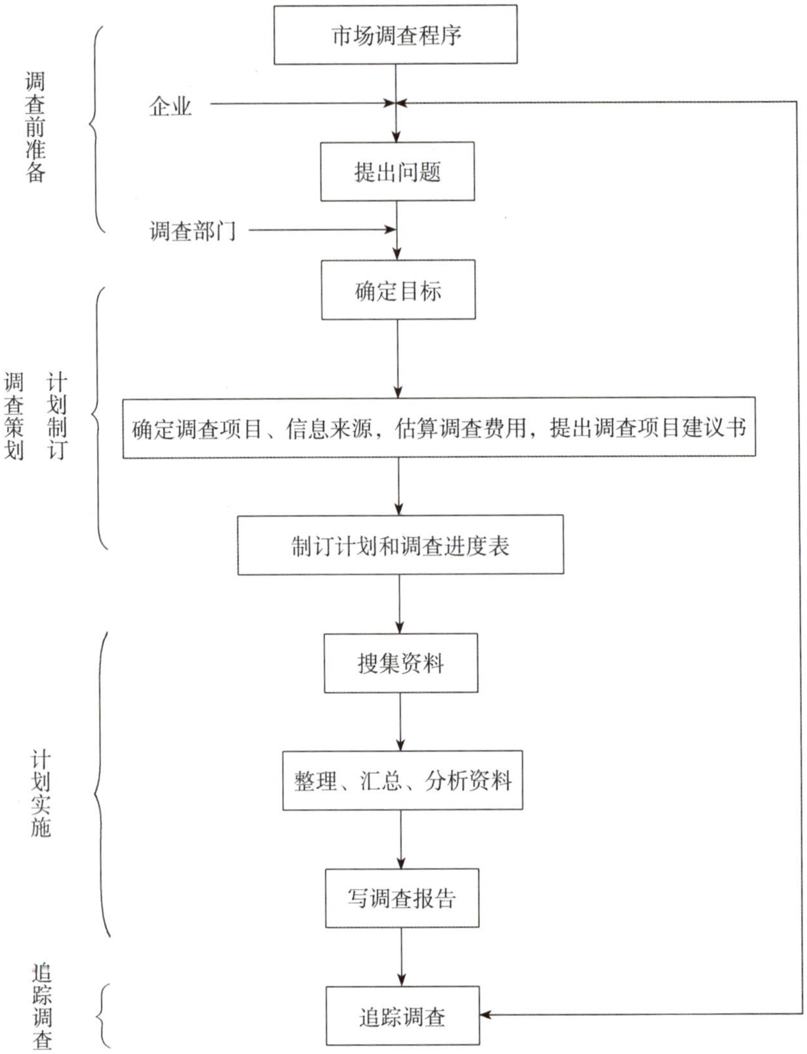

图1-2　市场调查程序

## ■ 本章概要

□ 内容提要

●本章主要介绍了市场调查的含义、特征、内容、类型、原则及程序。

●市场调查是企业经营决策的前提，具备针对性、普遍性、经常性、科学性、结果不确定性等特征。市场调查以社会环境、市场需求、产品、市场营销活动等为调查内容，可以是多方面或多层次的。在市场调查中，应遵循时效性、准确性、系统性、经济性和科学性原则，并按一定程序。

●市场调查过程大致分为如下几个阶段：调查前的准备阶段、调查活动策划阶段、调查计划制订阶段、调查计划实施阶段以及追踪调查阶段。学好本章的基本理论可以为以后相关内容的学习打下基础。

□ 主要概念和观念

▲ 主要概念

市场调查　文案调查　实验调查　试验性调查

▲ 主要观念

市场调查的必要性与作用　市场调查的历史、现状与未来　市场调查的含义与特征　市场调查的类型　市场调查的原则与程序

□ 重点实务

市场调查的原则　市场调查的程序　调查报告的撰写

## ■ 基本训练

□ 知识训练

▲ 简答题

1）简述市场调查的发展历程。

2）市场调查的特征有哪些？

3）按照调查方法的不同，市场调查可划分为哪几种类型？

4）市场调查应遵循哪些原则？简述市场调查的程序。

▲ 填空题

1）调查活动是一个________的过程，也是一个________的工作过程。

2）调查计划制订以后，调查过程须按照________进行，调查计划表作为________调查过程进展情况的依据。

▲ 单项选择题

1）下列关于市场调查作用的说法中错误的是（　　）。

A.市场调查为企业经营决策提供依据

B.市场调查有助于企业开拓市场，开发新产品

C.市场调查有利于企业在竞争中占据有利地位

D.市场调查能保证企业增加销售，增加盈利

2）市场调查与预测在当今激烈的市场竞争中是不可缺少的工具，市场调查应用最早的国家是（　　）。

A.英国　　B.德国　　C.美国　　D.日本

3）下列不属于市场调查特征的是（　　）。

A.普遍性和经常性　　B.科学性

C.结果确定性　　D.针对性

4）下列被称为“非正式调查”的有（　　）。

A.描述性调查　　B.因果关系调查　　C.探索性调查　　D.文案调查

▲ 多项选择题

1）调查计划的内容有（　　）。

A.调查内容的说明　　B.调查时间进度表

C.调查目的　　D.调查人员安排

2）消费者市场的特点是（　　）。

A.购买集中　　B.需求差异大　　C.购买频率高　　D.购买专业性强

▲ 讨论题

1）一次合理的市场调查可以分为几个阶段？

2）调查的功能是什么？

□ 能力训练

▲ 案例分析

### “冷吃”巧克力的诞生

**背景与情境：** 在世界大部分地区，夏季都是巧克力销售的淡季，澳大利亚夏季漫长，气候炎热，这对巧克力的销售当然更不利。过去巧克力商发现，在夏季，巧克力的销售量通常要下降60%左右。是不是夏天人们不喜欢吃巧克力？玛氏公司针对上述情况专门组织了一次市场调查，经过详细、深入的调查发现，问题不是出在夏天巧克力的滋味，而是人们觉得夏天巧克力会融化，吃起来黏黏糊糊的很麻烦，而且夏天巧克力很难保存好。

于是，玛氏公司开始行动。他们首先让销售商把玛氏巧克力保存和摆放在雪柜里，然后发动一场大规模的公关活动，告诉公众有一种夏日品尝巧克力的方法：冷藏后再吃。在“冷吃”的口号下，一些消费者被邀请亲口尝一块冷藏的玛氏巧克力。同时，公司组织了一系列围绕着凉爽夏日游乐的玛氏巧克力宣传活动。头一个夏天，玛氏巧克力的销售量成百万单位地增加，以后每年夏天都是畅销货。

资料来源　佚名. 市场调查与预测——理论实务的案例实训［EB/OL］.［2021-06-18］. https：//max.book118.com/html/2018/0618/173329685.shtm. 节选.

**问题：** 上述案例说明了什么问题？

**分析要求：** 学生分析案例提出的问题，拟出案例分析提纲；小组讨论，形成小组《案例分析报告》；班级交流和相互点评各组的《案例分析报告》，在校园网的本课程平台上展出经过修订并附有教师点评的各组《案例分析报告》，供学生们借鉴。

▲ 自主学习

【训练项目】

自主学习-Ⅰ。

【训练步骤】

1）将班级同学组成若干“自主学习”训练团队，每队确定1人负责。

2）各团队根据训练项目需要进行角色分工与协作。

3）通过院资料室、校图书馆和互联网，查阅“文献综述格式、范文及书写规范要求”和近3年关于“市场调查的原则与程序”的学术文献资料。

4）各团队综合和整理“市场调查的原则与程序”最新学术文献资料，依照“文献综述格式、范文及书写规范要求”，撰写《“市场调查的原则与程序”最新文献综述》。

5）在班级交流各团队的《“市场调查的原则与程序”最新文献综述》。

6）在校园网的本课程平台上展出经过修订并附有教师点评的各团队《“市场调查的原则与程序”最新文献综述》，供学生们相互借鉴。

□ 课程思政

## 电商企业网络平台刷单乱象

**背景与情境：**《福布斯》报道，最近围绕中国电商公司的刷单争议达到顶峰：京东被曝光，疑似授权商家发起刷单行动。

北京的《京华时报》报道，京东的员工说通京东平台上的一位商家，参与“得到京东领导层同意”的刷单行动，还表示，“这次刷单不会像其他平台上对商家产生负面影响”。

刷单就是运营网店的商家伪造订单。一个典型的刷单流程，是商家付给刷单者购买商品的成本费用，外加一定佣金。用这笔钱，这些“购物者”下单购物，而商家则递送一个空盒子给他们，以此完成交易，这样“购物者”可以给商家以正面的评论。通过这样虚增正面评价，商家能够吸引更多的顾客。

刷单现象，对消费者而言确实是个大问题。消费者依靠商家的受欢迎程度和可靠程度来决定购买，而刷单现象使得消费者无法把握商家的真相。不仅如此，刷单虚假地增加了销售数字，这让市场看起来显得很繁荣。

刷单在中国电子商务界正成为一个日渐普遍的问题。随着电商竞争的加剧，有的商家只能通过刷单，来保证他们的商品不被搜索引擎排在后面。刷单已成为中国电商公司备受争议的焦点问题，的确令人担忧。

资料来源　李玮，刘建军．现代商业伦理［M］．北京：清华大学出版社，2017.

**问题：**

1）我国企业在电子商务商业伦理的构建过程中需要注意哪些内容？

2）应该如何要求建立法规约束该类现象？

**研判要求：**学生分析案例提出的问题，拟出《思政研判提纲》；小组讨论，形成小组《思政研判报告》；班级交流和相互点评各组的《思政研判报告》，在校园网的本课程平台上展出经过修订并附有教师点评的各组《思政研判报告》，供学生们借鉴。

# 第2章 市场调查内容



## ◆ 学习目标

通过本章学习，应该达到以下目标：

职业知识：学习和把握“市场调查内容”的相关概念，以PEST因素调查为内涵的宏观环境调查，以消费者调查、协作者调查和竞争者调查为内涵的微观环境调查，战略思想、组织结构和策略规划调研，以及“补充阅读资料”和二维码资源；能用其指导“同步思考”、“教学互动”和“基本训练”中“知识训练”各题型的认知活动，正确解答其相关问题。

职业能力：运用本章专业知识研究相关案例，培养在“市场调查内容”特定情境中的分析问题与决策设计能力；通过“‘市场调查内容’知识运用”实训，训练相应的专业技能，并兼顾“团队协作”“解决问题”等通用能力的培养。

课程思政：结合本章教学内容，依照“课程思政”的要求或标准，对相关案例中的企业及其从业人员行为进行思政研判，培养高尚的道德情操，树立社会主义核心价值观。

学习微平台

思维导图 2-1

【引例】

把握消费趋势，勾勒中国消费新蓝图

**背景与情境：**2015年，我国社会消费品零售总额增幅在10%左右，消费市场保持活跃状态，对国民经济的贡献率保持在60%左右。

第一，2015年，我国社会消费品零售总额达到30.1万亿元，同比增长10.7%，我国GDP实际增长6.9%，社会消费品零售总额增速高于GDP增速接近4个百分点。

第二，我国消费十分活跃。例如，在国内消费红红火火的同时，国人出国购物潮也奏出更强音。2015年，我国出境人数达到1.2亿人次，包括旅费、住宿费、购物费在内的境外消费则达到了1.5万亿元。

第三，2015年12月，我国社会消费品零售总额增长11.1%，连续3个月超过11%。考虑翘尾因素以及春节消费因素，2016年1月和2月消费十分活跃，增速在11%以上。

第四，2012—2015年，我国农村居民社会消费总额增长连续40多个月超过城市居民社会消费总额。四线、五线城镇的消费十分活跃，加之我国农村居民人均收入增多，具有良好的消费基础。

第五，2015年，我国电子商务交易额和网络零售额都有所增长，增幅超过50%，对我国经济的影响力增强。

第六，2015年，消费对社会经济增长的贡献率达到66.4%，比2014年提高了15.4个百分点，成为经济增长的第一驱动力；2016年，消费对社会经济的贡献率仍保持在60%左右。

第七，预计超大型城市、特大型城市的社会消费品零售总额的增长不会超过10%，而大城市、中小城市社会消费品零售总额的增长会在10%以上。

消费对社会经济的拉动作用凸显。消费增长的原因包括政策的支持和引导、消费者消费能力的提升与消费方式的转变、商品流通方式的升级和经济新动力的注入、传统企业转型等。2016年，消费对经济的拉动作用进一步增强，原因如下：

第一，全面“二孩政策”的放开扩大了消费主体的规模，继而带动衣、食、住、行各个行业领域的需求和消费规模的增长。2016年，作为全面“二孩政策”元年，首先拉动了母婴用品等行业的消费，随之而来的是教育等领域消费的增长。

第二，供给侧结构性改革更好地满足了消费需求，扩大了消费规模。2015年，我国境外消费规模达到1.5万亿元，其中有7 000亿～8 000亿元用于购物。消费“外溢”正在倒逼供给侧结构性改革。随着改革的深化，供给侧以市场为导向，丰富供给，提高品质，提高供给与消费的匹配程度，有效地抑制了消费“外溢”，甚至扭转了消费“外溢”，形成消费回流的局面。

第三，电子商务等经济新动力的拉动作用将持续增强。在中国电子商务增速依然强劲的同时，更多的传统产业与互联网融合发展（如医药、农业等），传统产业借助于互联网的力量焕发出新的活力。《国务院关于积极推进“互联网+”行动的指导意见》的发布，可视为“互联网+”行动的顶层规划，其释放的信号可视为政策的指引。在“大众创业、万众创新”等政策的推动下，新业态、新市场、新消费将不断涌现，为社会经济的增长做出积极贡献。

资料来源　作者根据相关资料整理得来。

以上案例说明，针对消费者的市场调查项目，在实践中通常也是调查的内容和外延。

学习微平台

延伸阅读2-1

企业是一个开放的经济实体，它的存在和发展都离不开与社会各界（包括自然）的物质和信息的交流，因而影响企业经营的因素几乎包罗万象，市场调查的内容也就很广、很多。而且，由于各调查主体因调查目的和要求不同，其调查内容有不同的侧重点。一般来说，企业调查时，内容应尽量广一些，涵盖一切与企业经营有关的因素，如宏观因素、微观因素、企业自身因素等。

## 2.1 企业宏观环境调查

**宏观环境**是指全面地、间接地影响企业长远发展的外部因素，通常被称为PEST因素，包括政治影响因素、经济影响因素、社会影响因素和技术影响因素等。一切组织或企业的活动，都处在这些环境之中，不可避免地要受其影响或制约，并且通常只能认识它、顺应它，避开威胁与挑战，寻找机遇与成功。

### 2.1.1 政治影响因素

任何企业总是在一定的社会形态和政治经济体制中活动，并遵守政府的政策法规。资本主义国家的经济体制，决定了不可能对国民经济进行严格的组织与计划，但可以通过制定各种“发展纲要”和经济法规（如美国的反托拉斯法、反倾销法、公司法、专利广告法、商标法、专利法、食品检验条例以及各种进出口控制法令、条例和有关税收、利率等方面的政策法规等），干预社会经济活动和企业经营活动。资本主义国家的企业大都十分注重对政府的有关政策法规的研究，通常大中型企业内设有专管法律与公众关系的副总经理，专门研究政策法规及政府的动向，以利用对企业有利的政策法规，力求减少对企业的限制。

目前，我国正在构建更加完善的社会主义市场经济体制，国家从宏观政策上控制国有企业或私有企业等，它们的一切经营活动都必须在国家有关政策法规的指导下，以保证社会主义方向，保证人民群众的根本利益。因此，一个企业要规划其经营活动，应该首先对国家的方针、政策、法规有深入的了解，以明确发展方向，明确什么可做和什么不可做，使企业的经营活动既符合国家政策法规，又能从适应时代大潮中获得发展契机。

对政治因素的调查通常着重以下几个方面：①调查现有政策法规，即分析企业什么可做，什么不可做，什么可尝试着做。②调查政策法规的变化趋势，即探寻企业发展方向，争取主动以立于不败之地。③调查政策法规及其变化对企业的影响程度，即研究企业经营是否应转向，是否应调整。

### 2.1.2 经济影响因素

经济因素对企业经营的影响是十分强烈的。经济因素具体来说主要包括自然条件、经济发展水平、经济发展速度及经济发展周期等。

1）自然条件

任何企业都是处在一定的自然环境之中的。例如，丰富的资源必定带来原料等生产要素源源不断供应；便利的交通必定便利原材料输入和产品输出，减轻经营者或消费者及相关人员的往来奔波之苦，且能节省运输成本和时间。所以，企业调查应着重自然资源是否丰富，哪些资源丰富，哪些资源贫乏；气候是否适宜；交通是否便利，运输方式选择余地是否充足，运输时间是否恰当，运输成本是否低廉等。

2）经济发展水平

经济发展水平是生产力水平在某一时点上的凝结。由于自然、历史等原因，我国不同地区的经济发展水平存在着明显的差异：沿海高于内地、东部高于西部、城市高于农村、平原高于山区等。一般来说，经济发展水平高的地区，会有较丰富的资金、优良的技术、先进的管理观念和管理技术、素质良好的劳动力、广阔的市场、便利的交通、文明的秩序等；经济落后的地区，则拥有廉价的资源和劳动力、优惠的投资条件、广阔的潜在市场等。显然，对不同地区的经济发展水平的调查，可以发现企业的目标市场，找到用武之地。其调查应着重经济发展水平的高低：高低差距多大，高的优势何在，低的劣势何在，优势的利用价值多大等。

3）经济发展速度

经济发展速度是生产力发展的动态反映。经济发展速度越快，经济便越显得生机勃勃，越能给企业带来机遇；相反，经济发展速度越慢，经济便越显得四平八稳、死气沉沉，企业也越难寻找发展机遇。企业可根据经济发展速度确定合乎实际的企业发展规划，同时，寻找企业新的发展机会，掌握发展主动权。其调查应着重地区经济发展速度快慢等：发展速度快时，机遇及风险多大；发展速度慢时，机遇及风险多大；何时有机遇，何时有风险；地区发展何时起步，会在哪些行业起步等。

4）经济发展周期

经济发展周期是指经济发展根据其本身发展规律，表现出一定的周期性。无论是一国经济、一地经济，还是一个行业经济，都会或明或暗地呈现出本身发展的周期性。企业应充分调查其周期性，根据周期性调整经营方向、经营措施，以寻求在复苏时，迅速大胆地发展，而在繁荣末期适当缩减经营规模或转向其他复苏发展地区或行业。其调查应着重所处经济周期的位置，周期时间持续长短，周期内不同阶段经济发展幅度的大小，行业受其影响多大等。

### 2.1.3 社会影响因素

不同的民族地区或国家，有各自不同的适应其生存环境的社会生活准则和生活方式，这种生活准则和生活方式总称为社会文化因素。社会文化因素包括价值观念、宗教信仰、文化教育、风俗习惯、社会时尚等。这些因素及其变化，都会对企业的生产经营产生一定的影响。

1）团体信仰

人们由于归属的需要、政治统治需要以及历史原因等，往往隶属于某个宗教或类似宗教的团体。各团体内的人们有着共同的信仰、爱好和需求，同时，各团体内的制度或准则在约束着人们的爱好和需求及其言行。其调查应着重有哪些团体，各自隶属于什么团体，各团体的价值观如何、崇尚和禁忌是什么，团体对成员的约束力大小如何等。

【同步思考2-1】

**资料：** 某制鞋厂生产了一种海蓝色的涤纶坡跟鞋，在本地很受欢迎。制鞋厂根据此鞋在本地市场的销售情况，给外地的一家大型鞋帽商场发货5 000双。时隔不久，商场来电要求退货。厂家很快派人赶赴该城市，经初步调查，发现生产地与这一消费地风俗习惯不同，该城市市民认为该鞋的颜色不太吉利，因此该鞋上市后几乎无人问津。制鞋厂于是决定召回该鞋，并委托调查机构对该城市的鞋类消费市场进行调查。

**问题：** 假如你是调查机构的调查人员，你将如何进行调查？

**理解要点：** 首先确定调查的目标和内容，再根据客户要求制订调查计划，并按计划进行调查。

2）文化素养

不同历史的社会和同一社会的不同地区，人们所受教育的程度不同，而不同文化素养的人有着不同的追求、爱好和欣赏水平，这些都影响企业产品和市场的开发研究，更影响企业营销策略的选择。例如，文化素养高的人必然喜欢与其层次相适应的商品，接受与其层次相适应的艺术欣赏水平的广告宣传等。其调查应着重各地区文化素养高低的差距等：各地区文化素养的层次特点如何，文化素养变化程度如何，影响文化素养变化的因素有哪些，与文化素养相适应的商品、价格、渠道、促销是什么等。

3）风俗习惯

风俗习惯是由于地理和历史及行政原因，经过长时期演化而形成的一种较为固定的并为人们普遍接受的风尚。不同地域的人们有不同的风俗习惯，间接地而又长期地制约着人们的生活方式和思维方式，也制约着人们选购商品的形式和准则。例如，中国人讲求艰苦朴素、勤俭持家、量入为出，对商品讲求实惠、耐用、大方、得体；中国人过去讲求趋同、从众和一致，穿的服装款式比较单一、陈旧，现在讲求个性和自由，穿的服装款式比较富有个性。其调查应着重不同地区有哪些不同的风俗习惯，不同的风俗习惯的特点如何，风俗习惯改变的可能性有多大，不同的风俗习惯对企业营销的利弊何在，如何利用其风俗习惯从事生产经营等。

4）社会时尚

社会时尚是由于某些特殊原因，使某种思潮、商品或消费方式成为一时新宠而形成的时尚。社会时尚同风俗习惯相近，都在特定的范围内强烈地影响着消费者，不同点在于社会时尚大多只是红极一时，风俗习惯却是社会时尚经久不衰之后的沉淀。社会时尚来势汹汹、红极一时，每一次社会时尚的到来都可能是企业营销的机遇，抓住机遇，赶上社会时尚，企业就可能有一次大的发展。例如，“房地产热”必然带来建筑企业的发展；“电话热”必然带来电信企业的发展；“电脑热”必然带来电脑生产、销售及维修业的发展等。社会时尚的结束很迅速，往往瞬时烟消云散，每一次社会时尚的结束又可能使追赶过社会时尚的企业失望，如不及时调整，就可能造成企业的亏损甚至倒闭。因为任何短暂的“热”之后，便是长时间的“冷”。其调查应着重社会时尚形成的征兆指标是什么，社会时尚的波及范围有多大，社会时尚对企业的影响是什么及强弱如何，社会市场持续时间长短如何，社会时尚形成及结束的形式是怎样的等。

学习微平台

延伸阅读2-2

### 2.1.4　技术影响因素

科学技术是第一生产力。技术的创新往往会带来新原料、新工艺、新方法等的相应出现，如电力、核能的出现，蒸汽机、火车的出现等；同时，每一次新技术的发明或出现，都会引起相应旧技术或旧产品的淘汰，如计算器取代计算尺、影印取代复写等。可见，新技术这种创造性的毁灭力量，通过淘汰旧原料、旧工艺，采用新方法等途径，会给相关企业带来风险和机遇。

1）技术政策

国家强化科学技术管理的规范化，可以推动科学技术的发展，如制定和实施专利法就能鼓励或保护企业开发新技术。其调查应着重技术政策有无重大变化，每项技术政策变化对本企业的现实和潜在影响多大等。

2）技术发展速度

从总体上看，技术发展是一个加速运动的过程。日新月异的技术发展，缩短了技术设备及产品的更新换代过程；同时，产品技术含量的增加，高附加值产品的丰厚利润，诱导了企业花费更多的科研费用去不断地开发新技术、新工艺、新方法等，从而加速了技术的新的飞跃。其调查应侧重技术发展速度的突破对企业的影响如何，企业该如何应对，企业本身有无必要参与研制、开发和引进等。

【教学互动2-1】

**问题：**经济发展水平和经济发展速度有什么区别？你是怎么理解经济的绝对发展和相对发展的？

**要求：**同“教学互动1-1”的“要求”。

【同步案例2-1】

消费升级给企业带来的转变

**背景与情境：**在国内人均GDP超过8 000美元这个强有力的经济驱动力的推动下，消费升级已经成为一个明确且重要的趋势。在消费升级这个大趋势的影响下，普通的消费者会出现什么样的变化呢？很显然，消费者口袋里的钱多了，就会觉得自己应该吃与喝更好、更健康的食品和饮料，所以会把钱花在他们认为更加健康的食品和饮料上，抛弃他们认为不健康的食品和饮料。这就是在趋势的影响下，消费者出现的变化。消费者这种消费观念的变化对于不同食品与饮料企业来说就可能是机会也可能是威胁。比如，对于康师傅来说就是很大的威胁，因为大多数普通消费者都认为方便面不是健康食品，所以越来越不愿意吃方便面了，结果引起了康师傅利润大幅下滑，市值大幅缩水；但是对于伊利来说就是机会，因为牛奶和酸奶是消费者认为非常健康的饮品，所以越来越多的人开始喝牛奶和酸奶了，加上伊利的品牌形象一直很健康，所以伊利的业务量一直在增长。

资料来源　王明伟. 商业预测［M］. 北京：机械工业出版社，2017.

**问题：**在趋势的影响下，消费者会出现什么变化？

**分析提示：**在消费升级的趋势影响下，消费者更加关注健康饮食。伊利抓住消费升级趋势，赢得市场。

## 2.2 企业微观环境调查

企业经营者既要注重宏观环境调查，以把握时代脉搏，规划企业发展蓝图，更要立足实际，注重微观环境调查，选准目标市场或消费者群，融洽与消费者、协作者、竞争者等的关系，这样才能使企业经营立于不败之地。

### 2.2.1 消费者调查

企业的一切活动都是围绕着消费者进行的。消费者是市场经营活动的量度员或裁判员，也只有消费者才能最终裁定企业的成败与得失。而消费者的这种最终“判决”权力又间接表现为他们的购买力的构成与投向。因此，一切企业及其他部门都必须认真调查消费者的购买力，企业的一切经济活动都必须围绕消费者展开并为消费者服务。

1）消费者购买力的构成

无论是生产性消费还是生活性消费，其最终构成都可概括为城乡居民购买力、社会集团购买力和生产资料购买力三大类。

（1）城乡居民购买力

城乡居民购买力包括城市居民购买力和农村农民购买力。城市居民购买力主要取决于城市居民的工资收入及其他收入，即居民平均收入水平与城市人口数的乘积。农村农民购买力主要取决于农民农业生产收入及其他副业收入，即农民平均收入水平与农业人口数的乘积。

（2）社会集团购买力

社会集团购买力是指政府机关和事业单位的购买力。其购买力的形成主要是通过财政拨款，因而其取决于国家财政收支状况、政府财政政策及社会集团“讨价还价”的能力。

（3）生产资料购买力

生产资料购买力是生产经营企业用来购买机器设备、经营工具、原材料、辅助材料、能源动力等的财力。由于科学技术进步和社会生产力发展以及折旧期的缩短、折旧率的提高，生产性消费品的种类、品种和消费规模也在不断地扩大与更新。生产资料购买力的构成主要取决于国家经济政策、经济发展水平和速度、信贷政策和集资政策及外资引进情况等。

此外，金融市场、银行信用和消费信用会对社会购买力起重要的调节作用。比如，开放金融市场，扩大有价证券和股票交易，吸收社会集中的或闲散的资金，银行吸引城乡居民储蓄，会暂时压缩或推迟社会购买力；分期支付销售的推广，又会扩大或提前形成社会购买力。

总之，消费者购买力既指原有的购买力，又指新增的购买力；既有社会总体购买力，又有地区或人均购买力；既有现实购买力，又有潜在购买力；既有固定购买力，又有流动购买力。

2）消费者购买力的投向

（1）生产性消费与生活性消费的投向

生产性消费与生活性消费的投向涉及两大部类的比例关系。这一比例关系的确定，从宏观方面制约着消费者购买力的投向，直接决定着生产和消费的比重，决定着眼前消费与长远消费的关系，也间接制约着生产性消费、生活性消费的内部比例关系。

影响生产性消费与生活性消费的因素有以下三个：一是积累率。积累率越高，社会总劳动用于生产性消费的越多，用于生活性消费的就越少；反之亦然。而积累率的高低又受国家宏观经济规律及国民经济发展阶段制约。二是物价指数。当实际物价指数高时，人们便会减少储蓄，扩大消费，增加生活性消费比重；反之亦然。三是生产热点或消费热点。当生产快速发展，投资热点多，部分社会闲散资金可能变成生产性消费；同理，当消费热点多，就会使社会闲散资金转化为生活性消费。

（2）生产性消费的投向

生产性消费的投向主要是受经济发展形势和其内在关联性决定或影响的。一是经济发展规划。宏观经济发展规划勾画出了生产性消费结构：何为优先发展？何为重点发展？哪些该紧缩发展？比例如何？二是经济发展热点。经济发展热点的出现，必然吸引大量生产资金和闲散资金，既扩大了热点生产性消费，又改变了生产性消费结构。三是行业的连贯性或连带性。无论是经济发展规划的重点行业或优先行业，还是热点行业，都会在自己发展的同时，带来相关行业的发展和竞争行业或替代行业的萎缩，进而改变生产性消费的结构。四是经济发展周期。行业发展遵循着本身的规律：繁荣—危机—萧条—复苏—繁荣……当处于复苏和繁荣阶段，相应的生产性消费就会扩大，而处于危机和萧条时期，相应的生产性消费就会剧减，从而改变生产性消费的结构。

（3）生活性消费的投向

生活性消费十分零碎，大到汽车、房子，小到针、线等。其分类也十分庞杂，有生存、享受、发展之分，有高档、挑选、日用之分，也有生理、安全、社会交往、受尊重、自我实现之分等。生活性消费分别投向于不同方面而构成生活性消费结构。

生活性消费的投向结构受许多因素的影响。一是消费者经济收入。消费者经济收入是生活性消费的主要来源，决定了生活性消费的规模；又由于生活性消费规模的变化，必然带来生活性消费投向结构的变化，即当消费规模扩大时，消费便表现出多样化和高档次化，相反当消费规模缩小时，消费便表现为减少多样性和档次。二是消费倾向。消费倾向反映消费者的收入和储蓄关系，是指消费者直接支出占消费者收入的比重。消费倾向越高，消费者用于生活性的现实消费就越多；消费倾向越低，消费者会把越多的经济收入用于储蓄，从而减少生活性的现实消费，进而改变着生活性消费投向结构。三是物价指数变化。物价指数上涨快时，消费者认为购物带有保值功能，纷纷变远期消费为当前消费，变潜在消费为现实消费，以扩大消费规模和改变消费结构；相反，当物价平稳、消费者无须购买商品防止货币贬值时，生活性消费支出将趋于平缓稳定。四是商品。当物美价廉、货源充足时，消费者的消费水平往往比较平稳；相反，当商品短缺、质次价高时，消费者往往持币观望，以待时机，进而改变生活性消费规模或投向。五是消费者心理。每位消费者由于种种原因，具有不同心理、理解能力和承受能力，通过强化“利好”“利空”因素而影响生活性消费的规模和结构的变化。

【补充阅读资料2-1】

**手机行业发展现状：如何在激烈的竞争中突出重围？**

工信部发布的信息显示，2016年我国国产手机的出货量达到了5.6亿部，同比增长8%。这说明手机市场具有巨大的市场容量，并存在进一步的拓展空间。巨大的市场需求使手机行业变成了一块家家觊觎的“肥肉”。

近年来，除了老牌手机厂商在不断推陈出新外，各种新兴品牌层出不穷。众多品牌的混战，让手机市场的竞争更加白热化。在残酷的市场竞争中，准确地对接用户的需求，改善产品，就受到了各手机厂商的关注。从早期黑莓手机的隐私保护功能、苹果手机的大面积触摸屏设计，再到各种独具特色的国产手机，如主打“音乐手机”的VIVO，“充电5分钟，通话2小时”的OPPO等，整个手机行业一直在差异化的道路上探索。

如何从用户需求的角度找到改善产品的突破口？丰富的线上销售渠道以及大量的用户评论为我们进行探索提供了可能。这些用户反馈不仅表达了消费者对手机的情感倾向，还详细记录了手机到底好在哪里、差在哪里，而这些正是商家改善产品设计的关键。因此，我们希望从大量的评论信息中挖掘用户对手机的关注点，并探索哪些关注点可以真正影响用户对手机的评价，从而为厂商进一步改善产品提供思路。

学习微平台

延伸阅读2-3

资料来源　王汉生. 数据思维［M］. 北京：中国人民大学出版社，2018.

### 2.2.2　协作者调查

企业是一个开放的经济实体，不可能孤立地存在，必须通过与外界联系、协作，取得生产经营要素和销售各种形式的商品，也就少不了多种形式的协作者。为此，企业应密切关注对协作者的调查，以便选择最为理想的协作者。

一是要了解企业需要哪些协作者。协作者是在企业生产经营各环节中直接或间接地提供帮助和服务的企业或个人，仅从这一点看，协作者越多越好。为了寻求协作者，并保持密切的关系，必须投入财力和精力，建立广泛的协作关系，更应与直接协作者建立密切的协作关系。所谓直接协作者，就是在现在或不远的将来，可能直接关系企业生产经营目标达成与否的企业或个人，而间接协作者属于社会公众范畴。

二是要了解协作者的资信情况。协作者直接为企业提供生产要素、销售产品等，它们能否保质保量地提供生产要素、努力销售产品等，直接关系到企业生产经营目标的达成。如供应短缺，供应不及时，供应质次价高，甚至协作者破产或转产等，都会直接影响甚至决定着企业的盈利大小乃至兴衰成败。因此，必须了解企业协作者的经营能力、资金实力、经营方略、技术能力和信誉等，以便企业选择可靠的协作者。

三是要了解协作者的忠实程度。协作者是企业生产经营运行不可缺少的组成部分，但它是企业的外在力量，往往只能以利害关系影响它们，而不能有效地限制或管理它们。它们可以为本企业服务、与本企业合作，也可以为其他企业服务并与之合作，也可以既为本企业又为其他企业服务并与其合作。企业为了建立较为固定的进销渠道上的协作者，保证其生产经营目标的顺利达成，就必须了解和培育协作者的忠实度，即了解协作者的经营意图、经营方向、经营策略、经营范围，以及经营范围中有多少属于连带商品、多少属于竞争商品，协作者转向的可能性多大等。总之，随着市场经济体制的建立和完善，经济会愈发达，分工会愈精细，企业的协作者会愈多，协作的意义也会愈大。

1）直接协作者

直接协作者是在企业的生产经营活动中，提供原材料、设备、能源、劳务、资金、技术等要素和直接或间接地接纳产品、半成品及其他副产品等产出结果的相关企业或个人。这类协作者是企业顺利达成生产经营目标不可缺少的环节，直接关系到企业的兴衰成败。如协作企业所提供资源的价格和供应量，直接影响企业生产经营产品的产出成本、价格、销量和利润；营销企业对企业产品推销的方式及努力程度，也将直接影响企业产品的成本、价格、销量、利润乃至产品声誉；银行部门能否及时提供适宜利率和足够数量的资金，也将间接影响企业产品的成本、价格、利润，甚至影响企业生产经营活动能否继续进行。协作企业是企业顺利达成目标所不可缺少的环节，对企业生产经营活动有着很大的影响。

2）间接协作者

间接协作者是指在企业存续或生产经营活动中，间接地、有意无意地为企业提供帮助或服务的其他企业或个人，如政府机构、消费者团体、当地公众、新闻单位等。这类协作者虽不能直接决定企业的生产经营，但其深远影响又远远超出直接协作者。企业如果失去部分原材料供应协作者，可以削减生产经营规模或寻求新的供应者，但企业如果失去了社会公众，就意味着将失去整个企业存在的基础。社会公众的范围十分广泛，几乎无所不包，从团体到个人，从政府到公众，从显性到隐性等，但通常可归纳为以下六类：①政府公众，即有关的政府部门；②金融公众，即关心并可能影响企业获得资金的金融团体；③媒介公众，即影响企业声誉和营销推广的大众传播媒介，如报社、杂志社、广播电台和电视台等；④群众团体，即消费者组织、环境保护组织及其他群众团体；⑤当地公众，即企业所在地附近的居民、社区组织和其他正式或非正式团体等；⑥一般公众，即不能归纳为上述各类的所有组织或个人等。社会公众也是企业存续的环境或土壤，对企业生产经营目标的达成具有极大的影响。为了建立良好的公众形象，消除不利的公众形象，企业必须注重对间接协作者进行调查。一是要了解间接协作者的间接程度。有些协作者只是潜在影响，有些协作者已有现实利害关系。这样有利于企业区分缓急程度。二是要了解间接协作者的影响程度。间接协作者由于自身力量大小、利害关系程度的不同，对企业的影响力量也有大小之异，企业宜在充分调查的基础上加以区分。三是要了解不利公众形象的消除或有利公众形象的树立的成效，以利于企业用较少的投入取得较大的产出。

### 2.2.3 竞争者调查

竞争是市场经济的必然产物，任何企业都不可回避，更不可视而不见，而必须正视竞争、合理竞争。为此，企业必须充分了解竞争者及其策略，做到知己知彼、胸有成竹，方能稳操胜券、百战不殆，从竞争中获得进步、发展和壮大。

1）竞争者存在调查

参与竞争，首先必须明确谁是竞争对手，然后才有可能很好地开展竞争。

(1) 竞争者分类

竞争者按照不同标准有不同的分类：

①依照竞争者力量对比，可分为强力竞争者和弱力竞争者。

前者是指有强大竞争力量，对企业构成较大威胁且令企业难以稳操胜券的竞争者；后者是指力量弱小的竞争者，暂不能对企业构成威胁，但一旦疏忽，它也可做大，形成气候，变成强力竞争者。

②依照竞争者出现的情况，可分为现实竞争者和潜在竞争者。

前者是正在同企业以不同形式、在不同领域展开着竞争的竞争者，包括显性竞争者（即公开竞争者）和隐性竞争者（即或因力量悬殊，或因策略需要，没有公开却实实在在存在的竞争者）。后者为企业的非竞争者，但会随环境和条件的变化逐渐加入竞争者行列的其他企业或个人。企业盈利性越强，行业限制越少，结构调整越方便，潜在竞争者转化为现实竞争者的机会就越多。

③依照竞争者的竞争范围，可分为全面竞争者和局部竞争者。

前者是指在企业的主要领域，与企业展开全方位竞争的竞争者。这类竞争者往往力量相当，来势凶猛，气势如虹，大有一决雌雄之势，因此企业绝不可疏忽；否则，便有全盘皆输的可能。后者是指在企业的某一个领域或某个侧面与企业开展局部竞争的竞争者。这类竞争者通常力量悬殊，但的确在某一个或某几个领域有独到之处，或找到了可攻击的目标，便采取集中性市场策略，利用游击战术、蚕食战术展开局部竞争。因此，同局部竞争者周旋更显得困难重重，容易使企业决策者举棋不定。

（2）竞争者存在调查应侧重的方面

竞争者存在调查，应着重以下几个方面：

①现实竞争者情况。

如现实竞争者可能有多少，力量强弱对比状况如何；哪些是主要竞争者，哪些是次要竞争者。

②潜在竞争者情况。

如潜在竞争者可能有多少，力量强弱对比状况如何；什么时候会出现，会以什么形式出现，对企业会有什么影响。

③竞争者的加入或退出情况。

如哪些竞争者可能增强攻势，哪些竞争者可能退出竞争等。

2）竞争者策略调查

企业为了取得新的市场份额和较丰厚的战利品，总希望根据各种因素来确定最适宜的竞争策略。企业要百战不殆，必须知己知彼。知彼是指除了解竞争者的存在及变化状况外，应准确及时地把握竞争者所采取的策略及变化状况。一般来说，竞争者策略可援引军事术语加以描述，分为正面攻击策略、包围攻击策略、侧面攻击策略、游击攻击策略等。

竞争者策略的调查，要着重以下几个方面：

（1）企业自身情况

如企业自身实力如何，市场地位如何。

（2）竞争者会采用什么策略

如采用某策略的条件是否充足，战斗力如何。

（3）竞争者的优势与不足

如优势在哪里，不足在哪里，致命点又在哪里。

（4）竞争者意志坚决与否

如是试探虚实，还是势在必得。

（5）竞争者在竞争过程中的策略变化

如其策略变化的影响因素是什么，会有多大变化。

（6）防守企业措施

如有无必要采取相应措施，有哪些相应措施。

（7）防守企业如何还击

应何时、何地、如何还击，胜算多大，收效如何。

综上所述，市场竞争者可采用的策略是多种多样的，一个竞争者不可能同时运用所有策略，也很少只依靠一种策略取得成功，通常要设计出一套组合策略，借此根据竞争者的市场地位变化而改变具体策略，以此达到最终目的。

【课程思政2-1】

市场调查自律条款（营销调研方法之外的职业伦理）

**背景与情境：**在营销调研行业，当我们与受访者、客户和现场采访人员进行沟通时，我们需要考虑如何在我们所开展的业务中遵守职业伦理。我们力争正直、坦诚和值得信任。在营销调研行业，我所认识的大多数人在为客户提供指导以帮助客户获取成功的过程中都正派而真诚，努力遵守职业伦理。但我们似乎并不会关注有些客户是否值得我们去帮助，我们似乎花了很多时间去研究调研的方法，但很少谈论调研的最终目的。

多年来，我的Research Arts公司一直避免接受某些领域的业务。我们从不接受来自烟草公司的业务，更愿意把重点放在食品、零售和金融领域。这些领域的业务只做一次并非难事，但对于有关调研内容和推广内容的决策，我们绝不含糊。

决定什么是可以接受的业务通常是非常个性化的事情。当一个大型全球性公司请我实施一项涉及8~12岁儿童的调研时，就触及了我的底线，或者说需要我做出选择。该调研的目的是了解如何说服孩子在学校自动售货机上购买更多该公司的产品（软饮料和垃圾食品）。公司将其称为“微观营销”，即在学校建立销售点。该公司付给我们的调研费用非常可观，只要求我们实施小组座谈并提供报告。但我自己并不喜欢做这个项目，现在仍不喜欢。那是我接受的此类项目中的最后一个。从那时起，我开始质疑食品营销的道德问题，特别是那些伤害孩子的项目。

如果我做了一个对孩子造成伤害的项目，会让我心怀愧疚，这是我做多少个对社会有益的项目都无法弥补的，即使我与一个非营利组织合作开展了一个使饥饿的人有饭吃的项目，也只是在某种程度上减少了自己的不安。我不会为了养家糊口而去为那些雇用童工制造产品的厂商做任何工作。

当意识到某个项目会使这个世界变得更糟而不是更好时，通常我不会明确拒绝，因为那样做有些霸道。我只是说我很忙。例如，我从不接受利用动物生产食品的项目。我不是一个严格的素食主义者，但不会接受这些依赖于工厂化养殖的任何项目。现实中很难绝对做到。最近，许多企业正在努力尝试可持续的做法。我相信在这些公司，有很多人关心我所关心的事情，并因此努力实施变革。

所以这是一个复杂的主题，我明白很少有人对这个主题进行专业讨论。我们中的大多数人都会妥善处理这个关系，我们会将自己的工作分成挣钱的工作和深爱的工作。如果不在那个吞噬灵魂的领域工作，真的非常幸运。你有自己的路可走。我猜你不会接受鼓励儿童色情的项目或销售海洛因的项目。这些都是黑色领域，或者是令人不安的灰色地带。

弗兰基·约翰逊（Frankie Johnson）是Research Arts公司的创始人和总裁。自1984年以来，该公司在定性营销调研方面一直处于领先地位。作为客户和实际操作者，她参与市场调研已经超过35年。约翰逊毕业于伦敦经济学院，早期作为高级研究人员就职于Quaker的Sears。她是最早使用在线调研、定性和定量调研，持续关注调研工具和方法的专家之一。她是美国营销协会的名誉成员。

资料来源 作者根据相关资料翻译整理得来。

**问题：**作为调研人员，在职业操守问题上，应如何应对不符合社会利益的项目？

**研判提示：**上文中介绍了一位调研人员对有违社会利益项目调研的看法。调研企业和调研人员可以有不同的文化背景与不同的专业素养，但是在市场调研活动中要遵守的道德准则和宗旨是一致的，首先就是遵纪守法，其次是维护客户的合法权益。

【同步案例2-2】

### 日本轿车为什么能够后来居上?

**背景与情境：**汽车行业的“生态环境”是由燃料供应、价格水平、道路状况、人均收入、居民的消费观念、政府的环保政策等因素构成的。20世纪70年代，这些因素发生了重要变化，领先于世界长达半个世纪的美国通用、福特等大汽车商对这些变化一度未予重视，他们坚信美国的轿车是世界上最好的轿车，美国消费者喜欢大马力、宽车体、豪华、舒适的大型轿车。美国的汽车制造业一度在世界上占霸主地位，而日本的汽车工业则是20世纪50年代学习美国发展起来的，但是时隔20年，日本汽车制造业突飞猛进，充斥欧美市场及世界各地，把美国的汽车工业打得一败涂地。为什么会出现如此戏剧性的变化呢?

美国的汽车注重舒适豪华，当然比较耗油。在20世纪60年代，美国经济一派繁荣景象，再加上石油价格低廉，当然汽车业发展迅速。但是日本汽车制造商通过市场调研得出如下结论：①即将要发生世界性的能源危机，石油价格会很快上涨，因此耗油量大的轿车面临危机，必须改产耗油量小的轿车来适应能源奇缺的环境。②随着汽车数量的增多，马路上车流量增加，停车场的收费会提高，因此只有造小型车才能适应拥挤的马路和停车场。③在工业发达的国家，一个家庭只有一台汽车不能满足需要，潜力巨大。于是，日本汽车制造商研究制造出了物美价廉的小型节油轿车。在70年代的世界石油危机中，日本车横扫欧美市场，市场占有率不断提高，而欧美各国生产的传统豪华型轿车，因耗油大、成本高使销路大受影响。结果，适应环境变化的小型、省油、便利、经济，而且比德国大众同类车“甲壳虫”性能更好、造型和装饰更合美国人口味、维修更方便的日本轿车迅速成功地进入美国市场，不出几年就后来居上，销量超过德国车而占据美国进口汽车的首位，到80年代达数百万辆，占美国汽车市场的1/3。1980年，日本汽车产量就超过1 000万辆，超过美国而居世界之首。

**问题：**日本轿车为什么能够后来居上?

资料来源 佚名．日本轿车为什么能够后来居上？［EB/OL］．［2022-02-16］．https：//www.xuesai.cn/souti/70069974.html．节选．

**分析提示：**日本轿车之所以能够后来居上，超过美国而居世界之首，关键就在于其生产者注重市场营销调研，抓住了环境变化的脉搏，摸准了消费者的心理、口味变化，迅速开发出适应环境变化的小型、省油、便利、经济，且性能更好、造型和装饰更合美国人口味、维修更方便的轿车。

【教学互动 2-2】

**问题：**技术性较强的行业和技术性一般的行业哪一种潜在竞争者比较多？

**要求：**同“教学互动 1-1”的“要求”。

## 2.3 企业及其策略调查

对企业宏观环境、微观环境的分析，旨在寻求企业发展机会或用武之地。然而，企业能否发现机会、抓住机会、利用机会并使机会变成现实，则完全由企业自身实力的大小和策略运用得好坏来决定。

### 2.3.1 战略思想调研

**战略思想**是指企业有机体立足于市场，达成最终目的的、全局性的指导思想。企业的战略思想决定企业的大政方针、长远目标、经营宗旨、经营思想，进而决定企业的营销观念、营销策略以及组织结构等。换言之，企业的一切存在形态及意识策略都源于其战略思想。

1）战略思想与环境变化的适应情况

战略思想决定着企业的目标制定、策略规划以至企业的一切存在及活动。环境，无论是宏观环境，还是微观环境，无不决定着企业的目标实现、策略实施甚至企业的兴衰存亡。环境始终是客观因素，因此任何企业为了自身存在和发展，只能顺应环境变化，并从环境变化中寻找发展机会，利用机会发展；否则，企业战略思想有违于客观环境变化，即使制定看似正确或周密的策略，也是不可能达成最终目的的。如夕阳行业或某种将被淘汰的产品，企业无论花多大投入，也不可能得到合理的回报，往往只能是投入大、产出少。

战略思想与环境变化适应情况的调研，应着重以下几个方面：

① 客观环境变化的规律性，即客观环境将如何变化，朝何方向发展，发展节奏是快还是慢。

② 战略思想的适应性，即有无战略思想，战略思想是否符合环境变化的大方向，战略思想能否适应环境变化的节奏。

③ 战略思想的指导意义，即战略思想是否贯彻于企业的一切经营活动之中，战略思想具体化后能否完全符合策略的阶段特点。

2）战略思想与企业相对优势的对应情况

企业寻找到市场机会，就试图去占领，这是自然的。然而，利用机会、占领市场是有前提的，即企业必须具备利用这一机会去占领市场的条件，或在这一方面具有相对优势；否则，企业只有看水流舟，望而兴叹。例如，某企业认准了某一产品开发的前景无限美好，却苦于没有人力、财力、物力资源，也没有技术资源或足够的信誉资源等，只能将这一产品开发方案束之高阁，甚至看到别的企业捷足先登而无力参与开发。企业的相对优势，是指企业在某一方面或几个方面符合市场机会要求，或强于竞争对手，诸如企业的人力资源、物力资源、资金资源、无形资源以及技术资源等。

战略思想与企业相对优势对应情况的调研，应着重以下几个方面：

① 发展战略的实施需要哪些起码条件，哪些附加条件，哪些可变通或替代条件。

② 企业有哪些优势、哪些劣势，劣势严重到什么程度，哪些优劣势可以转换，转换的条件是什么，所需费用多大。

③ 发展战略与企业优势的吻合情况，是该修改战略，还是该优化制造条件，形成优势。

④ 发展战略的阶段性与企业优势变化的适应情况。

3）战略思想与企业文化的对应情况

企业战略思想是企业有机体所持有的根本性、全局性和长远性的指导思想，规定了企业的最终目的，也规定了达成最终目的的手段。也就是说，战略思想虽不具体规定各个阶段性的目的，但规定了各阶段性目的必须归结为某种最终目的；战略思想虽不具体规定某些手段或方法可达成的最终目的，但至少从原则上规定了有些手段或方法即使能达成目的也是不可取的。企业文化是企业精神文明和物质文明的总称，是企业及其职工共同持有的思想观念、价值取向和行为准则。它是由企业经营观念文化、企业管理文化和产品营销文化等所组成的，又源于企业战略思想。企业战略思想同企业文化密不可分，战略思想是企业文化的核心和准则，但它必须通过相符的企业文化等达成和实施。因此，企业文化作为企业经营管理及参与市场竞争的一个组成部分，作为企业战略思想贯彻的重要途径，也必须从根本上与战略思想保持协调一致，两者相得益彰，共同达成企业生存和发展的目的。

战略思想与企业文化相对应情况的调研，应着重以下几个方面：

① 企业文化是否与战略思想相吻合，吻合程度如何，分歧在什么地方。

② 企业文化与战略思想的分歧是否重大，是否影响战略思想的贯彻。

③ 企业文化的阶段性目标如何，各阶段性目标是否与客观实际一致，是否朝着战略思想实施的最终目的。

④ 企业文化建设的整体特性如何，是否具有整体有机性、阶段性、客观性和切实可行性。

4）战略思想与营销策略的相符情况

战略思想是企业谋求生存和发展的观念、意识，若将这些观念具体化，运用于企业营销活动中，就反映为营销策略。可见，营销策略是营销战略的具体化，而企业战略则是营销战略思想实施的准则。

战略思想与营销策略相符情况的调研，应着重以下几个方面：

① 营销策略是否围绕战略思想而制定，有无偏离现象，偏离程度如何，该如何纠正偏离。

② 营销策略是否配套，是否既不偏离战略思想又完全符合客观实际。

③ 备选营销策略是否遗漏重大影响因素，有无更为合理有效的备选方案。

### 2.3.2 组织结构调研

每个人都被包括在各种群体和组织中，尽管经常发生矛盾和纠纷，但各种组织活动仍然向某既定方向延伸，之所以如此，就是因为组织把各种事物以及事物之间的联系，以有序的、富有成效的方式组合在一起。这里的组合方式即组织结构，它规定了一个组织内各成分之间的相互联系和关系。

1）正式组织及营运调研

（1）组织结构

组织结构是所有单位、企业、群体等团体组织达成某项目的基础或前提。企业正式组织是组织结构的核心和框架，是组织达成目的必不可少的前提。

根据系统管理学派的主要代表人物卡斯特和罗森茨韦克的解释，组织结构就是："①正式关系与职责的形式——组织图加职位说明或职位指南。②向组织各个部门或个人分派任务和各种活动的方式。③协调各个分离的活动和任务的方式（一体化）。④组织中权力、地位和等级关系（职权系统）。⑤指导组织中人们的活动和关系的经过计划的、正式的政策、程序和控制方法（行政管理系统）。"这便是正式的组织结构。

（2）组织结构形态

为了适应企业规模的不断扩大、经营范围日益广阔、业务联系渐次紧密，组织结构也要求更加严密协调，于是出现了多种多样的组织结构形态。其主要形态有以下几种：①职能式结构（直线制、职能制、直线职能制或区域制等形态）。②联合分权化结构（分级管理、分部管理、分权管理、事业部制等形态）。③矩阵式结构（直线职能制与专业组、攻关组、新产品管理制结合形态）。④模拟分权化结构（阶段管理形态）。⑤系统结构（系统管理形态）。

因此，合理的组织结构有利于组织情况沟通、情感沟通、下情上达、上令下行、相互协调，以共同达成组织目标；同理，不合理的组织结构，必然是下情不清、上令不明、信息不通、感情不融、相互掣肘，阻碍组织目标的达成。

（3）组织调研应着重的方面

企业正式组织的调研，应着重以下几个方面：

① 目标的一致性。组织结构的设置是为达成企业营销目标，因此组织结构的调研首先是看组织结构能否达成企业营销目标，达成目标的程度如何，各层、各部门组织能否达成企业分解目标。

② 组织的经济性。其主要调研组织结构的组建是否经济，营运是否经济，营运效果是否最佳。

③ 权责的统一性。其主要调研权责的划分是否一致，是否权力过大而责任过小，导致滥用职权；是否权力过小而责任过大，导致无法施展或无用武之地。

④ 指挥的灵活性。其主要调研最高管理者能否灵活调配各部门，各部门管理者能否灵活实施各项举措以达成目标。

⑤ 信息的流畅性。其主要调研上层管理者能否及时、准确地了解下层的实际情况及其变化、决策执行情况及其偏差、属员情感情况等；下层管理者及基层属员能否及

时、准确地了解和把握上层决策目标及宗旨；横向各层人员能否相互了解、理解、协作以及利用相应的信息资料。

⑥ 管理跨度的合理性。其主要调研管理者能否有效地指挥属员开展工作，管理层次是否尽可能少。

⑦ 活动中的合作性。其主要调研在各层、各部门职责分明的前提下，能否相互协调，能否相互促进，共同达成企业总目标。

⑧ 组织结构与社会的协调性。任何组织结构都是社会系统的一部分，故此企业结构还必须与社会系统相协调。因此，还应看组织结构能否与社会发展相适应，能否与社会各组织相和谐。

（4）调研咨询中常采用的“10项组织设计原则”

正式组织这种形式在美国最为完善，也最受重视。在西方企业调研咨询中被广泛采用的“10项组织设计原则”，也可供我们参考。其具体内容是：①从最高层到最低层之间，应有明确的权限及协调合作程序。②各级管理者的权责以书面形式明确规定。③权责必须相对称，责任不能因授权而减少。④权限应尽量下授给部属，以便能迅速决策。⑤组织层次在合理的限度下，愈少愈好。⑥直线业务机构与平行配合机构应明确划分，以促进合作，避免冲突。⑦管理幅度不宜过大。⑧按产品产销的技术特性，设立各种责任中心。⑨具有充分的激励性及挑战性。⑩尽量精简，成本不应超过可能的收益。

2）非正式组织及营运调研

非正式组织是相对于正式组织而言的，是既无正式定员编制、文件章程，又不经官方组织批准许可的一种群体组织。一般来说，非正式组织具有下述特征：比较相同的观点，密切的感情和一致的行为，凝聚力较强；有共同遵守的却不成文的群体规范，影响着成员的行为；有灵敏的、迅速的传递渠道，思想交流渠道畅通；有较牢固的感情纽带，带有较明显的情绪色彩，相互间“传导”作用强；有自然形成的“头儿”，这种“头儿”并非选举产生，成员却自觉服从；具有自卫性和排他性；同时，具有相对的不稳定性等。

（1）分析与正式组织的关系

非正式组织影响着企业职员的心理倾向和行为举止，与企业目标有时基本一致，有时相互补充，有时又相互矛盾。一般来说，非正式组织与正式组织的关系可划分为以下三种类型：

① 积极型——正面型非正式组织。这类非正式组织的目标与企业目标完全一致或基本一致，其存在和活动都从不同侧面服务于企业，不同程度地达成企业目标，例如几个员工自愿在一起对生产、经营中的某个关键问题进行攻关而形成的临时群体，又如日本企业盛行的QC小组等。

② 中间型——两可型非正式组织。这类非正式组织的存在和活动，有时候与正式组织目标基本一致，有时候不一致，在一些问题上与正式组织目标一致，在另一些问题上不一致，既有积极作用，也有消极作用，例如某些兴趣小组等。

③ 消极型——否定型非正式组织。这类非正式组织的存在和活动，较多处于隐匿状态，与企业目标不一致，甚至截然相反，表现为阻碍企业目标的实现；它有时违反法

律规定，有时只违反企业章程，有时又不违反任何可查条文。

（2）调查非正式组织产生的原因

通常，非正式组织产生的原因主要有以下几种：

① 利益性——出于利益上的联系、利害上的一致，即有共同的利害关系，或只有联合才能趋利避害。

② 情感性——为了寻求友谊、情感、归属感，或为得到社交的满足，如知心、知音、意气相投、同病相怜、相似遭遇等。

③ 爱好性——出于共同的兴趣、爱好，或打球或下棋或文学或体育，如发烧友、追星族、爱好小组、兴趣小组等。

④ 信仰性——以信仰、理想、世界观和观点相同为基础，如因共同理想而结合在一起的所谓志同道合的人，或因“臭味相投”而聚在一起的人等。

⑤ 亲缘性——出于血缘、地域等物理关系，由于同学、同乡、战友，或毗邻，或亲属、亲戚、本家、世交等而形成，如同乡会、同学会等。

⑥ 查清非正式组织的具体情形，以充分利用或发挥其积极作用，消除其消极反向作用。应密切注意：非正式组织的“头儿”是什么人，威信如何以及威信是如何树立起来的；非正式组织活动的形式、时间、地点以及一般内容是什么；非正式组织的活动范围、影响力以及影响企业目标的程度如何；如何通过正确方式诱导非正式组织为企业服务，至少不构成障碍。

总之，对非正式组织的调研，应有利于企业充分利用或发挥非正式组织积极正向的作用，减少甚至消除非正式组织的消极反向作用。

### 2.3.3 策略规划调研

策略是一个既古老又新颖的名词。说它古老，是因为远在三国时代，诸葛亮便时常表现出其谋略家的超人智慧，后人常以他的策略构想作为借鉴，可以说是策略研究的开始；说它新颖，是因为目前有不少企业尚无策略观念，不能掌握环境的变迁、进行较长时间的策略性思考，进而逐步调整本身的营运范畴。

策略规划一方面是企业希望了解环境变迁的趋势，掌握机会、躲避威胁；另一方面则需要企业发挥竞争优势，以弥补经营劣势。外部环境变迁所出现的机会和本身竞争优势之间，若能形成交集，就是未来最佳的营运范畴与经营策略了。策略规划的内容十分广泛，这里仅从营销调研的角度出发，对企业营销策略进行调研。具体来说，企业营销策略通常概括为产品策略、价格策略、渠道策略、促销策略四大方面。

1）产品策略的调研

任何组织，不论处理的是一袋烤蚕豆、一个银行账户，还是一批救济物品等，都是为满足人们的某种需要——吃的需要、存钱的需要以及施舍的需要等。也就是说，产品的形式可以有千种万类，但从能满足某种需要这一点来讲始终是固定不变的。因此，能满足某种需要的效用就是产品的意义，也是企业生存和发展的前提之一。

（1）产品开发机会的调研

社会组织及个人有某些需要，而通常需要是多种多样甚至无穷的，企业不可能全部满足，也没必要全部满足。因此，企业应着重调研某种需要的范围大小、强弱程度，该需要所形成的潜在市场容量大小、强弱程度；企业有无能力或必要开发该市场；能否创造或激发出新的需要。

学习微平台

延伸阅读2-4

（2）现有产品形象的调研

**产品形象**是指企业产品在消费大众心目中的总体印象。消费者对产品的印象可分为潜在消费者对产品外表、特性及推广产生的印象和现实消费者使用产品后的总体感觉。因此，现有产品形象的调研应着重调研消费者对产品的接纳程度，如产品包装是否便于保护商品品质、便于携带和使用；产品品名、商标、包装是否与社会规范、消费者胃口、企业形象相适宜；产品品质等是否与产品推广一致；产品效用能否满足消费者的需要；消费者对产品及其推广上有哪些不满及改良方向等。

【同步思考2-2】

某产品邀请明星做代言人，树立高贵的形象，但其低端产品定价才几元钱，造成了高端品牌形象和产品低价值的错位，也不符合包装的初衷，最后“牛头不对马嘴”，让消费者感觉疑惑——贵族的气质，地摊货的价格，高不成，低不就。做了铺天盖地的广告，给消费者的印象却是华而不实，是个低端的品牌。

**问题：**为什么企业花了钱效果却很差？

**理解要点：**很多好产品销路不畅的一个重要因素是品牌战略迷失，选错了方向。因此，企业应发掘出真正有内涵的品牌文化，否则前景堪忧。

（3）产品组合的调研

产品组合即产品结构。企业很少只向市场提供单一产品，通常用一系列产品覆盖几个市场区域，产品组合的调研要调研企业以怎样的产品结构来改善其盈利能力。产品组合的调研应着重调研各种产品自身盈利能力的大小，即贡献毛利或边际贡献的大小及各产品盈利前景变化状况；各产品生产、营销、消费中的相互关系，即是否互补、是否连带、是否替代、是否互斥。

2）价格策略的调研

价格是生产经营者和消费者双方关注的焦点，涉及双方的直接经济利益，更事关企业发展经营、争取市场的成败。

（1）价格与效用的调研

价格是买卖双方的心理平衡点，通常通过竞争和洽商议定，并随平衡条件的变化而调整。价格与效用的调研应着重调研价格制定时对效用的评估是否合适；消费者使用后的评价和感觉是否良好；产品是否能发现新效用。

（2）价格与承受力的调研

承受力是指消费者的消费水平或负担能力，其主要取决于产品效用的大小和消费水平的高低。价格与承受力的调研应着重调研产品目标消费者收入水平及其变化趋势如何；通过价值工程分析产品效用，是否充分且必要；是否可通过适当删减非必要效用、适当采用廉价材料代用品及其他途径，以降低成本而适应消费者的承受力；是否可通过推广等途径以相对提高消费者的承受力。

（3）价格与成本的调研

成本是价格的核心构成要素，直接决定价格水平及其变化幅度，而成本的高低又主要取决于原料、材料、辅助材料、人工费用、管理费用以及部分税负支出等。因此，价格与成本的调研应着重调研各盘查项目的结构是否合理；各项目影响因素的变化趋势如何；降低成本的方法及方向。

（4）价格与其他因素的调研

价格是买卖双方的平衡点，价格除受成本、效用、承受力影响外，还受其他诸多因素影响，企业也必须进行深入细致的调研。例如，企业怎样宣传促销，才能提高商品在消费者心目中的整体效用；不同素养和环境中的消费者对商品认识上有什么区别；不同商品的弹性系数对不同消费者会有何不同；同一商品在不同生命期的阶段上其价格又该有什么变化等。

3）渠道策略的调研

商品销售渠道的调研就是对商品从生产企业转移到消费者（或其他企业）中所经过的路线、组织机构、销售方式的方便、合理、经济性等进行的调研，以实现商品流通路线短、环节少、时间快、费用低以及稳定等多重目标。

（1）渠道选择调研

不同销售渠道有不同的利弊，适用于不同的商品。因此，其调研应着重分析商品本身的物理属性、化学属性和消费特性如何；各种备选渠道的各自利弊及适用特点怎样；选择何种渠道才合理；不同运输方式及路线的运费开支高低；不同环节的库存数量及开支是否合理；销售渠道的节点，即运输伙伴、储存伙伴、销售伙伴的财务状况、经营状况、信誉状况及前景如何等。

（2）销售渠道维持调研

销售渠道主要是由企业自身的分支机构与部分合作伙伴组成的，既要有相对稳定性，也需有一定的灵活性，以适应环境变化的需要。因此，其调研应着重调研商品特性的变化；各渠道实际运送商品是否经济合理、快捷安全；合作伙伴资信状况的变化及其对企业的忠诚程度以及改进和调整的方向等。

4）促销策略的调研

现代营销理论认为，销售就是通过企业营销者与消费者之间的信息交流，使消费者认可并购买其产品的过程，而这种信息交流就是促销。这方面的调研主要包括：

（1）促销方式的选择调研

促销活动，可以是数百万元的电视广告，可以是交易会上的商品陈列，也可以是公益赞助，甚至仅发布一条新闻等。企业为最有效和最经济地开展促销活动，应着重调研以下几个方面：企业决策者意欲推销具体产品，还是推销企业形象；企业及产品本身的特点、优势是什么；企业及产品的目标消费者的活动范围、时间、特性、喜好是什么；各种促销方式和媒体的特点、优点及接触对象是什么；选择各种促销方式和媒体的费用支出情况等。

（2）促销方式的效果调研

促销效果是企业采取某种促销方式后所产生的结果，其结果分为直接结果（即商品销售量的扩大）和间接结果（即企业或商品形象的改善）。因此，其调研应着重促销内容是否完整准确、简单易懂；促销内容是否及时准确地送达到目标消费者；促销方式是否影响目标消费者及其影响程度；促销的实际效果如何以及收益与支出的比例大小如何；促销带来企业形象的改善情况如何，社会效益如何等。

总之，广泛的市场调研有助于企业进行正确的决策，探寻机会，减少风险，但永远不可能消除风险。因为企业不可能搜集到全部信息或搜集到全部资料，所以也得靠对已搜集到的信息资料的正确解释与分析。当然，只要企业搜集到主要相关信息，并以此进行合理的预测和决策，就是基本正确的和合理的。

学习微平台

延伸阅读2-5

【同步案例2-3】

### 日本资生堂公司的广告调查

**背景与情境**：日本资生堂公司为了在激烈的广告竞争中击败对手，对女性消费者就化妆品的需求心理和消费情况进行调查。他们将女性消费者按年龄分成4种类型：第一种类型为15~17岁的消费者，她们讲究打扮，追求时髦，对化妆品的需求意识较强烈，但购买的往往是单一的化妆品；第二种类型为18~24岁的消费者，她们对化妆品采取积极的消费行动，只要是中意的商品，价格再高也在所不惜，这一类消费者往往是购买整套的化妆品；第三种类型为25~34岁的消费者，她们大多数已结婚，因此对化妆品的需求心理和消费行为也有所变化，化妆已是她们的日常生活习惯；第四种类型为35岁以上的消费者，她们中间可分为积极派和消极派两种类型，也显示了购买单一化妆品的倾向。资生堂公司根据上述情况，制定了“年龄分类”的广告销售策略，在广播、电视和报刊等上，针对各种类型的特点大做广告，并努力使化妆品的式样、包装适应各种消费者的特点和需要，使产品受到普遍的欢迎。

资料来源　赖文燕. 市场调查与预测［M］. 南京：南京大学出版社，2017.

**问题**：资生堂是如何对女性消费者化妆品的需求进行调查的，都制定了什么样的销售策略？

**分析提示**：资生堂通过对女性年龄层次的划分，找出不同年龄层对化妆品的需求心理的不同，并根据“年龄分类”而制定不同的广告销售策略，从而使产品获得欢迎。

【教学互动2-3】

**问题**：战略与策略有什么区别？

**要求**：同“教学互动1-1”的“要求”。

## ■ 本章概要

□ 内容提要

● 本章主要从企业微观环境、企业宏观环境以及企业策略3个方面介绍了市场调查的基本内容，以及各个内容的一些调查点。

● 所谓市场调查的内容，即影响企业市场行为的几种因素。本章首先从政治影响、经济影响、社会影响、技术影响4个方面分析企业宏观环境的调查点；接着从企业的消费者、协作者、竞争者3个方面分析企业微观环境的调查点；最后从企业自身战略与企业相应策略的吻合情况来介绍企业战略调查点，再从产品、价格、渠道、促销四方面的策略来介绍企业策略调查点。

□ 主要概念和观念

▲ 主要概念

宏观环境　战略思想　产品形象

▲ 主要观念

企业宏观环境调查　企业微观环境调查

□ 重点实务

市场调查内容　宏观环境的调查要点　微观环境的调查要点

## ■ 基本训练

□ 知识训练

▲ 简答题

1）简述社会影响因素的内容。

2）影响生活性和生产性消费投向的因素分别是什么?

3）简述产品策略调研的内容。

▲ 填空题

1）市场调查与预测策划书是规范市场调查与预测整个活动过程的________，是市场调查与预测的________。

2）宏观环境是指________、________影响企业长远发展的________。

3）战略思想决定着企业________、________以至企业的一切________。

□ 能力训练

▲ 案例分析

### 关于在校大学生学车情况的市场调查策划书

**背景与情境：**

1）调查主题

某地区在校大学生学车的情况和需求程度。

2）背景环境

中国加入WTO后，汽车市场进一步开放，私家车已逐渐进入寻常百姓家。学车拿驾照在社会上成为一种时尚，这种状况也影响到高校大学生的消费观念。在一些大学生看来，拥有驾照能为找工作多一重保障，开车是一门技能，掌握后可增加自己的就业优势，为求职做更好的准备。

3）目标确定

以某地区大学生为主要调查与预测对象，了解在校大学生学车的情况，主要包括：

（1）了解在校大学生对于学车的看法。

（2）了解在校大学生对于学车的需求程度。

（3）了解在校大学生如何选择驾校。

4）市场调查方法

以问卷调查为主，观察法、访问法为辅。

5）调查资料整理和分析方法

（1）定量分析和定性分析相结合。

（2）进行实地调查结果分析。

6）调查步骤和时间安排（略）

7）资金预算及项目安排（略）

8）小组成员确定和工作安排（略）

9）调查项目、调查问卷（后附）

关于在校大学生学车情况的调查问卷

亲爱的同学们：

你们好！我们是××学院市场营销专业的学生，为了更好地了解在校大学生对于学车的看法，以便于我们能提供更加适合学生的驾校，希望您能抽出宝贵的时间，填一下这份问卷。您的意见对我们来说非常重要。谢谢您的合作与支持！

A.性别：男（　　）　　女（　　）

年级：大一（　　）　　大二（　　）　　大三（　　）　　大四（　　）

B.请问您现在有学车的打算吗？（　　）

a.有　　b.目前暂无学车的打算

C.请问您每学期花费在技能培训方面的经费为多少？(除学校专业培训外)（　　）

a.几乎没有　　b.100元左右　　c.200~500元　　d.500元以上

D.请问您觉得考到驾照对您将来就业是否有帮助？（　　）

a.有很大的帮助　　b.无关紧要

E.请问您选择驾校时最关心的是什么？（　　）

a.驾校考试通过率　　b.驾校口碑和规格

c.培训地点交通是否便利　　d.学车的价格

F.请问导致您目前不打算学车的主要原因是什么？（　　）

a.学车费用问题　　b.时间问题

c.觉得没有太大需要　　d.其他

G.请问假如您要学车，在学车过程中您最看重哪一项？（　　）

a.能够上门接送　　b.提供免费午餐

c.场地硬件设施　　d.教练员的教学水平

H.请问您一般会通过哪些渠道来选择驾校？（　　）

a.上网搜索　　b.朋友或同学介绍

c.校园内刊登的广告　　d.其他

I.请问您会选择利用什么时间来学车？（　　）

a.平时课余时间　　b.寒暑假期间

c.气候条件良好的季节　　d.无所谓

J.在“××”“××”……“××”这几个驾校中您会选择哪个或者其他？请简要说明原因。

______________________________

______________________________

K.驾照考试将会在6、7月份进行改革，并新增几项考试项目，且学车费用会有所增长。请问这是否会影响您学车的计划？对此问题您又有何看法？

______________________________

______________________________

谢谢合作！

资料来源 佚名. 关于在校大学生学车情况的调查问卷［EB/OL］.［2021-03-20］. http：//www.doc88.com/p-9893660697044.html.

**问题：**

1）该份策划书是宏观调查还是微观调查？

2）这个案例给我们在确定一项调查内容时有什么启发？

**分析要求：**同第1章“基本训练”中本题型的“分析要求”。

▲ 实训操练

【训练项目】

“市场调查内容”知识运用。

【情境设计】

将班级学生分成若干实训团队，各团队确定1人负责，根据项目需要进行角色分工与协作，分别选择不同企业，就其宏观环境、微观环境或策略等内容，运用本章相关知识进行市场调查。

【训练步骤】

1）将班级学生分成若干团队，每个团队确定1人负责，根据项目需要进行角色分工与协作。

2）各团队分别选择某一企业，就其宏观环境、微观环境或策略等内容任选其一，运用本章相应知识对该企业进行市场调查，重点体验针对相应内容的市场调查运作过程。

3）各团队学生记录本次模拟实训的成功经验、存在的问题、解决办法。

4）各团队整理实训记录，在此基础上撰写《“××企业宏观（或微观）环境（或策略）市场调查”实训报告》。

5）在班级讨论交流、相互点评与修订各团队的《“××企业宏观（或微观）环境（或策略）市场调查”实训报告》。

6）在校园网的本课程平台上展出经过修订和任课教师点评的各团队《“××企业宏观（或微观）环境（或策略）市场调查”实训报告》，供学生们借鉴。

□ 课程思政

### “闺蜜门”又出三星贿赂

**背景与情境：**2016年11月9日报道：连日来，朴槿惠的亲信崔顺实幕后干政一事在韩国引起轩然大波。占韩国GDP 15%的三星集团也被爆出向崔顺实输送巨款，三星此前否认了指控。8日上午，韩国检方突击搜查了三星电子在首尔的办公室，还向一位高管进行问询，这是8年来三星总部首次遭到检方检查。与此同时，当日上午10点半，朴槿惠与国会议长丁世均举行会晤，就解决亲信崔顺实干政争议进行商讨。朴槿惠表示，如果国会推荐新的总理人选，愿意任命其为新任总理，并使其统辖内阁工作。

据韩联社报道，当地时间2016年11月8日，韩国检方突击搜查了三星电子在首尔的办公室，这是围绕韩国总统朴槿惠的亲信崔顺实干政事件调查的一部分。检方的搜查涉及三星是否向崔顺实的女儿提供了不当财务帮助。

此前，检方一直在调查有关三星公司以咨询的名义，提供280万欧元给崔顺实在德国的一家公司，资助其女儿马术训练的指控。据悉，这笔资金于2015年9月至10月，经韩国某商业银行转入“Widec体育”的前身“Core体育”在德国当地银行开设的账户，主要用于郑某购买赛马等。

资料来源　作者根据搜狐网站相关资料整理得来。

**问题：**试讨论三星公司贿赂门事件并提出如何防范此类事件的发生，从而保证商业活动的公平性。

**研判要求：**同第1章“基本训练”中本题型的“研判要求”。

# 第3章 市场调查的方法



## ◆ 学习目标

通过本章学习，应该达到以下目标：

职业知识：学习和把握“市场调查方法”的相关的概念，资料调查的要求和来源，包括计划、记录和评价资料调查在内的资料调查法，包括面谈、电话、邮寄调查法在内的询问调查法，包括人工调查法和机器观察法在内的观察调查法，包括无控制组和有控制组的事前事后对比实验在内的实验调查法，以及“补充阅读资料”和二维码资源等理论与实务知识；能用其指导“同步思考”、“教学互动”和“基本训练”中“知识训练”各题型的认知活动，正确解答相关问题。

职业能力：运用本章专业知识研究相关案例，培养在“市场调查方法”特定情境中的分析问题与决策设计能力；通过搜集、整理与综合“资料调查法”的前沿知识，撰写、讨论与交流《“资料调查方法”最新文献综述》，培养“市场调查方法”中“自主学习”、“团队协作”和“与人交流”等通用能力。

课程思政：结合本章教学内容，依照“课程思政”的要求或标准，对相关案例中的企业及其从业人员行为进行思政研判，培养高尚的道德情操，树立社会主义核心价值观。

学习微平台

思维导图 3-1

【引例】

**宝洁利用在线论坛为新产品线确定香型**

**背景与情境：**宝洁为了确定新产品线的香型，询问了其在线论坛成员的意见，让他们简单地记录下最近几天遇见的让其感到愉快的香味。一周内，他们通过视频或简单的文字，描述了刚修剪过的青草的味道、刚刚完成的画作的味道、橡皮泥的味道，或者是能够引发其冒险、竞争、舒适和其他情感的味道。这次关于香型的调查展示了移动网络调查如何发现人们对特定感觉的看法的过程。

同时，宝洁采取了一个大胆的举措来进一步了解其顾客——她是谁，她去哪里，她看到了什么。通过使用一个App，论坛成员被要求分享其美好瞬间，比如，他们这周在家里或在外面遇见的美好的产品或品牌，自己的感觉体验。这样，可以让调查人员深入了解消费者是如何在一天的不同时间、不同的情境下有着不同的感受，又是什么促使消费者使用现有的产品或尝试一个新的产品。

美好具有很强的主观性，感觉美好更是一种非常戏剧化的状态。所以，宝洁招募论坛成员来帮助其挖掘得更深入，不仅通过更私人的分享，还通过App共享来达到集体合作。毕竟，当新的工具和应用产生时，人们可以做出更加精确的回答，但需要人们有意愿去回答。这也是为什么通过多种方式与顾客建立亲密、信任和良好的关系如此重要。

资料来源　麦克丹尼尔，盖茨．当代市场调研［M］．李桂华，等译．10版．北京：机械工业出版社，2018.

在该例中我们可以思考宝洁对该调查问题使用了正确的调查方法吗？可以使用深度访谈吗？要有效地组织市场调查，必须按照市场调查的目的、对象和项目内容的不同特点，选择合适的调查方法。市场调查的方法有很多，一般来说，可分为资料调查法、询问调查法、观察调查法和实验调查法四大类。

## 3.1　资料调查法

在实际工作和生活中我们可以接触到大量的信息，如果你是一个有丰富的专业知识和较强分析能力的市场调查人员，就可以从这些大量的信息中获取有用的信息，下面我们就来谈谈取得这些信息的过程和方法。

### 3.1.1　资料调查法的概念、资料调查的要求、资料的来源

市场调查活动中，时时要面对调查方法的选择，而资料调查法是一种常用的调查方法，具有省时、省人工、省费用的特点，但具有片面性、时效性差的不足。

1）资料调查法的概念

利用公开资料进行市场调查的方法，称为**资料调查法**。

【补充阅读资料3-1】

资料调查

资料调查在国外又称桌面调研，有时也叫第二手调研，因为它包括搜集已经公布了的信息。“桌面”可能在某个图书馆里，但是越来越多的是一台能与计算机数据库联网

的个人计算机。

通过资料调查可得的信息范围很广，并且常能满足许多市场调查项目的需要，特别是那些几乎“自己干”就能完成的项目。更重要的是，对“自己干”的调查者来说，资料调查是很实用的工具——很多情况下他与专业代理相比并无任何逊色。两天的资料调查就能有很大收获，还能使搜寻时间快速减少。

2）资料调查的要求

市场调查人员一般都能找到资料，能否找到与调查项目密切相关的资料不一定，所以在寻找相关资料以前，调查人员必须明确进行资料调查的要求：首先要了解寻找资料的相关信息源；其次搜集的资料要有针对性；最后要注意资料的时效性。

3）资料的一般来源

资料调查法中资料的来源非常广泛，它存在于各种相关的资料源里，调查人员要从现存的资料堆里去发掘对本研究项目有用的资料。一般从企业的角度讲，第二手资料可分为内部资料和外部资料。

（1）内部资料的搜集

企业内部资料是经过常规性搜集整理后存在于企业内部的资料，既包括企业生产经营方面的资料，也包括市场环境方面的资料。

①企业本身生产经营方面的资料

A. 经营与营销方面。它包括企业各种经营决策和营销活动的各种记录、文件、合同、广告、价格等资料。

B. 生产方面。它包括生产作业完成情况、工时定额、操作规程、产品检验、质量保证等资料。

C. 产品设计方面。它包括产品设计图纸及说明书、技术文件、试验数据、专题文章、会议文件等资料。

D. 财务方面。它包括各种会计账目、收入、成本、利润、资金方面的资料，以及有关财务制度的规定文件等。

E. 物资供应方面。它包括库存保管记录、各种物资管理制度等。

此外，还有计划统计资料、劳动工资、设备、后勤方面的资料等。

②企业市场环境方面的资料

A. 顾客方面。它包括产品的购买者、使用者、细分市场、购买心理与行为、购买规模等。

B. 市场容量方面。它包括市场潜力大小、增长速度、发展趋势等。

C. 竞争者方面。它包括同行业的直接竞争者和替代品制造企业的产品结构、服务状况、营销战略策略、优劣势等。

D. 分销渠道方面。它包括销售路线、运输途径（通道）、中间商的情况等。

此外，它还包括经营形势、物价水平等。

（2）外部资料的搜集

外部资料是存在于企业外部的资料，既包括外部机构资料，也包括各种书籍、杂志等出版物方面的资料。

①国际组织与政府机构资料

国际组织与政府机构资料是指国际组织与国家政府机构的统计调查报告等资料，如国际贸易中心的“产品及国家的市场调查分析性目录”；联合国的“统计年鉴”；经济合作与发展组织、世界银行的年度和季度报告等。又如，政府普查机构定期调查获得并发布的普查材料；政府颁布的方针、政策、法律、法令和发表的声明；党和国家领导人的指示、讲话；党和国家重要的决议、党报党刊的重要社论；其他有关国家政治、外交、财经、工农业生产、交通运输、文教卫生、体育运动等方面的重大事件和重要文件资料等。寻找这类资料信息的主要途径，如《中国统计年鉴》《中国百科年鉴》等各种综合性年鉴资料汇编等。

【同步案例3-1】

赌上你的命

**背景与情境：**假设你或者你的爱人必须住院接受心脏手术，显然，这可是一件大事。调查显示，大多数病人在接受重大的治疗前都会先做此调查。事实上，9/10的消费者称自己会信任社交网站上有关医院的信息。如今，消费者只需动动手指就可以找到有关医生和医院的大量数据，包括保险公司和政府部门在内的很多机构都会在线发布医疗保健的统计数据。例如，Medicare.org 上就发布了医院满意度数据。医院的伙食好吗？你可以在Medicare.org及其他很多地方查找到这方面的满意度数据。网上的一种富有争议的统计数据是医院的死亡率。如果你即将接受心脏手术，你可能很想知道自己有多大的机会活下来，这方面的统计数据是可以找到的。此外，如果消费者可以得到这些数据，那么医疗保健营销组织以及其他想要寻找情报的组织也可以将这些统计数据与其他数据结合起来使用。

然而，这些数据有价值吗？Facebook上有关一家医院的帖子有多可信？有些人指出，在使用这些数据时必须谨慎。例如，有些医院不愿意收治高危病人，那些收治高危病人的医院之所以死亡率较高，可能并非因为医生的医术不够高，而是因为医院的危重患者人数较多。此外，互联网上有些帖子是虚假的，使其无法达到100%的可信度。数据如此容易获得，意味着只需要搜索即可找到，这也是二手数据的一大优势。然而，容易得到的数据并不总是有效的数据。与其他数据不同，调查人员无法控制数据的有效性。尽管如此，调查人员仍然需要检查数据的有效性，就好像这些数据是由自己调查来的一样。

资料来源 巴宾，齐克芒德．营销调研精要［M］．应斌，王虹，译．6版．北京：清华大学出版社，2016.

**问题：**如何辨识二手数据的有效性？

**分析提示：**二手数据通常带有历史性，一般不需要进一步接触最初提供数据的实体。对于医院来说，二手数据的获取总是比原始数据更快、成本更低。

②行业协会资料

行业协会资料主要是指大量用来为本行业或协会内部服务的信息资料，如一般的行业文献以及各企业的年度报告，各种专业及贸易协会的内部或公开出版资料，还有个别企业（特别是上市公司）的财务报告等。

③书籍、杂志等资料

图书馆的部分专业书籍、杂志能提供大量的有关本国和外国的市场背景资料、贸易统计数据资料等；工商企业名录能提供涉及地区所有工商企业的行名录和某个特定专业的行名录，如《世界工商企业名录》《中国企事业名录大全》《中国工商企业名录》《中国企业概况》《中国企业登记年鉴》等。

学习微平台

延伸阅读3-1

此外，研究机构、高等学校的各类专业研究报告和专著、论文等，可以提供有关调研课题的大量资料，对企业市场调研也有重要参考价值。

### 3.1.2 计划、记录和评价资料调查

要使资料调查有序地进行，必须制订详尽的调查计划，严格遵守计划才能得到较好的效果。

1）要想高效又节省地搜索已公布的数据资料就需要一份计划

不管是使用图书馆还是使用在线信息源的资料进行调查，写一份好的计划是有帮助的。去图书馆或上网之前应该按一定的详细程度列出所要寻求的信息，当然也要留有一定的伸缩性和创造余地（比如，寻找较广或较窄类型的相关数据资料并创造性地建立联系）。特别当有了经验之后，像“信息来源索引”之类的出处也可事先计划。做在线数据库搜索时有一份计划好的方法程序对于节省上网时间和费用特别重要，上网前就应计划好搜索策略。

2）资料调查计划也应包含一份时间表，并做好数据资料的记录

项目的资料调查部分应占多长时间，将依赖于所寻求的信息的广度、数据资料的类型以及要使用的资源，很难一般化。值得提出的是，要减少反复调查，使得到的追加信息与所花的搜索时间成比例。

一旦找到数据资料就要用笔记本或影音等方式记录下来。在线搜索时要下载到文件夹中。任何数据资料的出处都应该记录下来，以便于评价它的准确性，必要时还可重新追查。原始来源也应该记录，因为可能需要确定它们的所属。对于历时长的项目和重复的工作，这将提供一条找到最有价值的来源的捷径，并确保避免走进同样的死胡同。

3）信息不仅需要搜集而且需要评价

这就是做确实性检验的问题。我们常常误信公布的数据资料而上当受骗。一旦要做是非择一的判断，一般我们可以首先假定它是对的。有经验的资料调查人员懂得公布的市场规模数字需要用两三种来源做交叉检验，以确定资料的正确性。

资料调查所取得的所有二手资料原来都是通过初始调查产生的。完全确信就要返回到它的来源并理解所用的方法，它是根据某一类的普查还是抽样调查而得出的，还是根据一个粗糙的比例公式甚至是趣闻轶事而得出的。对同一数据资料可能有两个以上的出处做比较（虽然确信它们是不同的），但无论如何必须保持在一定的比例下。其实，根本不可能用此方法彻底确认所有数据资料，也没必要这样做，因为市场调查人员可以实用为目的在相当广的精度范围内工作。

确认数据资料的同时，评价任务包括把其综合成一个有意义的整体，这是数据资料分析与报告可论证的一个方面。从初步材料经常转向另外一些材料和主题的资料调查过程中，寻求联系与模式可以是也应该是其中的一部分。正因为如此，我们才在前面说过，资料调查虽然需要计划，但应保持伸缩性。搜集材料时做好笔记和记录能使后来的数据资料分析与综合更方便，如果是大宗材料，还要合理地组织成文件。

【教学互动3-1】

**问题：**在使用二手资料时为什么要考虑搜集的方法？

**要求：**同“教学互动1-1”的“要求”。

### 3.1.3 资料调查法的局限性

资料调查法可能硕果累累，然而有局限性，并且可能只提供项目所需信息的一部分。正如前面建议过的，可能需要资料调查与初始调查混合使用，先做资料调查然后通过访谈填补空白以获得每样东西。按此方法，比较昂贵的初始调查技术只适用于基础的部分。

（1）资料调查法的一个局限性是它的不可预见性。至少对于新手和不熟悉的主题领域，可能无法确定资料调查将得到些什么以及留下什么样的空白。资料调查不是市场调查代理公司提供的主要服务，其部分原因就在于此。一个代理公司采用资料调查，完成项目之后递交一份欠缺报告，虽说经过彻底搜索，但一无所获那将是很难堪的。由于这一原因，许多资料调查是在公司内由内部调查人员来完成的，至少只用适当费用做一次小规模的桌面调查活动比现场调查作业节省得多。不像代理公司，“自己干”的调查人员可以承受资料调查阶段收效甚微的结果。

（2）资料调查法得到的某些信息原则上是不可用的，稍有经验的人从一开始就应清楚这一点。一般来说，这包括大多数态度类型的资料，特别当主题是关于顾客的特定态度而不是一般意见时——关于对你自己或竞争的公司的、对一种创新产品的、对一个特定广告的等。

资料调查与传统的现场调查之间有一些有用的混合活动。这包括作为一种数据资料搜集手段的样本观察以及“综览性”访问，在任何“自己干”的调查人员的资源范围内，这两种技术都能用。

## 3.2 询问调查法

**询问调查法**是调查人员以询问为手段，从调查对象的回答中获得信息资料的一种方法。它是市场调查中最常用的方法之一。

在实际运用中，按照询问方法的不同，可分为面谈调查法、电话调查法、邮寄调查法等。

【课程思政3-1】

以尊重换诚信

**背景与情境：**从调查人员对被调查者的道德责任看，调查人员要尊重被调查者的权利，如被调查者可拒绝接受调查人员的访问；调查人员要尊重被调查者的尊严和隐私权；调查人员不要在被调查者繁忙或不便时去访问，并对被调查者进行保密；未经被调查者许可，不能随意公布被调查者提供的资料。

**问题：**在调查时为什么首先要尊重被调查者？

**研判提示：**调查的目的是要得到准确的资料，被调查者提供的资料准确与否事关调查的成败，俗话说“以尊重换诚信”，试想虚情假意地对待被调查者，人家会支持你的工作吗？

### 3.2.1 面谈调查法

面谈调查法是指调查者通过面对面地询问和观察被调查者而获取市场信息的方法。它是市场调查中最通用和最灵活的一种调查方法。访问中事先设计好问卷或调查提纲，调查者可依顺序提问，也可以围绕调查问题自由交谈，采用个人面谈、小组访谈等多种形式。

个人面谈即通过调查者与被调查者个人交流获得信息，如入户访谈、街上拦截访谈、经理访谈等。

小组访谈通常是一个小组的被调查者共同出席座谈会，在座谈过程中，相互启发思路，集思广益，调查者从中获得信息。

1）优点

（1）富于伸缩性。该方法具有高度的伸缩性，可采取任何一种问卷询问，如果被调查者同意的话，还可以利用录音机进行访问，一旦发现被调查者不符合样本条件，可立即取消访问。

（2）具有激励效果。

（3）可获得较多资料：①资料多；②偏差小；③真实性强。

（4）能控制问题的次序。

（5）有观察机会。

2）缺点

（1）费用高，时间长。

（2）询问偏见。

（3）管理困难。

3）面谈访问的技巧

（1）说。因为被调查者一般和调查者不相识，如何与被调查者交谈关系到面谈的进程和效果，所以应掌握一定的技巧，主要是要掌握分寸，说话始终保持礼貌，态度要不卑不亢，语气要轻松，要尽量避免使用生僻的专业术语，而应用被调查者熟悉的、形象的语言来清晰陈述问题，使被调查者接受调查，并回答问题。

（2）听。面谈访问的目的是从被调查者那里获得有用的资料。然而由于被调查者的个性差异，因此被调查者常会谈论一些与调查无关的问题，这时候调查者不要急于转回正题，应耐心倾听被调查者的陈述。调查者不要将自己的好恶表现出来，以免被调查者受到影响做出调查者期望的回答，而隐瞒了自己的真实想法。所以无论被调查者在谈论什么，调查者都应认真倾听，做一个好的听众，即使要把话题引回正题，也应选择适当的时机，采用恰当的方法，在对方不察觉的情况下重新引入正题，这样才能保持良好的谈话气氛。

（3）离。访谈的结束阶段是整个访谈过程的最后一个环节，离别以前调查者应该迅速重温一下访谈结果或迅速检查一遍访谈提纲，避免遗漏重要项目。访谈结束时应再次征求被调查者的意见，了解他们还有什么想法、要求等，这样可能了解到更多的情况或信息。离别时，要真诚感谢对方对本次调查工作的支持。若在开始时承诺有礼品馈赠，在访谈结束时须将礼品赠送给他们。如果是追踪调查，还应该争取得到被调查者的进一步配合。

【补充阅读资料 3-2】

**网络访问**

随着互联网普及率的日益提高，传统的街头访问和入户访问正逐渐被新兴的调查方式所取代，网络访问的使用也越来越普遍。据 CNNIC 2006 年《中国互联网络发展状况统计报告》的统计，收发电子邮件是除搜索引擎和浏览新闻外，网民最经常使用的网络服务。我国网民总数已达到数亿人。在互联网飞速发展的大背景下，邮件访问、网络访问将越来越受到市场调查公司的青睐。自从有了 QQ 这个网络即时通信工具，许多陌生访问也就简单多了。QQ 上有许多有大把时间的人，只要你技巧得当，他们大多愿意接受你的陌生拜访。即使被拒绝，你也不会觉得难堪，这比在大街上拉人填问卷简单多了。而且由于不是面对面，许多深入的问题、比较隐私的话题，对方回答起来也没有心理障碍，因此你常常能够得到真实的回答。

### 3.2.2 电话调查法

电话调查法是指通过电话向被调查者询问有关调查内容和征询市场反馈的一种调查方法。这是为解决带有普遍性的急需得到解决的问题而采用的一种调查方法。电话调查具有经济、快速与节省时间、容易控制等优点。但由于电话调查时间不能过长，所以往往调查问题不能深入。

### 3.2.3 邮寄调查法

邮寄调查法是指将设计印制好的调查问卷或调查表格，通过邮局寄给选定的被调查者，由被调查者按要求填写后再寄回来，然后对寄回的资料进行整理分析，得到市场信息的方法。此法在国内外市场调查中经常被采用。它费用低，调查面广，调查双方能充分表达自己意见。但由于邮寄时间较长，影响资料的时效性，调查对象的不确定性，对资料的回收和资料的质量都很难保证。为了克服这些不足，使调查顺利进行，提高回收率和准确性，要注意调查问卷或表格设计的科学性，并在寄出的邮件里附上回信的邮资，承诺寄回者有参加抽奖的机会，以激发被调查者的积极性。

学习微平台

延伸阅读 3-2

【同步思考 3-1】

**背景资料：**因为个人面谈费用高，在美国，常常使用面对面访谈法，通过拦截某些公共场所如购物中心或城市街道的参观者来获取信息。拦截调查使得面对面访谈比室内调查的费用低得多，因为省去了差旅费。其一般步骤为：拦截调查使用的最普遍的地方是购物中心，因为那里可以获得适合于大多数消费者的研究总体样本。事实上，拦截调查常被称作“购物中心调查”。在购物中心进行访谈的组织要向购物中心的主人交纳进行访谈的场地租金。在大多数拦截调查中，采访者被派到购物中心，选择任何看上去可能适合于做被调查的人员。采访者接近他们，并请求他们参与现场采访。如果他们同意，访谈开始，并且要感谢被访者，给予报酬（在有些情况下），然后被访者回到原来的购物活动中。如果他们拒绝，采访者继续寻找下一个目标。访谈通常是要通过采访者做笔录的形式来完成的。有时，交给被访者一份自我完成的问卷，或让被访者坐在电脑终端前，填写电脑管理的问卷。

**问题：** 面对面调查（访谈）包括几种形式？有什么好处？

**理解要点：** 面对面调查（访谈）可以分为两种：一种是拦截调查，这是常见的一种，主要通过交谈来完成；另一种是问卷调查，主要通过问卷（书面、电子形式）来完成。面对面调查（访谈）的好处是调查成本低。

【教学互动 3-2】

**问题：** 被调查者拒访有哪些原因？如何应对？

**要求：** 同“教学互动1-1”的“要求”。

## 3.3 观察调查法

**观察调查法**是指调查者在现场对被调查者的情况进行直接观察，以取得市场信息的方法。一般来说，调查者不与被调查者直接接触，而是借助于某些摄像设备或仪器，跟踪、记录和考察被调查者的活动和现场事实，来获取某些重要的市场信息。

### 3.3.1 观察调查法的特点

1）观察调查法的优点

观察人们实际在干什么而不是依赖他们所说的，这种思想非常有意义，也是观察调查法最明显的特点。首先，它可以避免许多由于访问员及询问法中的问题结构所产生的误差因素。其次，调查人员不会受到与被观察者意愿和回答能力等有关问题的困扰。最后，通过观察可以更快和更准确地搜集某些类型的数据。比如，让扫描仪记录要比要求人们列举他们食品袋里的每样东西有效很多。不要问孩子们喜欢哪种玩具，而是让一些重要的玩具制造商邀请目标儿童群体到一个很大的玩具室，并通过单向镜观察孩子们选择了哪些玩具，各种玩具吸引孩子们的程度，这样更能了解孩子们的偏好。

2）观察调查法的缺点

观察调查法的主要缺点是，通常只有行为和自然的物理特征能被观察到，调查人员了解不到人们的动机、态度、想法和情感。同时，只有公开的行为才能被观察到，一些私下的行为，如上班前的打扮过程、公司委员会的决策和在家中的家庭活动等，都超出了调查人员的观察范围。还有一个缺点是，被观察到的当前行为并不能代表未来的行为。比如，在衡量了几个可供选择的品牌以后，选择购买某一品牌的牛奶可能会持续一段时期，但将来可能会发生变化。

如果被观察的行为不是经常发生，那么观察调查会很耗时间，而且成本很高。例如，如果超市中的一个观察员等着观察人们选择香皂的购买行为，那么他可能会等上较长的时间。如果被选为观察对象的消费者是根据一定的限制条件选择的（比如说，下午5点以后去杂货店购物的顾客），那么观察员得到的可能就是被误导的数据。

【课程思政 3-2】

关于神秘购物者

**背景与情境：** 小王是一个湖南邵东的女孩，1999年有幸被美国纽约的一家商学院录取。毕业后，她不知道该干什么，非常迷茫。2003年2月的一天，她在互联网上意外发现了一个招聘“神秘购物者”的广告。经了解，原来所谓神秘购物者，往往受雇于一家与商家签约的神秘公司，平时以一个普通消费者的身份，应一些企业的要求到它们的商店“踩点购物”，通过实地观察体验，了解产品在市场上的受欢迎度、服务和管理等诸多方面的问题，然后将这些“情报”整理成报告，交给企业的老板。

有一次，一家饭店老板抱怨最近顾客明显减少，于是小王被邀请去那家饭店“用餐”。当她走进那家饭店，点了几道法国菜和主食后，就开始频频看表，计算从服务员拿走菜单到菜上桌总计花了多少时间。这还不算，她还顺带观察饭店里的服务情况。比如，她看到自己坐的这张餐桌上，尽管放着一些用于盛各类开胃小零食的碟子，可早就空空如也。按理说，服务小姐应当立即将开胃小零食补上，或者将空碟子端走，可她们并没有这么做。于是，她就将这一切都默默地记录了下来。再看看手表，已经过去了很长一段时间，所点的饭菜仍然不见上来。回去后，她将自己在饭店里的所见所闻写成报告，并提出改进建议，转交给了这家饭店的老板。饭店老板根据她的建议对饭店整顿一段时间后，饭店的生意的确比以前好了很多。

资料来源　陶广华，刘乐荣，徐嵘．市场调查与分析［M］．北京：北京理工大学出版社，2017.

**问题：**小王采用的是哪一种调查方法？小王的工作作风符合职业道德与营销伦理的要求吗？

**研判提示：**小王采用的是观察调查法中的神秘顾客法，是在对对象进行观察时常用的一种方法。神秘顾客又称伪装购物者。神秘顾客与一位正常购买商品的顾客基本相同，会与服务人员进行交流，咨询与商品有关的问题，挑选商品，比较商品，最后做出买或不买某种商品的决定。但是，神秘顾客与服务人员的交流并不只是访问对方，更是为了观察服务人员的态度、行为并对此做出评价。神秘顾客法在国外应用很广泛。小王作为一位神秘顾客在工作中的表现能够体现出爱岗敬业的职业精神和训练有素的职业技能，所以符合职业道德与营销伦理的要求。

学习微平台
延伸阅读3-3

### 3.3.2　人工观察法

人工观察法是指调查者置身于被调查者中间，亲临其境，开展调查，记录市场中发生的有关事情的真相及前景，取得更全面的市场资料和信息的方法。在进行这类调查的过程中要注意：一般不要让被调查者了解自己的身份，另外要始终保持客观的态度，避免主观意志影响调查结果。

### 3.3.3　机器观察法

学习微平台
延伸阅读3-4

由于种种原因，很多场合并不适于或不需要调查者亲临现场，这时可采取机器观察法，即根据调查的要求、目的，在调查场所设置摄像机、红外线探测器、IC卡智能机等设备自动采集有关信息。这种方法具有操作简便、节约人工、使用时间长的优点，但有应用范围小、一次性投资大的缺陷。

【同步案例3-2】

从垃圾里研究出的食品消费信息

**背景与情境：**美国的大型超级商场雪佛龙公司聘请美国亚利桑那大学人类学系的威廉·雷兹教授对垃圾进行研究。威廉·雷兹教授和他的助手在垃圾堆中挑选了数袋垃圾，然后把垃圾依照其原产品的名称、重量、数量、包装形式等予以分类，如此反复地进行了近一年的垃圾搜集研究分析。他说："垃圾袋绝不会说谎，什么样的人就丢什么样的垃圾。察看人们所有丢弃的垃圾，是一种更有效的行销研究方法。"他和助手通过对某市的垃圾进行研究，获得了有关当地食品消费的信息，得出了如下结论：①劳动者阶层所喝的进口啤酒，比收入高的阶层多，并知道所喝啤酒中各牌子所占的比率；②中产阶层比其他阶层浪费的食物更多（双职工都要上班且很忙，没有时间处理），浪费的食物中，有15%是可以吃的、好的食品；③通过分析垃圾内容，了解到人们消耗各种食物的情况，得知减肥清凉饮料与压榨的橘子汁是高收入人士所青睐的两类消费品。

资料来源　赵轶．市场调查与预测［M］．北京：清华大学出版社，2015.

**问题：**该公司采用的是哪种类型的观察法？获取了什么信息？

**分析提示：**这是一种典型的间接观察法。从垃圾种类、数量、包装等多个方面可以说明垃圾主人对食品的消费情况。这种调查方法的特点是调查人员并不直接地对住户进行调查，而是通过察看住户所处理的垃圾，对家庭食品消费进行调查。

【教学互动3-3】

**问题：**日常生活中，你是在什么地方见过使用机器观察法的？

**要求：**同"教学互动1-1"的"要求"。

【同步思考3-2】

**问题：**在营销调研中运用观察法可以采取几种形式？在市场营销各环节中如何使用？

**理解要点：**观察法在营销调研中运用较广泛，在运用其他方法调研时，也往往离不开观察调研。观察法一般应用在以下一些方面：

①商品供应资源的调研中，可采用参与性观察或非参与性观察，也可对工农业生产状况进行观察，如观察某种产品生产厂家的技术设备、工艺流程、工人操作的熟练程度、产量、质量等。

②在商品需求调研中，可在消费者购买商品的现场观察其对商品的喜好，对商品花色、品种、式样、包装等的反应；还可以对消费者购买和实际使用某种商品进行点数观察，从不同的统计数据中分析消费者的购买行为。

③在调研企业的经营管理状况中，可以通过对店容、店貌、商品陈列、商品宣传、消费者流量、服务人员的工作态度、服务质量、规章制度、企业内外部的公共关系状况等的观察，分析企业的经营管理水平。

④在了解市场竞争状况中，调研人员通过参加各种展览会、展销会、物资交流会、订货会等，观察各厂商的产品质量、花色、品种、式样、包装、装潢以及与会人员的业务水平等，分析各厂家的竞争能力。

## 3.4　实验调查法

这是一种比较特殊的市场调查方法。所谓**实验调查法**，就是在调查过程中从影响调查目的的诸多因素中找出一至两个因素，将它们置于模拟环境中进行小规模的实验，然后对实验结果做出分析、判断，以供决策。

### 3.4.1 无控制组的事前事后对比实验

这是一种最简单的实验调查法，是在不设置控制组（对照组）的情况下，考察实验组在引入实验因素前后量的变化，从而来测定实验因素对实验对象（调查对象）影响的实验效果。这种实验模式见表3-1。

表3-1　**无控制组的事前事后对比实验模式**

| 项目＼组别 | 实验组 | 控制组（对照组） |
| --- | --- | --- |
| 事前测定值 | $X_1$ | / |
| 事后测定值 | $X_2$ | / |

实验效果E可表达为：

$$E=X_1-X_2 \tag{3.1}$$

上述实验效果E是一个绝对量，其值的大小与实验组原有销售规模有关，为了能更真实地度量实验效果，可用实验效果的相对指标来反映，相对实验效果RE可表达为：

$$RE=\frac{X_2-X_1}{X_1}\times 100\% \tag{3.2}$$

【教学互动3-4】

某食品厂生产的酥饼质量在同类产品中是比较好的，但其销量总是不尽如人意。该厂市场营销人员经过调查研究，认为该酥饼的包装不理想，决定把原来的纸盒包装改为塑料盒包装或铁盒包装，但对新设计包装的效果如何没有把握。为此，该厂决定运用无控制组的事前事后对比实验来考察实验结果。整个实验期为2个月，前一个月仍用旧包装，而后一个月采用新包装。实验结果是，采用旧包装的那个月销量为1 250盒，采用新包装的那个月销量为1 650盒，请问实验效果如何？

**问题：**请按照上述公式计算。

**要求：**同“教学互动1-1”的“要求”。

### 3.4.2 有控制组的事前事后对比实验

这种方法要求对调查对象随机抽出两个样本组，在相同时间段内进行实验比较，其中一组为实验组，一组为控制组。要求对实验组和控制组分别进行实验前测量和实验后测量，然后进行事前、事后对比。比如要测定某一种商品改变包装后的销售情况，可以在实验前测定两组销售量，实验组为$X_1$，控制组为$Y_1$；实验后实验组的销售量为$X_2$，控制组的销售量为$Y_2$；实验效果，即两组事前、事后对比的实验效果为$(X_2-X_1)-(Y_2-Y_1)$。

学习微平台

延伸阅读3-5

【课程思政3-3】

**数据权利要靠法制约束**

**背景与情境：**信息技术的急速发展，正在让我们所生活的世界变得日益透明，尤其是借助于大数据技术，每个人都可能被数字化，不仅所有的活动都处于暴露状态，而且连未来的行为都可能在数据分析下被准确预测到。恰如爱德华·布罗斯坦所形容的那样：“一个人被迫每一分钟都生活在他人视野之中，自己的一切需求、思想、欲望、梦想或感激都受到公众的审视，他因此失去了个人性和人的尊严。”缺乏法律的规制，大数据俨然成为一种容易被滥用的权利，令个人隐私无处遁形。

面对大数据时代公民隐私权如何受保护的问题，法治必须做出及时而有效的应对，从而在透明世界里为我们预留出一块免受打扰的私人空间。在刚刚举行的博鳌亚洲论坛上，已经被连续讨论了三届的大数据话题，今年则从大数据的机遇和潜力转向了隐私保护。如何在尊重个人隐私和数据保密的前提下，将大数据的开发真正用于造福社会而不是危害社会，需要在共识形成后付诸真正的行动，通过精细化立法和严格执法，为大数据威胁下的隐私提供坚强堡垒。

一是大数据的开发利用必须于法有据。网络时代，公民的隐私都转化为数据，对数据开发利用的规范，本身就暗含着尊重保护隐私的初衷。但以往的教训表明，在技术进步与法律规范之间，往往存在法制的滞后期，甚至造就了以钻空子、损害他人利益获得巨额资本的暴发户。因此，应当在国家战略层面重视个人隐私和个人信息保护，坚持尊重隐私与开发数据同行，甚至将隐私价值纳入数据开发利用的前提性条件，促进大数据的开发利用走向规范化、秩序化。而不能等到大数据损害了大众的隐私利益之后，再去立法挽救。

二是公民隐私立法亟待精细化。大数据时代，究竟什么应该是透明的，什么是我们必须遮掩的，考验着人类设计自身生活的智慧。2012年，奥巴马政府公布了隐私人权法案，号召公司在使用私人信息时将更多的控制权交给用户。欧盟也提出一项关于“被遗忘的权利”的法案，消费者有权要求公司清除他们的个人数据。相比而言，我国历史上长久以来处于熟人社会，现代隐私理念也是近几十年才得以形成。立法对公民隐私权的界定并不清晰，尤其在网络隐私方面，相关立法还不够完善，对于隐私的界定、大数据背景下侵犯隐私的情形、承担责任的方式、公民救济的渠道等，都缺乏精细的规范，需要结合信息时代特征进行完善。

三是针对大数据开发利用的执法监管应当具有刚性。现实中，有些执法监管行为总是面临着利益权衡，因而经常出现选择性执法或是变通性执法，这是一些领域秩序失范的一个重要原因。对大数据运用公司的监管，执法能否直得起腰、下得去手，将直接影响公民隐私保护效果。尤其是在公民隐私权益与巨大的经济利益权衡面前，执法者只有摆脱功利性的惯性思维，做出合乎立法目的的选择，以刚性监管将大数据开发利用并入秩序轨道，才能让侵权者不敢越雷池一步。

四是司法应当及时有效地回应公民的隐私权诉求。司法的态度与作为，对提升公民权利的社会价值会起到重要作用。西班牙一名男子在谷歌上搜索到关于自己的负面消息，于是要求谷歌删除相关链接或采取保护措施，被谷歌拒绝后他诉诸法庭。2014年5月13日，欧洲最高法院就此做出裁定，谷歌应按照当事人要求删除涉及个人隐私的数据。这意味着普通公民对个人隐私拥有“被遗忘权”，个人信息在面对一些全球性的终身数据储存器时可以获得更好保护。司法的态度，很大程度上推进了大数据时代个人隐私信息权利的极大发展。在立法框架内，司法完全可以通过判例推进隐私立法的精细化，改变大众对隐私权的观念认知，促进全社会关心并不断提升这些权利的价值地位。

资料来源　傅达林. 数据权利要靠法制约束 [N]. 法制日报，2015-11-12.

**问题：** 大数据时代如何有效保护公民的隐私权？

**研判提示：** 通过健全法制，筑起一道防范大数据被滥用的防护墙。

【同步思考3-3】

**资料：** 某公司欲了解该公司巧克力的新包装效果，选定A、B、C三家超市作为实验组，D、E、F三家超市作为控制组，在A、B、C以新包装销售，在D、E、F以旧包装销售，实验期为1个月，见表3-2。

表3-2　　新包装实验前后对比表　　单位：盒

| 组别　销量 | 实验前1个月内销量 | 实验后1个月内销量 | 变动量 |
|---|---|---|---|
| 实验组（A、B、C） | $X_1$=1 000 | $X_2$=1 600 | 600 |
| 控制组（D、E、F） | $Y_1$=1 000 | $Y_2$=1 200 | 200 |

从表3-2中可以看出：

（1）实验组和控制组在实验前的商品销售量均为1 000盒；实验组在实验后的商品销售量为1 600盒，控制组在实验后的商品销售量为1 200盒。

（2）实验组实验前同实验后对比，其变动结果是商品销售量增加了600盒；控制组实验前同实验后对比，其变动结果是商品销售量增加了200盒。

实验效果＝$(X_2-X_1)-(Y_2-Y_1)$

＝（1 600－1 000）－（1 200－1 000）

＝600－200

＝400（盒）

学习微平台

延伸阅读3-6

**问题：** 该公司的实验结果说明了什么？

**理解要点：** 可以判断，巧克力采用新包装后明显提高了产品销售量。

## ■ 本章概要

□ 内容提要

●本章介绍了市场调查的四种主要方法，资料调查法、询问调查法（包含面谈法、电话法、邮寄法）、观察调查法、实验调查法。

●探讨了各种方法的优缺点，以及运用的技巧。

□ 主要概念和观念

▲ 主要概念

资料调查法　询问调查法　观察调查法　实验调查法

▲ 主要观念

市场调查的方法　各种市场调查方法的含义　各种市场调查方法的优缺点

□ 重点实务

根据不同调查对象确定调查方法　各种市场调查方法的使用程序和操作要点

## ■ 基本训练

□ 知识训练

▲ 简答题

1）简述文献资料的来源。

2）参与观察法或非参与观察法有何区别？

3）观察调查法的应用应注意哪些问题？

▲ 填空题

1）文献调查法不受________和调查________主观因素的干扰，反映的信息内容较为________。

2）电话调查法是指通过电话向被调查者询问________和________的一种调查方法。

3）资料调查法又称________调研，有时也叫________调研。

▲ 单项选择题

1）实验调查法通过实验对比，可以比较清楚地分析事物的（　　）。

A.变化规律　　B.变化原因

C.变动结果　　D.因果关系

2）当被调查对象合作率很低，或到陌生的地方搜集信息遇到沟通障碍时，适合采用的调查方法是（　　）。

A.文献调查法　　B.询问调查法

C.观察调查法　　D.实验调查法

3）对垃圾的调查方法属于（　　）。

A.直接即时观察法　　B.事后痕迹观察法

C.参与观察法　　D.非参与观察法

▲ 多项选择题

1）当需要询问消费者对那些看见、试用、试吃的产品的意见时，可采用（　　）。

A.当面询问法　　B.通信询问法

C.电话询问法　　D.网上询问法

2）下列有关信息，不可以通过实验调查法获得的是（　　）。

A.国民收入的变动对消费的影响　　B.物价指数的变动对消费者行为的影响

C.股价对房价的影响　　D.改变包装对消费者行为的影响

3）不正确的实验调查方法是（　　）。

A.单一实验组前后对比实验　　B.单一控制组前后对比实验

C.实验组与控制组对比实验　　D.实验组与控制组前后对比实验

▲ 讨论题

1）文献调查法的优缺点是什么？

2）简述面谈的一些技巧。

□ 能力训练

▲ 案例分析

### 3家公司的不同调查方法

**背景与情境：**

1）环球时装公司的市场调查

曾位居日本服装业之首的环球时装公司，由20世纪60年代创业时的小型企业发展成为日本具有代表性的大型企业，其靠的主要是掌握了第一手“活情报”。他们在全日本81个城市里顾客集中的车站、繁华街道开设侦探性专营店，陈列公司所有产品，给顾客以综合印象。售货员的主要任务是观察顾客的采购动向。各事业部每周安排1天时间全员出动，3个人一组，分散到各地调查，有的甚至到竞争对手的商店观察顾客的情绪，向售货员了解情况，找店主聊天。调查结束后，当晚回到公司进行讨论，分析顾客的消费动向，提出改进工作的新措施。全日本经销该公司时装的专营店和兼营店均有顾客的登记卡，详细地记载每位顾客的年龄、性别、体重、身高、体型、肤色、发色、使用什么化妆品、常去哪一家理发店以及兴趣、爱好、健康状况、家庭成员、家庭收入、现时穿着及家中存衣的详细情况。这些卡片通过信息网络储存在公司的信息中心，只要根据卡片的信息就能判断出顾客眼下想买什么时装，今后有可能添置什么时装。侦探式销售调查使环球时装公司迅速扩张，利润率之高连日本丰田汽车公司都被抛在后面。

2）柯达公司的市场调查

以彩色感光技术著称的柯达公司，当年产品有3万多种，年销售额100多亿美元，纯利在12亿美元以上，业务遍布全球各地。其成功的关键是新产品的研制，而新产品研制的成功取决于该公司采取的反复市场调查方式。以碟式相机问世为例，这种相机投产前经过了反复的调查。首先由市场开拓部提出对新产品的意见，意见来自市场调查，比如，用户最想要的照相机是怎样的，重量和尺码多大最适合，什么样的胶卷最便于安装、携带等。根据调查结果，公司设计出理想的相机模型，提交生产部门，生产部门对照设备能力、零件配套、生产成本和技术力量等因素考虑是否投产。如果不行，就要重订和修改，如此反复直到造出样机。样机出来以后进行第2次市场调查，调查样机与消费者的期望还有何差距。根据消费者的意见，再对样机加以改进，然后进行第3次市场调查。将改进的样机交给消费者使用，在得到大多数消费者的肯定和欢迎之后，交工厂试产。新产品出来后，由市场开拓部进一步调查新产品有何优缺点，适合哪些人使用、市场潜在销售量有多大、定什么样的价格才能符合多数家庭的购买力。诸如此类的问题调查清楚后，正式打出柯达品牌并投产。经过反复市场调查，碟式相机一推向市场便大受欢迎。

3）澳大利亚某出版公司的网络调查问卷

澳大利亚某出版公司曾计划向亚洲推出一本畅销书，但是不能确定用哪一种语言以及在哪一个国家推出。后来，该公司决定在一家著名网站上做一项市场调查。方法是：请人将这本书的精彩章节和片断翻译成多种亚洲语言，然后刊载在网上，看一看究竟用哪一种语言翻译的摘要内容最受欢迎。过了一段时间，他们发现网络用户访问最多的是用中国的汉语和韩国的韩语翻译的摘要内容网页。于是他们跟踪一些留有电子邮件地址的网上读者，请他们谈一谈对这本书的摘要内容的意见，结果大受称赞。于是，该出版公司决定在中国和韩国推出这本书，此书出版以后，受到了读者的普遍欢迎，获得了可观的经济效益。

资料来源　叶伟．市场调查与预测［M］．北京：北京理工大学出版社，2018．

**问题：** 上述3家公司的市场调查方法分别是什么？对你有何启示？

**分析要求：** 同第1章“基本训练”中本题型的“分析要求”。

▲ 自主学习

【训练项目】

自主学习-Ⅱ。

【训练步骤】

1）将班级同学组成若干“自主学习”训练团队，每队确定1人负责。

2）各团队根据训练项目需要进行角色分工与协作。

3）通过院资料室、校图书馆和互联网，查阅“文献综述格式、范文及书写规范要求”和近3年关于“资料调查法”的学术文献资料。

4）综合和整理“资料调查法”最新学术文献资料，依照“文献综述格式、范文及书写规范要求”，撰写《“资料调查法”最新文献综述》。

5）在班级交流各团队的《“资料调查法”最新文献综述》。

6）在校园网的本课程平台上展出经过修订并附有教师点评的各团队《“资料调查法”最新文献综述》，供学生们相互借鉴。

□ 课程思政

## 市场调研在一段时期内的巨大改变

**背景与情境：** 新能力的形成使得人们对市场调研是什么和做什么的看法有所变化，这些改变使市场调研人员如何更好地实现目标变得不太清晰。

好处

最大的潜在增长领域包括：

①更多数据：对更多消费者行为的测量。

②更多控制：消费者对市场调研主动性回应的可预测性。

③更有深度：了解消费者的头脑如何工作。

在很大程度上，一些今天我们认为理所当然的行为在10多年前并不存在。例如，网络搜索、数字媒体、电子商务、社交媒体对理解消费者十分重要。测量与这些活动相关的行为在市场调研人员的优先次序调研列表中排在前列。

调研列表内容仍然在增加，感谢新技术工具的运用，尤其是手机的运用。原则上许多新行为是可被测量的，比如记录在每个新位置上的社交网络。

即使不是新行为也可以被更广泛地测量。消费者和品牌之间的更多互动点也是可被测量的，比如银行顾客去柜台机、ATM、银行网页或与呼叫中心和互动广告的互动。

因为新行为是依靠电子方式俘获的，使用这些信息进行市场分析，其内容会十分充足。更多变量和更细微的测量会产生更多可预测的结果，尤其是预见消费者对市场行为的回应。这反过来会促使更好地决定采取什么市场行为及如何分配市场资源。

缺憾

这些市场调研的新能力不能解决所有重要的市场问题。

创新

市场调研的新能力将会如何协助和提升创新过程？可以确定的是，数据的可获得性将会允许市场调研人员对市场中的改变快速回应，使产品和渠道相应地做出改进，但是新的产品和服务创意从哪里来？对过去和现在行为的强烈关注不会必然显露出消费者未来想要什么的洞察力。

品牌

尽管新技术工具的运用能够更仔细地聆听消费者说了什么，但其不能直接回答这些重要的问题：

①品牌代表什么？（不仅是在网上表达的少数声音，还有对于有址可寻的市场）

②品牌应该如何定位？（与竞争相关）

③什么类型的交流会能最好地提升品牌资产？（与可选的主题、战略、执行相比）

资料来源　麦克丹尼尔，盖茨.当代市场调研［M］．李桂华，等译．10版．北京：机械工业出版社，2018.

**问题：**在这篇材料中你看到什么隐私问题了吗？如果有，是什么？

**研判要求：**同第1章“基本训练”中本题型的“研判要求”。

第4章

# 抽样调查



## ◆ 学习目标

通过本章学习，应该达到以下目标：

**职业知识：**学习和把握“抽样调查”的相关概念，抽样调查的特点，抽样误差的控制，抽样调查的一般程序，抽样方法的类别，随机抽样与非随机抽样方法的分类与特点，抽样误差和抽样数目的确定，点值估计值与区间估计值的计算，以及“补充阅读资料”和二维码资源等理论与实务知识；能用其指导“同步思考”、“教学互动”和“基本训练”中“知识训练”各题型的认知活动，正确解答相关问题。

**职业能力：**运用本章知识研究相关案例，培养在“抽样调查”特定情境中分析问题与决策设计的能力；通过“‘抽样调查方法’知识应用”实训，训练相应的专业技能，并兼顾“团队协作”“解决问题”等通用能力的培养。

**课程思政：**结合本章教学内容，依照“课程思政”的要求或标准，对相关案例中的企业及其从业人员行为进行思政研判，培养高尚的道德情操，树立社会主义核心价值观。

学习微平台

思维导图4-1

【引例】

## 市场调查的抽样方法

**背景与情境：**市场调查进行的抽样与政治选举进行的抽样有很多的相同点，但是一个明显的不同点在于：随着选举日的临近，人们可以看到选票的实时结果并将它们同民意测验的结果进行比较。我们发现，预测的选举结果具有极高的准确度，这支持了一个基本思想：一小部分精心选出的样本可以很好地代表几百万个个体的行为。John Zogby领导的Zogby International公司是一家关于预测公众意见和政治选举的公司。John Zogby强调了以下一些问题，这些问题对于进一步认识市场调查抽样方法具有很大的借鉴意义。

问："你为什么没有给我或我的朋友打电话呢？我的朋友和我周围的人都不同意这样的民意测验结果！"

JZ："电话号码完全是随机选取的，这样可以确保所有美国的居民被选中的概率相同。美国有几千万的成年人，没有被选中是很正常的事情，比Ed Macmahon（美国老牌电视明星和主持人，现已故）到您家里去拜访的概率要大很多。"

问："你们只访问了这么少的人，怎么能够保证抽样结果的准确性？"

JZ："这完全是概率和统计学的原理，就同我们验血时，医师并不需要将我们全身的血液都抽出来，而只需要抽很少的一个样本就足够是一个道理。"

问："什么是误差幅度？"

JZ："抽样的误差幅度意味着如果我们做100次同样的民意测验，其中的95次我们会得到类似的结论（会有一定百分比的上下浮动）。通常，对400个样本的抽样会产生±5%的误差幅度，对600个样本的抽样会产生±4%的误差幅度，对1 000个样本的抽样则会产生±3%的误差幅度。为了缩小误差幅度，我们必须确保抽样随机、科学。除此之外，还存在其他的误差来源，比如问题表述的方式等。"

问："我听到过很多种不同的说法了，那么到底Zogby International公司是一家倾向民主党的抽样测验公司，还是倾向共和党的抽样测验公司，或者是一家独立的公司？"

JZ："我们是一家独立的且没有政治倾向的公司。虽然我个人是民主党，但是我们公司为公共媒体做了大量的工作（比如路透社美国、纽约邮报、圣路易斯快邮报等），我们还同时为两个政党服务。"

问："Zogby International公司在美国哪些地方抽样？包括哪些区域（包括地区代码或者时区）？"

JZ："如果是在美国进行民意测验的话，我们会从所有州中有电话的家庭中选取样本进行调查。同其他公司一样，我们基本不在夏威夷和阿拉斯加州进行抽样，一方面因为时区的差别，另一方面因为共和党主导的阿拉斯加州和民主党主导的夏威夷州的选票数与民意率几乎正好相抵消（不必要进行抽样）。同时，全国大概抽取1 000名选民，这两个州总共也就只抽一人（没有办法进行）。"

问："我现在能登记在列，这样以后的抽样可以给我打电话吗？"

JZ："对不起，我们的抽样必须是随机的，一旦我们把一些特定的人列到我们的样本里，就可能搞砸最终的结果。"

问："我看了很多民意测验的结果，发现你们公司的最特别，是什么使得你们做出的抽样结果这样特别并准确反映民意？"

JZ：“我们只选择具有代表性的选民，而不会单纯从所有人中进行选择，同时我们全天都在进行测验——从当地时间上午9点到晚上9点。最后，我们会对党派身份进行确认和权衡，以保证我们的抽样样本不会偏向任何一方。”

资料来源　李桂华. 市场调研［M］. 天津：南开大学出版社，2016.

营销调研人员在搜集第一手资料时，一般来说，对于将要研究的总体不可能进行全面的观察或访问，有时也是不必要的，因此需要经常使用抽样调查确定调查对象。

本案例采取的调查方法是抽样调查。抽样调查是市场调查中最基本的一种方法，是市场调查设计者必须掌握的基本方法。可以说，没有掌握抽样调查，在市场调查领域就没有入门。

## 4.1　抽样调查概述

由于市场现象普遍存在着随机性特征，抽样时只有遵循随机性原则，才不至于破坏原有的随机性特征；在概率论中，大数定律是揭示关于随机现象的定理，是抽样调查的一个重要基本理论。

### 4.1.1　抽样调查的概念及特点

学习微平台

延伸阅读4-1

1）抽样调查的概念

**抽样调查**也称抽查，是指从调查总体中抽取一部分要素作为样本，对样本进行调查，并根据抽样所得的结果推断总体的一种专门性的调查活动。抽样调查是一种被广泛使用的调查方法。

2）抽样调查的特点

（1）抽样调查的优点

① 时间短、收效快。抽样调查涉及面较小，取得调查结果比较快，能在较短的时间内获得同市场普查大致相同的调查效果，还可以运用抽样调查方法来检验普查及有关资料的正确性，并给予必要的修正。

② 质量高、可信程度好。抽样调查是建立在数理统计基础之上的科学方法，只要由专门人才主持抽样调查，严格按照抽样调查的要求进行抽样，就可以确保获取的信息资料具有较高的可靠性和准确性，对那些无法或没有必要进行普查的项目具有很好的适用性。

③ 费用省、易推广。由于抽样调查把调查对象的数量降低到较少的程度，又能保证调查的有效性，从而可以大大地减少工作量，降低费用开支，提高经济效益。同时，由于抽样调查需较少的人力、物力等，企业容易承担、容易组织。

（2）抽样调查的缺点

由于抽样调查所调查的对象是调查对象总体中的一部分，抽样调查的结果是从抽取样本中获取的信息资料推断出来的，所以抽样调查存在着抽样误差。抽样误差是客观存在的，在一定范围内也是被允许的。

【补充阅读资料 4-1】

### 通过抽样框实验获得可靠的医疗数据

几十年来，世界卫生组织的医疗调研专家都想尽办法将主要疾病在不同人群中的发生率和决定因素用列表显示出来。他们运用抽样框的调查来搜集数据，但是这些数据的可靠性会受到回复率和抽样框本身质量等的影响。2005年，研究者们采用了一种新的方法，是在一项与欧洲20多个国家的37家医疗中心合作中进行的。在由64 426人参加的调查中，实验性地运用了3个不同的抽样框。

目标的总体（初始的联合总体规模是72 789人）主要是通过邮件联系的（81%），剩下的是通过电话联系的（19%）。受访者年龄从35岁到64岁，是从每个国家的随机样本组（每10岁为1个年龄组，每组由200名男性和200名女性组成）中选出来的。为了与抽样框更新的协议相匹配，研究者们制定了3个抽样框：（1）人口登记册（population registers，PR）抽样框。（2）选民登记册（electoral registers，ER）抽样框。（3）医疗登记册（health registers，HR）抽样框。在这3个抽样框中，选民登记册抽样框是最不常进行更新的，因此可以提供潜在的合格受访者的总量差额。医疗登记册抽样框是不完整的，因为医疗登记册只登记了享受医疗保障的人。

人口登记册抽样框是使用最广泛的，项目涉及的37家医疗中心有21家（57%）使用了这个抽样框，选民登记册抽样框是使用第二多的，达到了30%。通过比较这些抽样框对平均值或中位数的接触率的影响，研究者们发现，人口登记册抽样框比另外两个“更好地发挥了功效”，是最好的。

同其他两个抽样框的低接触率和回复率相比，人口登记册抽样框在吸引年轻的目标人群的回应上，甚至是所有年龄段人的回应上效果显著。事实上，人口登记册抽样框得出的平均结果在3个抽样框中是最好的：（1）接触率达到了92%（HR为87%，ER为85%）。（2）登记率达到了76%（ER为71%，HR为68%）。（3）回复率达到了69%（ER为61%，HR为60%）。研究者们总结说，比起其他两个抽样框，人口登记册抽样框得到了更好的平均值质量分数，并且显示了更小产生年龄偏见的可能性。

资料来源　李桂华. 市场调研［M］. 天津：南开大学出版社，2016.

### 4.1.2　抽样误差的控制

抽样误差的客观存在和不可避免性，并不意味着可以任其存在或对其无所作为，相反，对抽样误差的控制是十分必要的。减少抽样误差可从以下几个方面着手：

1）要正确选择抽样方法

选择正确的抽样方法，有利于使抽取的样本能真正代表样本的总体，减少误差。抽样方法分为随机抽样方法和非随机抽样方法两大类，每一类又分为很多具体方法。对抽样方法的选择，要根据调查目的和要求，以及调查所面临的主客观、内外部条件等进行权衡。一般条件下，随机抽样方法具有更大的适用性。

2）要正确确定样本数

一般而言，样本数与抽样误差成反比例关系，即样本越大，抽样误差越小；反之亦然。但是，抽样误差又与调查总体中有关特征的差异有关。总体中的差异越大，在同样样本数的条件下，误差越大；总体中的差异越小，在同样样本数的条件下，误差越小。

换言之，在确保同样的差异误差的前提下，如果总体中的差异大，则需抽取的样本数应该大一些；反之亦然。而且，抽取的样本大小与调查的成本有关，样本数越大，费用越高；反之亦然。因此，确定样本数要综合考虑对抽样误差的允许程度、总体的差异性和经济效益的要求等因素。

学习微平台

延伸阅读4-2

3）要加强对抽样调查的组织领导，提高抽样调查工作的质量

要以科学的态度对待抽样，特别是要由专门人才，或经过严格培训的人员承担抽样调查工作。抽样方法要适当，工作程序要规范，严格按照所选用的抽样方法的要求进行操作，确保整个抽样工作科学合理。

### 4.1.3 抽样调查的一般程序

抽样调查过程包含5个步骤：

1）确定调查总体

确定调查总体，即明确调查的全部对象及其范围。确定调查总体是抽样调查的第一个步骤，是抽样调查的前提和基础。只有对象明确，才能有的放矢，取得真实、可靠、全面的信息资料。只有明确调查总体，才能从中进行正确的抽样，并保证抽取的样本符合要求。

2）个体编号

个体编号，即对调查总体中的个体进行编号。在采用随机抽样方法的情况下，需要对总体中的每个个体进行编号，以使抽样选出的个体更具有代表性。如果调查的范围过大，总体中的个体过多，则编号的工作量太大，为此，要尽量压缩调查范围，简化编号工作。如果调查总体很大且无法压缩，则可以将随机抽样方法中的分层和分群随机抽样方法结合使用，以减少编号工作量。当然，采用随机抽样方法，有的也可以省去编号这个环节。

3）选择调查样本

这是在调查总体中选定具体的需对其实施调查的样本。选择调查样本，需要首先确定抽样调查的方法，即确定采用随机抽样方法，还是非随机抽样方法；在总的方法确定后，要确定具体的抽样方法，如是分层随机抽样方法，还是分群随机抽样方法等。其次还要确定样本的数量。在上述问题确定后，按预定的要求选择调查的样本。

4）实施调查

这是对选定样本进行调查，即运用不同的调查方法，对抽取的样本进行逐个调查，取得第一手资料。如果调查对象不在或拒绝接待，应设法改变调查技巧，再次调查。确实无法调查时，才能改变调查对象。对随机抽样方法而言，一般不允许随意改变样本或减少样本数，以保证样本资料的准确性与客观性。而对于非随机抽样方法而言，如遇原定调查对象不在或拒绝接待，调查人员可以根据主观标准改变调查对象，以达到样本数为标准。

【课程思政4-1】

#### 调查的职业道德

**背景与情境：**市场调查委托者除了必须信守合同、尊重市场调查提供者和被调查者的意愿并保护其利益、坚持公平交易外，还应遵守以下道德规范：（1）不能以市场调查

为由误导公众。(2)应与提供者保持一种开诚布公的关系。(3)应该恰当地使用市场调查提供的信息资料。(4)不应要求提供者做正常市场调查以外的事情。(5)应该尊重提供者的劳动。(6)有权从提供者处获得相应的信息资料、调查报告及建议。

**问题：**花钱委托别人调查得来的信息在使用时要注意哪些事项？

**研判提示：**在使用调查信息时首先要考虑信息来源合法，信息真实可靠，使用的目的符合公共道德规范。

5)测算结果

这是用样本指标推断总体指标的结果。用样本的调查结果推断总体情况是抽样调查的最后一个步骤，也是抽样调查的目的所在。具体做法可以采用百分比推算法和平均数推算法等。

【同步案例4-1】

抽样调查的一般用法

**背景与情境：**从1 000个对象中抽取100个样本进行访问调查，请他们对经济增长速度进行预测，其中认为明年经济增长速度将达到8%以上的有60人，即占被抽样总数的60%，按百分比推算法，调查总体1 000个对象中将有600人认为明年经济增长速度将达到8%以上，说明大多数人对经济发展前景相当看好。也可按平均数推算法进行推算，即将调查的样本结果加以平均求出样本平均数，代入平均数推算总体的公式（总体=总体个数×样本平均数）。假定对500个商店客流量进行调查，50个样本调查结果显示，平均客流量为350人次，那么500个商店的总客流量为：500×350=175 000（人次）。

资料来源 作者根据相关资料整理得来。

**问题：**分析说明本案例中的推算方法。

**分析提示：**按百分比推算法和平均数推算法，以样本指标推算总体指标。

【教学互动4-1】

**问题：**抽样调查中是否一定存在抽样误差？能否控制？

**要求：**同“教学互动1-1”的“要求”。

## 4.2 抽样方法的类别及特点

抽样方法是指样本的具体抽取过程，规定了不同的抽样程序和规则。从抽样的效率角度看，对不同的总体和不同的调查内容应采用不同的抽样方法，这样既可以抽出有代表性的样本，使抽样过程方便、快捷，组织高效率等，又能节省费用。熟悉和准确把握这些抽样方法非常重要。

### 4.2.1 抽样方法的类别

1)抽样方法的概念及分类

抽样方法是指在抽样调查时采用一定的方法，抽取具有代表性的样本，以及对采用各种抽样操作技巧和工作程序等的总称。为了使抽取的样本具有代表性，必须借助于各种抽样方法。抽样方法可以分为随机抽样方法与非随机抽样方法两大类。

2）随机抽样方法

随机抽样方法又称概率抽样方法，是对总体中每个个体都给予平等的被抽取机会的抽样方法。在随机抽样的条件下，每个个体被抽中或不被抽中完全凭机遇，排除了人的主观因素的选择。在具体操作过程中，由于采用的方法和调查总体的特征等不同，又可细分为不同的方法。其具体分类及其特点在下文中详细分析。

3）非随机抽样方法

**非随机抽样方法**是对总体中每个个体不给予平等的被抽取机会，而是根据一定的主观标准来抽取样本的方法。由于主观标准的确定和判断力的不同以及采用的具体方法、操作技巧等不同，又可分为不同的非随机抽样方法。

### 4.2.2 随机抽样方法的分类及特点

1）随机抽样方法的分类

（1）简单随机抽样方法

简单随机抽样方法又称单纯随机抽样方法，是在总体单位中不进行任何有目的的选择，而是按随机原则，以纯粹偶然的方法抽取样本。

简单随机抽样方法是随机抽样方法中最简单的一种。这种方法一般适用于调查总体中各单位之间差异较小的情况，或者调查对象不明，难以分组、分类的情况。如果市场调查范围较大，总体内部各单位之间的差异较大，则要同其他随机抽样方法结合使用。

简单随机抽样方法常用的有抽签法和乱数表法。

①抽签法。

用抽签法抽取样本，先将调查总体的每个单位编上号码，然后将号码写在卡上，打乱顺序，任意从中抽取，抽到一个号码，就对上一个单位，直到抽足预先规定的样本数为止。这种方法适用于总体单位数较少的情况。

②乱数表法。

乱数表法又称随机数表法，就是利用乱数表抽取样本的方法。在0到9的阿拉伯数字中，按照每组数字位数的要求（如2位、3位，甚至10位一组等），利用特制的摇码机器（或电子计算机），自动随机逐个摇出（或打出）一定数目的号码编成乱数表，以备查用。表4-1就是一个现成的乱数表。

表4-1 **乱数表**

| | | |
|---|---|---|
| 03 47 43 73 86 | 36 96 47 36 61 | 46 98 63 71 62 |
| 01 74 24 67 62 | 42 81 14 57 20 | 42 53 32 37 32 |
| 16 76 62 27 66 | 56 50 26 75 07 | 32 90 79 78 53 |
| 12 56 85 99 26 | 96 96 68 27 31 | 05 03 72 93 15 |
| 55 59 56 35 64 | 37 54 82 46 22 | 31 62 43 09 90 |
| 01 22 77 94 39 | 49 54 43 55 82 | 17 37 93 23 78 |
| 41 11 17 53 71 | 57 24 55 06 88 | 77 04 74 47 67 |
| 61 26 63 78 59 | 16 95 55 67 19 | 02 10 50 71 75 |
| 33 21 12 86 29 | 78 64 56 07 82 | 52 42 07 44 38 |
| 57 60 17 34 44 | 08 47 27 96 54 | 49 17 45 09 62 |
| 70 28 17 12 13 | 40 33 20 38 26 | 78 83 51 03 74 |
| 56 62 37 35 18 | 98 83 50 87 75 | 83 11 25 93 47 |

使用乱数表抽取样本时，首先要把调查总体中的所有单位加以编号，根据编号的位数确定使用若干位数字，然后查乱数表。在乱数表中任意选定一列或一行的数字作为开始数，接着可从上而下，或从左至右，或一定间隔（隔行或隔列）顺序取数，凡编号范围内的数字号码即为被抽取的样本。如果不是重复抽样，碰上重复数字应舍掉，直到抽足预定样本数为止。

【同步思考4-1】

**问题：** 如何利用乱数表法从94家上市公司中抽取12家作为调查样本？

**理解要点：** 可先将94家公司由1至94编号，N=94，然后用乱数表上任意一点一行（或一列）中的一个数字作为起点数，从这个数字按左右或上下顺序读起，每出现两个数字，即为被抽中的单位编号。假定本例是从乱数表（见表4-1）第四行左边第五个数字向右顺序读起，则所抽取单位是：68 27 31 05 03 72 93 15 55 59 56 35，此过程中的96因大于94舍去不用，是因为在顺序抽取的过程中，遇到比编号大的数字，应该舍去。

（2）分层随机抽样方法

**分层随机抽样方法**又称分类随机抽样方法，是把调查总体按其属性不同分为若干层（或类型），然后在各层（或类型）中随机抽取样本。例如，调查人口，可按年龄、收入、职业、居住位置等标志划分为不同的层次，然后按照要求在各个层次中进行随机的抽样。

分层随机抽样方法在市场调查中采用较多。分层时，要注意各层之间要有明显的差异，不至于发生混淆；要知道各层中的单位数目和比例；分层的数目不宜太多，每个层次内每个个体应保持一致性等。只有这样，才能使抽取的样本反映该层的特征，提高样本的代表性，减少抽样误差。

①等比例分层抽样法

这是指按各层（或类型）中的单位数量占总体单位数量的比例分配各层（或类型）的样本单位数量。

【同步案例4-2】

样本的抽取

**背景与情境：** 某地共有居民20 000户，按收入高低进行分类，其中高收入的为4 000户（占总体的20%），中等收入的为12 000户（占总体的60%），低收入的为4 000户（占总体的20%）。要从中抽取200户进行购买力调查，应如何操作？

**问题：** 分析本案例中样本单位数的抽取方法。

**分析提示：** 样本单位数的抽取是按各种经济收入的单位数量占总体单位数量的比例进行样本的抽取，则各层次应抽取的样本单位数为：

高收入样本单位数：200×20%=40（户）

中等收入样本单位数：200×60%=120（户）

低收入样本单位数：200×20%=40（户）

这种方法简便易行、分配合理、计算方便，适用于各类型之间差异不大的分类抽样调查。如果各类型之间差异过大，则不宜采用，而应采用分层最佳抽样法。

②分层最佳抽样法

分层最佳抽样法又称非等比例分层抽样法。它不是按各层（或类型）单位数占总体单位数的比例分配各层（或类型）的样本单位数，而是根据其他因素（如各层样本标准差的大小，抽取样本工作量和费用大小等），调整各层（或类型）的样本单位数。如按分层样本标准差大小调整各层样本单位数，其计算公式为：

$$n_i = n \times \frac{N_iS_i}{\sum N_iS_i} \tag{4.1}$$

式中：$n_i$为各层（或类型）应抽取的样本单位数；n为样本单位总数；$N_i$为各层（或类型）的调查单位数；$S_i$为各层（或类型）样本标准差。

【同步案例4-3】

相关因素的分析

**背景与情境：**仍以上述居民收入与购买力之间的关系为例。各层样本标准差中高收入的为300元，中等收入的为200元，低收入的为100元。为了便于观察，见表4-2。

表4-2　**各层的调查单位数与样本标准差乘积计算表**

| 各层次（按不同收入情况） | 各层的调查单位数$N_i$（户） | 各层的样本标准差$S_i$（元） | 乘积$N_iS_i$ |
|---|---|---|---|
| 高 | 4 000 | 300 | 1 200 000 |
| 中 | 12 000 | 200 | 2 400 000 |
| 低 | 4 000 | 100 | 400 000 |
| 合计 | 20 000 | | 4 000 000 |

注：样本标准差的差别主要凭经验判断确定，此例是假定的，也可通过计算公式确定。

计算公式为：

样本标准差=离差的平方和÷样本数

**问题：**如何根据公式来确定各层次的样本单位数？

**分析提示：**样本单位数是按各种经济收入下的样本标准差的大小进行调整的，按$n_i = n \times \frac{N_iS_i}{\sum N_iS_i}$计算，得出各类型应抽取的样本单位数为：

高收入样本单位数：200×（1 200 000÷4 000 000）=60（户）

中等收入样本单位数：200×（2 400 000÷4 000 000）=120（户）

低收入样本单位数：200×（400 000÷4 000 000）=20（户）

通过上述计算可以看出，用非等比例分层抽样法与等比例分层抽样法抽取的样本数，各层次之间不同，特别是高收入的与低收入的之间样本标准差相差较大，所以高收入的所抽取的样本数增加20户，低收入的减少20户，中等收入的不变。由于购买力同居民收入关系很大，因而要增加高收入层的样本数，相应减少低收入层的样本数，使所抽取的样本更具有代表性。这种以调查单位数和样本标准差两个因素为依据进行的抽样是分层最佳抽样法。

（3）等距离随机抽样方法

等距离随机抽样方法又称系统抽样方法或机械随机抽样方法。它先在总体中按一定标志把个体按顺序排列，并根据总体单位数和样本单位数计算出抽样距离（即相同的间隔)，然后按相同的距离或间隔抽取样本单位。排列顺序可用与调查项目有关的标志为依据，如在购买力调查中，按收入多少由低至高排列，也可用与调查项目无关的标志为依据，如按户口册、姓氏笔画排列。

抽样间隔计算公式为：

抽样间隔=总体数（N）÷样本数（n） (4.2)

【同步思考4-2】

**问题：**某地区有零售店110家，采用等距离随机抽样方法抽取11家进行调查。请简述其步骤。

**理解要点：**第一步，将总体调查对象（110家零售店）进行编号，即从1号至110号。

第二步，确定抽样间隔。已知调查总体N=110，样本数n=11，故抽样间隔=110÷11=10家。

第三步，确定起抽号。用10张卡片（即抽样间隔）从1号至10号编号，然后从中随机抽取1张作为起抽号。如果抽出的是2号，2号则为起抽号。

第四步，确定被抽取单位。从起抽号开始，按照抽样间隔选择样本。本例从2号起每隔10号抽取一个，直至抽足11个为止。计算方法是：

2

2+10=12

2+10×2=22

⋮

2+10×10=102

因此，所抽的单位是编号为2、12、22、32、42、52、62、72、82、92、102的11家零售店。

（4）分群随机抽样方法

分群随机抽样方法又称整群抽样方法。它先是把调查总体区分为若干群体，然后用单纯随机抽样法，从中抽取某些群体进行全面调查。如果不是对所抽取的群体进行全面调查，而是进一步划分为若干个小群体，再按随机原则抽取一个或一部分小群体来调查，则称为多段分群随机抽样方法。

运用分群随机抽样方法抽取样本，抽取工作比较简易方便，抽中的单位比较集中，但是由于样本单位集中在某些群体，而不能均匀地分布在总体中，如果群与群之间差异较大，则抽样误差就会增大。

2）随机抽样方法的特点

（1）随机抽样方法的优点

① 随机抽样方法是从总体中按照随机原则抽取一部分单位进行的调查。它的调查范围和工作量比较小，又排除了人为的干扰，因此能省时、省力、省费用，又能较快地取得调查的结果，同时抽取的样本可以大致上代表总体。

② 随机抽样方法能够计算调查结果的可靠程度。可通过概率计算推算值与实际值的差异，即抽样误差（又称代表性误差），将误差控制在一定范围内。抽样误差可分为抽样平均误差（$\mu_{\bar{x}}$）和抽样成数误差（$\mu_p$）。

（2）随机抽样方法的不足

① 对所有调查样本都给予平等看待，难以突出重点。

② 抽样范围比较广，所需时间长，参加调查的人员多，费用大。

③ 需要具有一定专业技术的人员进行抽样和资料分析，一般调查人员难以胜任。

### 4.2.3 非随机抽样方法的分类及特点

1）非随机抽样方法的分类

非随机抽样方法又称非概率抽样方法，一般分为3种类型。

（1）任意抽样方法

任意抽样方法又称便利抽样方法。它是调查人员按照工作的便利性，随意抽取样本的一种抽样方法。

运用任意抽样方法进行抽样，一般由调查人员从工作方便出发，在调查对象范围内随意抽取一定数量的样本进行调查。例如进行现场访问，任意选择一群消费者或者营业人员进行谈话，了解他们对商品质量的看法或购买动向。这种方法简便易行，可以及时取得所需的资料，节约时间和费用等。

任意抽样方法适用于非正式的探测性调查，或调查前的准备工作。一般在调查总体中每个个体都是同质时，才能采用此类方法。但是实践中并非所有调查总体中每个个体都是相同的，所以抽样结果偏差较大，可信程度较低，它的样本没有足够的代表性，故在正式调查时，很少采用任意抽样法。

（2）判断抽样方法

判断抽样方法又称目的抽样方法。它是一种根据调查人员的经验或专家的见解选定样本的抽样方法。

判断抽样方法可以有两种具体做法。一种是由调查人员或专家判断选择样本。一般以平均型或多数型的样本为调查单位，通过对调查单位的研究由调查人员或专家来判断总体的状态。所谓平均型，是在调查总体中挑选代表平均水平的单位作为样本，以此作为典型样本，再推断总体。所谓多数型，是在调查总体中挑选占多数的单位作为样本来推断总体。另一种是利用统计判断选择样本，即利用调查总体的全面统计资料，按照一定标准（由调查人员或专家制定）选择样本，通过对样本的研究由调查人员或专家来判断总体的状态。

判断抽样方法具有简便、易行、及时，符合调查目的和特殊需要，可以充分利用调查样本的已知资料，被调查者配合较好，资料回收率高等优点。但是，这种方法易产生主观判断产生的抽样误差，同时，由于各个调查单位被抽取的概率不知道，因而无法计算抽样误差和可信程度。如果调查人员或专家的经验丰富、知识面广、判断能力强，抽取的样本代表性就大；反之则小。

（3）配额抽样方法

配额抽样方法是按照一定标准分配样本数量，然后在规定数量内由调查人员任意抽取样本的一种抽样方法。这种方法同分层随机抽样方法有相似的地方，都是事先对总体中所有单位按其属性、特征分类，这些属性、特征我们称为“控制特性”，例如市场调查中消费者的性别、年龄、收入、职业、文化程度等。然后，按各个控制特性，分配样本数量。但它与分层随机抽样方法有区别，分层随机抽样方法是按随机原则在层内抽取样本，而配额抽样方法则是由调查人员在配额内主观判断选定样本。

配额抽样方法与判断抽样方法也有区别。一是抽取样本的方式不同。配额抽样方法是分别从总体的各个控制特性的层次中抽取若干个样本，而判断抽样方法是从总体的某一层次中抽取若干个符合条件的典型样本。二是抽样要求不同。配额抽样方法注重“量”的分配，而判断抽样方法注重“质”的分配。三是抽样方法不同。配额抽样方法的抽样方法复杂精密，判断抽样方法的抽样方法简单、易行。

配额抽样方法可分为独立控制配额抽样方法和相互控制配额抽样方法。

① 独立控制配额抽样方法

它是对调查对象只规定具有一种控制特征的样本抽取数目并规定配额，而不是对具有两种或两种以上控制特征的样本抽取数目并规定配额。

独立控制配额抽样方法的具体应用举例如下：按被调查对象的控制特征分为年龄、性别、收入3种。确定样本总数为180个，按独立控制特征应用独立控制配额抽样方法则可列成表4-3（数字是假设的）。

表4-3　**按独立控制特征应用独立控制配额抽样方法**

| 年龄/人数 | |
|---|---|
| 18~29 | 30人 |
| 30~40 | 50人 |
| 41~55 | 60人 |
| 56以上 | 40人 |
| 合计 | 180人 |
| 性别/人数 | |
| 男 | 90人 |
| 女 | 90人 |
| 合计 | 180人 |
| 收入/人数 | |
| 高 | 36人 |
| 中 | 90人 |
| 低 | 54人 |
| 合计 | 180人 |

从表4-3中可以看出，虽然有年龄、性别、收入3个控制特征，但各控制特征是独立控制配额抽取样本数的，不要求相互牵制，也不规定3种控制特征之间有任何关系。例如，在年龄组18~29岁的有30人，这30人中间，男、女各多少，高收入、中收

入及低收入又有多少，都没有规定样本抽取数目。这就是独立控制配额抽样方法的特点。

独立控制配额抽样方法具有简便易行、费用少等优点，但有选择样本容易偏向某一类型而忽视其他类型的缺点。例如，偏重年龄较小的低收入者或年龄较大的高收入者。这个缺点可通过相互控制配额抽样方法来弥补。

② 相互控制配额抽样方法

相互控制配额抽样方法是指在按各类控制特性独立分配样本数额的基础上，再采用交叉控制安排样本的具体数额的抽样方法。

【教学互动4-2】

**问题：**非随机（非概率）抽样与随机（概率）抽样的根本区别是什么？非随机（非概率）抽样的特点是什么？

**要求：**同“教学互动1-1”的“要求”。

2）非随机抽样方法的特点

①非随机抽样方法的优点

非随机抽样方法按一定的主观标准抽取样本，可以充分利用已知资料，选择较为典型的样本，使样本更好地代表总体；可以缩小抽样范围，减少调查时间、调查人员和调查费用等。

②非随机抽样方法的不足

使用非随机抽样方法进行调查的主要不足是无法判断其误差及检查调查结果的准确性。这是因为，用非随机抽样方法进行调查的总体中，每个样本被抽取的概率不一样，概率值的大小不清楚，无法通过概率计算推算值与实际值的差异，可靠程度只能由调查人员主观评定。由于主观标准不当或主观判断失误均会增大抽样误差，因此出现差错难以核实。

学习微平台

延伸阅读4-3

在实际进行市场调查时，调查人员要根据不同的调查要求和目的，选择最合适的抽样方法，才能起到良好的效果。

## 4.3 抽样误差及抽样数目的确定

### 4.3.1 抽样误差的确定

抽样误差是指随机抽样调查中必然发生的代表性误差即平均误差，通常用符号μ表示。因为抽样调查是以样本代表总体，以样本综合指标推断总体综合指标，所以平均误差是不可避免的，但这种误差一般不包括技术性误差即调查过程中的工作误差。

1）影响抽样误差大小的因素

（1）总体单位之间的标志变异程度。总体单位之间的标志变异程度大，抽样误差则大；反之则小。因此，抽样误差的大小同总体标准差大小成正比例关系。

（2）样本单位的数目多少与抽样误差大小有关。样本单位数目越多，抽样误差越小；样本单位数目越少，抽样误差则越大。因此，抽样误差的大小同样本单位数目成反比例关系。

（3）抽样方法不同，抽样误差的大小也不相同。一般来说，简单随机抽样方法比分层、分群随机抽样方法误差大，重复抽样方法比不重复抽样方法误差大。

重复抽样方法是指样本被抽出后再放回去，有可能被第二次抽中的方法。不重复抽样方法是指样本被抽出后不再放回，每个样本只能被抽中一次的方法。实践中大多采用不重复抽样方法。

2）抽样误差大小的理论计算

（1）平均数重复抽样误差的计算公式：

$$\mu_{\bar{x}}=\sqrt{\frac{\sigma^2}{n}} \tag{4.3}$$

式中：$\mu_{\bar{x}}$为抽样平均误差；$\sigma^2$为总体方差；n为样本单位数。

注：$\sigma^2$一般要进行换算，$\sigma^2=\frac{\sum(x-\bar{x})^2}{n}$或以样本标准差代替，也可以采取经验估算等。

（2）平均数不重复抽样误差的计算公式：

$$\mu_{\bar{x}}=\sqrt{\frac{\sigma^2}{n}\left(1-\frac{n}{N}\right)} \tag{4.4}$$

式中：N为总体单位数；$1-\frac{n}{N}$为修正系数。

（3）成数重复抽样误差的计算公式：

$$\mu_p=\sqrt{\frac{p(1-p)}{n}} \tag{4.5}$$

式中：$\mu_p$为抽样成数误差；p为成数。

（4）成数不重复抽样误差的计算公式：

$$\mu_p=\sqrt{\frac{p(1-p)}{n}\left(1-\frac{n}{N}\right)} \tag{4.6}$$

### 4.3.2 抽样数目的确定

抽样数目是指抽样单位数，在随机抽样时必须确定必要的样本数。样本数过多，浪费人力、物力、财力和时间；样本数过少，会影响调查结果的精确度，造成较大误差。因此，确定必要的样本数极为重要。必要的样本数是在事先给定的抽样误差范围内所确定的能够反映总体特征的样本单位数。

1）影响抽样数目多少的因素

（1）总体中各单位之间标志的变异程度。变异程度越大，需要抽取的样本数越多；反之，需要抽取的样本数越少。

（2）允许误差的大小。允许误差又称极限误差或最大可能误差，是指抽样误差的范围。允许误差是以符号Δ表示，其计算公式为：

$$\Delta=t\mu \tag{4.7}$$

式中：t为概率度，是指扩大或缩小抽样误差范围的倍数；μ为抽样误差。

允许误差Δ等于t倍的抽样误差。允许误差大，抽样数目可以少一些；允许误差小，抽样数目可以多一些。允许误差的大小要根据调查的目的、要求和条件等来确定，一般来说，调查准确度要求高、调查人员能力强、费用充足，允许误差要小一些；反之可大一些。

（3）不同的抽样方法也会影响抽样数目的多少。一般来说，随机抽样方法比非随机抽样方法样本数少一些，不重复抽样方法比重复抽样方法样本单位数少一些。

2）抽样数目的计算公式

（1）平均数重复抽样数目的计算公式：

$$n=\frac{t^2\sigma^2}{\Delta_{\bar{x}}^{\ 2}} \tag{4.8}$$

式中：n为样本单位数；$\sigma^2$为总体方差；$t^2$为概率度平方；$\Delta_{\bar{x}}^{\ 2}$为平均数允许误差平方。

（2）平均数不重复抽样数目的计算公式：

$$n=\frac{t^2\sigma^2N}{N\Delta_{\bar{x}}^{\ 2}+t^2\sigma^2} \tag{4.9}$$

式中：N为总体单位数。

（3）成数重复抽样数目的计算公式：

$$n=\frac{t^2p(1-p)}{\Delta_p^{\ 2}} \tag{4.10}$$

式中：p为成数；$\Delta_p^{\ 2}$为成数允许误差平方。

（4）成数不重复抽样数目的计算公式：

$$n=\frac{t^2Np(1-p)}{N\Delta_p^{\ 2}+t^2p(1-p)} \tag{4.11}$$

t值小，允许误差范围小，把握程度就小；反之就大。因为在抽样调查时，每100次抽样中有95.45次的正负误差不会超过2，其余4.55次则会超过，其概率度t值为2，把握程度F，即可信程度为95.45%。它们之间的相互关系可参照概率表（见表4-4）。

表4-4　**概率表**

| 概率度t | 把握程度F | 允许误差Δ=tμ |
|---|---|---|
| 1.00 | 0.6827 | 1.00μ |
| 1.50 | 0.8864 | 1.50μ |
| 1.96 | 0.9500 | 1.96μ |
| 2.00 | 0.9545 | 2.00μ |
| 3.00 | 0.9973 | 3.00μ |

### 4.3.3　点值估计值与区间估计值的计算

1）点值估计值的计算

点值估计值是直接以样本指标作为总体指标的估计值，不考虑抽样误差，仅作为近似的估计。

【补充阅读资料 4-2】

### 空调机社会保有量计算

某地区有家庭100 000户，××××年1月底抽样调查显示，在1 000户样本中得到空调机家庭普及率为20%，以此作为全地区家庭空调机在1月份的社会保有量，即100 000×20%=20 000（台）。

2）区间估计值的计算

区间估计值是在一定把握程度下，根据抽样指标（平均数指标或成数指标）和抽样误差范围，对总体指标估计值落入的区间范围做出的估计。

调查人员可事先根据调查的范围，对总体指标估计值落入的区间范围做出估计。

计算公式为：

$\overline{X}\pm\Delta_{\bar{x}}$

即（$\bar{x}\pm t\mu_{\bar{x}}$）

$p\pm\Delta p$

即（$p\pm t\mu_{p}$）　　（4.12）

式中：$\bar{X}$为抽样平均数指标；p为抽样成数指标。

上限与下限之间都视为正确的区间值，待样本区间值求出后，就可以估计出总体区间值。这种计算方法比点值估计值法精确、可靠，灵活性比较强，又考虑多种因素的影响，是比较科学的推断方法。

学习微平台

延伸阅读4-4

【教学互动 4-3】

**问题：**样本容量是否影响估计的精度？是不是样本容量越大越好？

**要求：**同“教学互动1-1”的“要求”。

## 本章概要

### □ 内容提要

●抽样调查也称抽查，是指从调查总体中抽取一部分要素作为样本，对样本进行调查，并根据抽样所得的结果推断总体的一种专门性的调查活动。抽样调查是一种被广泛使用的调查方法。

●为了提高抽样调查的有效性，需要切实控制抽样误差，严格遵循抽样调查的程序，并合理选用抽样方法。

●抽样方法是指在抽样调查时采用一定的方法，抽取具有代表性的样本，以及对采用各种抽样操作技巧和工作程序等的总称。抽样方法可以分为随机抽样方法与非随机抽样方法两大类。随机抽样方法是指对总体中每个个体都给予平等的被抽取机会的抽样方法。非随机抽样方法是指对总体中每个个体不给予平等的被抽取机会，而是根据一定的主观标准来抽取样本的方法。这两种抽样方法各有其特点和适用范围。

●随机抽样方法一般分为简单随机抽样方法、分层随机抽样方法、等距离随机抽样方法和分群随机抽样方法4种类型。非随机抽样方法一般分为任意抽样方法、判断抽样方法和配额抽样方法3种类型。这些不同的方法都有各自的操作方法和应用特点。

□ 主要概念和观念

▲ 主要概念

抽样调查　随机抽样方法　非随机抽样方法　分层随机抽样方法

▲ 主要观念

抽样调查的基础知识　随机抽样方法的类别及特点　随机抽样样本数的确定

□ 重点实务

抽样样本的选取　抽样样本的选择方法　抽样结果的误差和纠偏

## ■ 基本训练

□ 知识训练

▲ 简答题

1）什么是等距离随机抽样方法？如何计算抽样间隔？

2）重复抽样方法与不重复抽样方法有何区别？

3）什么是抽样误差？

4）影响抽样误差大小的因素有哪些？

▲ 填空题

1）一般来说，简单随机抽样方法比________、________随机抽样技术________更大。

2）抽样调查是一种________和可信度________的调查方法。

▲ 单项选择题

1）下列方法中，属于非随机抽样的有（　　）。

A.等距离随机抽样　　B.分层随机抽样

C.分群随机抽样　　D.配额抽样

2）统计值是（　　）。

A.样本中某一变量的综合描述　　B.总体中某一变量的综合描述

C.样本平均数　　D.总体平均数

3）抽样调查的实地调查对象是（　　）。

A.总体　　B.样本　　C.某个个体　　D.抽样单位

4）抽样框是（　　）。

A.总体的名单　　B.样本的名单

C.抽样单位的名单　　D.分析单位的名单

5）分层随机抽样又称（　　）。

A.分类随机抽样　　B.系统随机抽样

C.简单随机抽样　　D.分群随机抽样

▲ 多项选择题

1）下面说法正确的是（　　）。

A.总体中各单位之间标志的变异程度越大，需要抽取的样本数越多；反之，需要抽取的样本数越少

B.允许误差大，抽样数目可以少一些；允许误差小，抽样数目可以多一些

C.一般来说，随机抽样方法比非随机抽样方法样本数少一些，不重复抽样方法比重复抽样方法样本数少一些

D.总体越多，所需抽取的样本数就应越多

2）下面说法正确的是（　　）。

A.总体单位之间的标志变异程度大，抽样误差则大；反之则小。因此，抽样误差大小同总体标准差大小成正比例关系

B.样本单位的数目多少与抽样误差大小有关。样本单位数目越多，抽样误差越小；样本单位数目越少，抽样误差则越大。因此，抽样误差的大小同样本单位数目成反比例关系

C.抽样方法不同，抽样误差的大小也不相同。一般来说，简单随机抽样方法比分层、分群随机抽样方法误差大，重复抽样方法比不重复抽样方法误差大

D.在抽样过程中，只要步骤严谨、方法得当，就不会出现误差

3）下列属于抽样调查的优点的是（　　）。

A.节省时间　　B.节省费用　　C.准确性高　　D.没有误差

▲ 讨论题

1）市场调查方式主要有哪些？为什么大多数市场调查都采用了抽样调查？

2）分层随机抽样和分群随机抽样有何异同点？

3）影响样本量大小的主要因素有哪些？

□ 能力训练

▲ 案例分析

### 抽样中的泰坦尼克事件

**背景与情境：**在抽样调查中，样本的选择是至关重要的，样本能否代表总体，直接影响统计结果的可靠性。下面的故事是一次著名的失败的统计调查，被称为抽样中的泰坦尼克事件。

在1936年的美国总统选举中有两位候选人，即民主党候选人罗斯福（Roosevelt）和共和党候选人兰登（London），有一家文摘杂志社通过从电话号码簿和一些俱乐部成员的名单中选取了1 000万人，以发出询问信的方式进行民意调查，共有240万人做出了回答。据此资料，此文摘杂志预测兰登将以获得57%的选票获胜，而罗斯福的得票率将是43%。而选举结果罗斯福的得票率则是62%，兰登仅得到38%的选票。为此，这家杂志社很快就倒闭了。

自1916年以来，此文摘杂志每次所做的预测都是正确的，因而影响很大。这次它的预测是基于巨大数字的240万人的答卷做出的，却预测错误。

当时有电话的家庭有1 100万户，失业者有900万人。有一个叫乔治·盖洛普（George Gallup）的人建立的一个调查组织从1 000万人中随机选取了3 000人，就提前知道了此文摘杂志将要得出的结论：兰登将以56%的选票获胜，这与文摘杂志公布的结果仅差1%，而这个结论来自3 000人而非240万人。盖洛普从更大的范围内随机选取了5 000人，据此预测罗斯福将以56%得票率获胜，而兰登的得票率为44%，与实际结果差6%。

资料来源　赖文燕．市场调查与预测［M］．南京：南京大学出版社，2017.

**问题：**

1）文摘杂志此次预测错误的根本原因是什么？

2）你从这个案例分析中能够得到什么启发？用样本推断总体获得的结论可靠吗？为什么？怎样保证其可靠性？

**分析要求：**同第1章“基本训练”中本题型的“分析要求”。

▲ 实训操练

【训练项目】

“抽样调查方法”知识应用。

【情境设计】

将班级学生分成若干实训团队，每个团队确定1人负责。各组根据操练项目需要进行角色划分，应用“抽样调查方法”知识，就“男士化妆品的消费动机和行为”进行市场调查。

【训练步骤】

1）将班级学生分成若干实训团队，每个团队确定1人负责。

2）各团队学生根据操练项目需要进行角色分工与协作。

3）各团队学生进入角色操练，就“男士化妆品的消费动机和行为”进行市场调查，重点体验“抽样调查方法”知识应用过程。

4）各团队学生记录本次模拟实训的成功经验、存在的问题与解决办法。

5）各团队整理实训记录，在此基础上撰写《××男士化妆品消费动机和消费行为抽样调查知识运用实训报告》。

6）在班级讨论交流、相互点评与修订各团队的《××男士化妆品消费动机和消费行为抽样调查知识运用实训报告》。

7）在校园网的本课程平台上展示经过修订和任课教师点评的各团队《××男士化妆品消费动机和消费行为抽样调查知识运用实训报告》，供学生们借鉴。

□ 课程思政

谷歌和苹果在窥视

**背景与情境：**我们在前面曾经介绍过大数据分析帮助企业预测消费者行为的几种方式。谷歌和苹果等企业巨头在数据搜集方面已经做到了极致，可以说时刻追踪着人们清醒时甚至是睡着时的行为。你的iPhone观察到的远不止你Facetime时的大头照，它发送回苹果的数据显示了你的一举一动。安卓系统也有着类似的功能。就连那些你可能已经遗忘的事情，苹果和谷歌也知道。你是在上班前还是工作时间去星巴克的？你在那儿逗留了多久？你是用手机支付的吗？你是否在智能手机的浏览器中搜索了什么东西？你是否在Facebook上点过赞？你是否回应了某个调查或者浏览了博客？你是否花时间观看了最新的商品展示？你从A地到B地时是否超速了？谷歌很重视广告收入，它对你的了解越多，就越可以针对你的行为更有针对性地向你推送内容。苹果则试图用这些信息扩展iTunes技术，以便从你的银行账户直接收钱。消费者一旦意识到自己的行动受到如此恐怖的窥视，往往会震惊于自己的隐私被泄露了。消费者可以在装有安卓系统的设备上进行操作，让其无法追踪自己的地理位置。苹果的用户也可以这么做，不过操作起来更加麻烦。然而，即使把Wi-Fi和定位都关了，手机信号仍然会进行位置追踪。而且，很少有消费者会愿意为确保隐私不被侵犯而放弃智能手机带来的便利。或许隐私的定义也在随着技术的进步而发生改变。知道了谷歌和苹果此时此刻正在窥视你，你的感觉如何呢？

资料来源　巴宾，齐克芒德. 营销调研精要［M］. 应斌，王虹，译. 6版. 北京：清华大学出版社，2016.

**问题：**在大数据时代，如何确保个人信息的隐私权？

**研判要求：**同第1章“基本训练”中本题型的“研判要求”。

# 第5章 特殊调查



## ◆ 学习目标

通过本章学习，应该达到以下目标：

**职业知识**：学习和把握“特殊调查”的相关概念，产品试验与销售试验，购买动机调查方法，以固定样本持续调查、零售商店销售量调查和消费者调查组为内涵的持续性实地调查，以及“补充阅读资料”和二维码资源等理论与实务知识；能用其指导“同步思考”、“教学互动”和“基本训练”中“知识训练”各题型的认知活动，正确解答相关问题。

**职业能力**：运用本章知识研究相关案例，培养在“特殊调查”特定业务情境中分析问题与决策设计的能力；通过搜集、整理与综合“购买动机调查”的前沿知识，撰写、讨论与交流《“购买动机调查”最新文献综述》，培养“特殊调查”中“自主学习”、“团队协作”和“与人交流”等通用能力。

**课程思政**：结合本章教学内容，依照“课程思政”的要求或标准，对相关案例中的企业及其从业人员行为进行思政研判，培养高尚的道德情操，树立社会主义核心价值观。

学习微平台

思维导图5-1

【引例】

李维斯牛仔裤为什么会吸引消费者

**背景与情境：**李维斯是著名的牛仔裤品牌，由犹太商人李维·斯特劳斯（Levi Strauss）创立。19世纪50年代，美国向西部拓荒时期，李维·斯特劳斯无意间用帐篷帆布改制成结实的工作裤，由于方便、实用、耐穿兼帅气，让许多同行的牛仔十分羡慕，也跟着模仿。这引起了李维生产帆布工作服的念头，牛仔裤就这样在众多牛仔间流行起来。最先，牛仔裤只被视为农牧场、矿山、工厂等生产工人的工作服，是一种难登大雅之堂的非正式穿着。但经过多次的社会运动以后，人们的思想更加开放和活跃，等级观念淡化，牛仔裤从专属于蓝领阶层工作服的定位一跃成为大众化、年轻化的魅力象征，不但美国年轻人喜爱，在世界各地也风行起来。到20世纪70年代，白领阶层、富豪名流、绅士淑女也将牛仔裤当作休闲服来穿。牛仔服已变成消费者表现个性、肯定自我的代表性商品。

牛仔裤风行全球与李维善于运用影片或影星、歌星创造市场息息相关。利用外在因素影响消费者的消费习惯与购买行为，在李维身上体现得淋漓尽致。现在，牛仔装在式样、质料、颜色上都已朝着多样化、个性化、品位化的方向发展，成为经久不衰的商品。

李维斯企业设有专门机构负责市场调查。在调查时应用心理学、统计学等知识和手段，按不同国家分析消费者的心理和经济情况的变化、环境的影响、市场竞争条件和时尚趋势等，并据此制订销售、生产计划。20世纪70年代企业对联邦德国市场的调查表明，多数顾客首先要求合身，企业随即派人在该国各大学和工厂进行合身测验，一种颜色的裤子就定出了45种尺寸，因而扩大了销路。企业根据市场调查，了解到美国青年喜欢合身、耐穿、价廉、时髦的服装，故把合身、耐穿、价廉、时髦作为产品的主要目标，因而产品长期打入美国青年人市场。近年来，在市场调查中，企业了解到许多美国女青年喜欢穿男裤，企业经过精心设计，推出了适合妇女的牛仔裤和便装裤，使妇女服装的销售额不断上升。虽然在美国及国际市场服装业竞争相当激烈，但李维斯企业进行了分类市场调查，制订的生产与销售计划同市场上的实际销售量只差1%~3%。由此可以看出，企业开展市场调查，能够为企业做出各项经营决策提供科学的依据。

资料来源　作者根据相关资料整理改编。

学习微平台

延伸阅读5-1

企业通过对市场的调研，了解消费者的喜好，进行产品设计与生产。通过这些信息，企业可以更好地把握消费者的需求倾向，改进产品，更好地按需生产，为长期占领市场奠定基础。

市场营销活动调查主要围绕产品、顾客等因素进行。这种调查需要有一个周密的计划和全面执行的过程。下面我们介绍几种特殊调查方法。

## 5.1　产品试验与销售试验

产品是否受市场欢迎，对一个企业来说是至关重要的。一个熟悉市场运作的企业一般会在一个新产品大量推出以前，先将少量的产品投放到市场上，用产品试验和销售试验的方法进行市场调查，以保证大批量产品成功上市。

### 5.1.1 产品试验

**产品试验**，主要是指对产品的质量、性能、规格、式样、色彩等方面的市场反应进行调查。通过这些方面的调查，企业可了解消费者对产品的反应，以便及时改进，进一步增强产品的竞争力，扩大产品的市场份额。

大多数产品能以许多不同式样，如以多种规格、款式、花色、品种、重量、颜色、味道等在市场推出。这些式样中到底哪一种在市场上受消费者青睐？这就需要进行产品试验。产品试验的目的是在各种各样的产品式样中确定哪一种形式在市场中受欢迎。产品试验的基本方法是产品试用（试穿、试戴、试吃、试饮等）展览会，通常是在城镇中心的公共场所或展览大厅里进行。在举办产品试用展览会时，消费者会被邀请到现场试验或观看试验产品的各种式样，并填写调查表。这种试验要持续一段时间，然后对调查表进行分析并写出总结报告。

学习微平台

延伸阅读5-2

### 5.1.2 销售试验

产品在大量上市之前，可以以有限的规模在有代表性的市场上试销，然后得出销售结果，依据该结果确定在更大规模的市场上销售的策略。从试销的区域上划分，试销的主要形式有商店试销、市镇试销和地区试销；从方式上划分，试销的主要形式有供应会议、补货会议、专业商品签约会议和物资交流会议等方式。

这里主要介绍以下3种方式：

1）商店试销

商店试销是最简单、成本最低的试销方式，一般用来决定两种可供挑选的特征哪一种较好。例如，从两个价格水平、两种包装中选出好的一种。如果存在两种以上要试验的挑选特征，那么必须进行两次单独的试销。这种方法一般挑选两个分别由20到24个商店组成的比较组，给每组商店不同形式的产品试销，确定一个试销日期，定期比较销售结果。

【同步案例5-1】

#### 日本日清方便面打入美国市场

**背景与情境**：日本日清食品（Nissin Food Products）公司在将方便面打入美国市场之际，为了能够确定美国消费者的消费习惯和消费文化，以寻求海外扩张的最佳切入点，在正式向美国市场推广产品前不惜高薪聘请美国食品行业的权威市场调查机构，对美国消费者的饮食习惯和对方便面产品的态度进行了全面细致的调查和评估。

数个月之后，美国食品行业的权威市场调查机构的调查结束，结果却令日清公司大失所望——美国消费者并没有吃汤面的饮食习惯，因为他们对面食的态度是面和汤分开。由此可以断定，美国消费者对汤面合一的方便面持反对态度，更不会选择这种方便面作为一日三餐必不可少的快餐食品。面对这样的结论，日清食品公司并没有放弃，而是坚持派出自己的团队前往美国进行实地调研。通过调查美国大量消费者对快餐食品的态度，日清食品公司团队发现，美国市场调查机构的结论并没有覆盖美国的大部分消费者，因为随着来自世界各地不同种族移民的大量增加，美国消费者的饮食习惯在悄悄地发生着变化，他们对汤面合一的方便面并没有持反对态度。另外，美国人在饮食中越来越注重口感和营养，只要在口感和营养上投其所好，方便面就有可能迅速占领美国食品市场。

通过采用大规模态度测评的方法，日清食品公司深入了解到美国消费者对方便面的真实态度，从市场动态和消费者需求出发，确定了有针对性的营销策略：首先，日清食品公司调查了美国消费者在饮食方面的态度，了解到美国消费者热衷于减肥的生理需求和心理需求。针对这样的生活态度，日清食品公司巧妙地把自己生产的方便面定位于"最佳减肥食品"，在声势浩大的公关广告宣传中，刻意渲染方便面"高蛋白、低热量、防肥胖、价格廉、易食用"等种种食疗功效；同时，针对美国人好面子、重仪表的个性特征，采用隐晦的方法制作广告标语，激发了美国消费者的购买欲望。其次，日清食品公司进一步调查美国消费者的饮食习惯，充分考虑美日两国文化的差异，对产品进行了重新设计。例如，为满足美国消费者以叉子用餐的习惯，日清食品公司将适合筷子夹食的长面条加工成短面条，以便于食用；而且，日清食品公司从美国人爱吃硬面食的饮食习惯出发，一改方便面适合东方人柔软口味的特性，精心加工出口感较硬、筋道的美式方便面。最后，日清食品公司还对美国消费者的饮食习惯进行调查。例如，美国消费者有用杯子进餐而不习惯用碗的习惯，日清食品公司就别出心裁地把方便面命名为"杯面"，并给它起了一个地地道道的美国式副名——"装在杯子里的热牛奶"，期望方便面能像牛奶一样，成为美国消费者偏爱的快餐食品；根据美国人"爱喝口味很重的浓汤"的独特口感，日清食品公司不仅在面条制作上精益求精，而且在汤味佐料上力调众口，使方便面成为"既能吃又能喝"的二合一方便食品。

通过上述多方面的调查和了解，日清食品公司了解了美国消费者外在的生活习惯，更重要的是掌握了其内在的态度和需求，并针对这些内在态度和需求，制定出具有针对性的营销策略和推广措施，设计和制造出不同于日本国内市场的方便面食品，最终在美国市场大获成功。

资料来源　李桂华. 市场调研［M］. 天津：南开大学出版社，2016.

**问题：**针对消费者态度的测评应该包含哪些方面？

**分析提示：**消费者态度主要包括认知、情感和意向三个部分。认知是对产品的理解和评价，是消费者态度形成的基础；情感是消费者态度的核心，与消费者的购买行为密切相关；意向是指消费者对特定对象所持有的肯定或否定的行为倾向，体现为消费者同意或拒绝购买的准备状态。

2）市镇试销

市镇试销的基本方法类似于商店试销的基本方法，但要挑选两个匹配市镇进行试销。通常在测试可行的广告计划或价格水平时，用这种方法是最有价值的。这一方法的难点在于如何在全国范围内找出具有典型意义的市镇。地方习惯和看法的差异，经济发展水平和消费水平的差异，自然环境和文化环境的差异，常常使之难以实现。其他一些地方因素，如坏天气或某个企业的不景气也会影响调查结果。

3）地区试销

地区试销是指在选好的地区（通常成对选出），比较全面地投放某种新产品进行试销。试销时，产品最新式样应在市场上展现，然后审查统计结果，下一步可以进行消费者的态度调查。

试销地区必须具有典型性，而且有用于开发新产品的广告媒介服务。例如，试销区通常与电视台的覆盖区一致。地区销售尽管成本较高，结果也不一定精确，但仍然是一种很有用的工具。一种可能出现的会引起偏误的情况主要是竞争对手的故意“捣乱”，他们可能大幅度提高或降低他们平时的广告和推销水平，造成试销结果的混乱。

以上介绍的每一种形式各有特点，但是，都面临同样的问题：如何选取一个真正有代表性的试销商店、市镇、地区。实际上，真正有代表性的试销很少，市场调查人员必须注意克服因按比例扩大典型的试销市场数据来预测全区或全国销售量所带来的偏误。

【课程思政5-1】

### Tooheys测试实验

**背景与情境：**66位澳大利亚的饮酒者自愿帮助联邦法院的法官判定Tooheys没有对其2.2啤酒做误导或欺骗性的广告。这种啤酒的酒精含量为2.2%，与其他酒精含量为6%的啤酒相比，它可以算是不含酒精的。

在原住民法律服务中心宣称Tooheys的广告暗示啤酒饮用者愿意喝多少2.2啤酒就可以喝多少，不会构成法律上的醉酒之后，志愿者被邀请开始了一场饮酒马拉松比赛。在澳大利亚，醉酒驾驶法律禁止任何血液酒精含量超过0.05的人开车。

因此，进行实验的目的就是要了解喝了很多2.2啤酒后会发生什么事情。但是，这项任务并不容易，也并不有趣。有些实验对象根本不能按要求在一个小时内喝掉10玻璃杯啤酒，每个玻璃杯可以盛10盎司液体。

有36位参与者只喝了9玻璃杯。4个人呕吐了，被排除在外。2个人不能喝下“最少”9杯的量，不得不被替换掉。

法官博蒙特（Beaumont）评论说，在一个小时内喝掉足够多的2.2啤酒，让血液中的酒精含量达到0.05的水平是一件“令人不舒服，因而不太可能发生的事”。由于广告没有提到这样极端的数量，所以他判定广告不存在误导或欺骗。

资料来源　巴宾，齐克芒德. 营销调研精要［M］. 应斌，王虹，译. 6版. 北京：清华大学出版社，2016.

**问题：**上述案例中描述的实验符合良好道德惯例吗?

**研判提示：**实验中，调研对象有时会被暴露于有压力或危险的操作中，因此，要采取各种预防措施，以确保实验对象不会受到伤害。在得出结论之后，向实验对象汇报实验的目的对于实验对象的道德处理至关重要。如果实验汇报能够让实验对象恢复到接受实验处理之前的状态，那么实验程序就是符合道德惯例的；如果实验对象受到了某种形式的影响，使之很难恢复到之前的状态，那么实验程序可能就会被认为是不道德的。

【同步思考5-1】

**问题：**新产品上市前做产品试销有什么好处?

**理解要点：**新产品的推出虽然经过调研、论证、策划，但新产品是否能成功，仍然是个未知数。大规模上市一旦失败，造成的损失则会很大。失败后即使调整方案，面对“夹生市场”，成功的可能性也大大降低，但试销可以避免大的损失。

## 5.2 购买动机调查

学习微平台

延伸阅读5-3

动机是行为的内在因素，它是由个人的需要所引发的，是满足需要的行为动力。例如，某家庭主妇购买了A品牌的洗衣机，本来这笔钱可以购买漂亮的衣服或储存起来，而她偏购买了洗衣机，必有其原因，而这个原因便是动机。像这样引导人们购买某一商品和选择某一品牌的动力，即为购买动机。

### 5.2.1 动机调查

不同的消费者在购买同一商品时所表现出来的动机是不一样的。例如，购买牙膏时，有的人主要考虑的是清洁；有的人考虑的是清洁及保护作用；还有的人考虑的是能否治牙病等。可见，人们的购买动机是千差万别的，这主要是由于人们的兴趣爱好、性格、气质、态度等因素的不同而导致的，消费者的购买动机对形成市场需求的作用极大，由此产生了市场差别。

**动机调查**，*是指把行为科学通常使用的方法用于解决市场营销问题。它涉及消费者需求和动机心理研究。*购买动机的调查主要是分析研究影响消费者购买心理变化的各种因素，从而把握消费者购买动机的变化方向，用消费者购买心理因素划分市场。

动机调查研究的中心问题是消费者行为中“为什么”的问题。例如，消费者为什么需要某种商品或劳务？为什么在众多的商品中选购了某种品牌的商品？为什么消费者对广告宣传会有截然不同的态度？为什么消费者经常惠顾某些零售商店？是什么因素促使消费者在限定条件下采取特别态度或行为？这方面的情报信息能提供以最恰当的方法说服消费者购买生产者的产品的关键线索。

动机调查对生产企业来说很有价值，因为这种调查提供潜在顾客的行为模式和看法的各种信息。但这种调查结果往往很主观，解释的方法不止一种，开支也大。另外，动机调查寻求有关被采访者本身的信息，而不仅仅是关于某一产品的信息，因此对调查人员的素质要求较高，必须是在临床心理学方面经过严格培训的人。如果所调查问题与对方的地位、声望或社会影响密切相关，那么要捕捉被采访者的真实动机就显得特别困难，这就需要非常高超的技巧。

### 5.2.2 购买动机的调查方法

购买动机的调查方法有以下几种：

1）投影法

投影法，又称投射法，是指根据无意识的动机作用探询个性深蕴的方法，是透过表面的防御而探询个性深蕴。这种方法用来探究深层心理活动。

在投射测验中，往往要求被测试者帮助别人在某种特定的情况下做出决策。人们常常不愿承认自己的某些愿望，却很愿意分析别人的心理活动。在推断他人的动机和态度时，人们会不自觉地表明自己的动机和态度。投射形象地表明了这种做法。

2）推测试验法

推测试验法，是指使被试者对具备特定条件者的人品、职业、年龄、行动的是非等加以想象和说明，从中了解被试者对特定商品的印象。

3）简单移动平均预测法

将移动算术平均数作为时间序列下预测值的方法称为简单移动平均预测法。移动算术平均数的计算公式为：

$$M_t=\frac{x_{t-1}+x_{t-2}+\cdots+x_{t-n}}{n} \tag{5.1}$$

式中：$M_t$为第t-1期到第t-n期的平均数；$x_{t-1}\cdots x_{t-n}$为第t-1期到t-n期的实际值；n为期数。

对上式做如下推导：

$$M_{t+1}=\frac{x_t+x_{t-1}+x_{t-2}+\cdots+x_{t-n+1}}{n}$$

$$=\frac{x_{t-1}+x_{t-2}+\cdots+x_{t-n+1}+x_{t-n}-x_{t-n}+x_t}{n}$$

$$=M_t+\frac{x_t-x_{t-n}}{n} \tag{5.2}$$

$$\hat{x}_{t+1}=M_t \tag{5.3}$$

即我们将前t期的算术平均数看作第t+1期的预测值。

【同步思考5-2】

**资料：**表5-1为某城市2018年各月份汽油消耗量，斜体数据是前n期的平均值，也是下一期的预测值。

**问题：**

（1）表中数据有什么特点？

（2）n值的大小对预测数值有什么影响？

表5-1　**汽油消耗量和移动平均值表**

| 月份<br>t | 实际使用量<br>（万升）$x_t$ | 3个月移动平均值<br>$M_t$（n=3） | 5个月移动平均值<br>$M_t$（n=5） |
|---|---|---|---|
| 1 | 120 | | |
| 2 | 132 | | |
| 3 | 142 | | |
| 4 | 138 | *131.3* | |
| 5 | 146 | *137.3* | |
| 6 | 152 | *142* | *135.6* |
| 7 | 146 | *145.3* | *142* |
| 8 | 155 | *148* | *144.8* |
| 9 | 143 | *151* | *147.4* |
| 10 | 156 | *148* | *148.4* |
| 11 | 148 | *151.3* | *150.4* |
| 12 | 150 | *149* | *149.6* |

**理解要点：**观察表5-1的数据，我们可以发现一些特点：①移动平均值的波动幅度比实际记录小。因为在一个波动期内，各数值之间相互抵消。②当移动时期数n（又称步长）的取值比较小时，预测比较灵敏；当n的取值比较大时，预测的灵敏性略差。当

然，n的取值并非越小越好，n较小时虽然能较好地反映数据变动的趋势，但修匀性较差；反之，n较大时，修匀性较好。实际观测值波动较大时，n取值大一些，可以消除随机干扰；实际观测值波动较小时，n取值小一些，可以提高灵敏度。而且n值的取定须根据预测对象的不同和市场情况决定，一般n取3～6比较常见。

（5.3）式的展开式为：

$$\begin{aligned}\hat{y}_{t+1}&=\alpha y_t+(1-\alpha)\hat{y}_t\\&=\alpha y_t+\alpha(1-\alpha)y_{t-1}+\alpha(1-\alpha)^2\hat{y}_{t-1}\\&=\alpha y_t+\alpha(1-\alpha)y_{t-1}+\alpha(1-\alpha)^2y_{t-2}+\alpha(1-\alpha)^3y_{t-3}+\cdots+\alpha(1-\alpha)^{t-1}y_1+\alpha(1-\alpha)^{t-1}\hat{y}_1\end{aligned} \quad (5.4)$$

当t很大时，式中最后一项$\alpha(1-\alpha)^{t-1}\hat{y}_1$接近于0，可略去，则上式可表示为：

$$\hat{y}_{t+1}=\sum_{i=0}^{t-1}\alpha(1-\alpha)^i y_{t-i} \quad (5.5)$$

【补充阅读资料5-1】

凯恩斯收入决定模型

考虑简单的凯恩斯收入决定模型：

消费函数：$C_t=\beta_0+\beta_1Y_t+\mu_t \quad 0<\beta_1<1$ （5.6）

收入恒等式：$Y_t=C_t+I_t\ (=S_t)$ （5.7）

式中：C为消费支出；Y为收入；I为投资；S为储蓄；t为时间；$\mu$为随机干扰项；$\beta_0$和$\beta_1$为参数。

参数$\beta_1$称为边际消费倾向（MPC）（增加1元收入带来的消费支出的增加）。根据经济理论，$\beta_1$位于0和1之间。方程（5.6）是个（随机）消费函数，而方程（5.7）是个收入恒等式，意味着总收入等于总消费加上总投资，这又意味着总投资等于总储蓄。

凯恩斯收入决定模型的图形见图5-1。

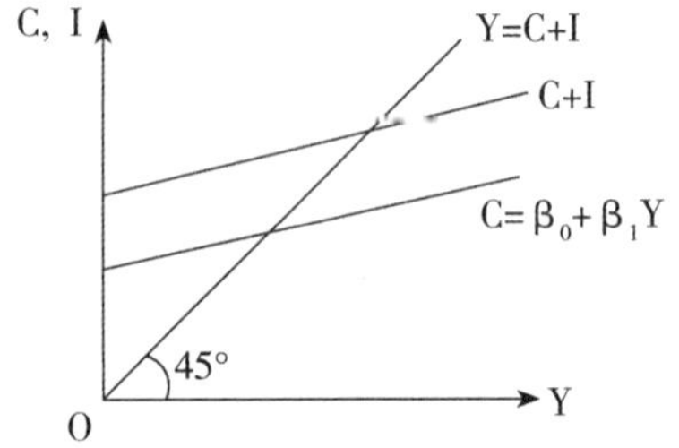


**图5-1　凯恩斯收入决定模型**

资料来源　徐国强. 管理统计学［M］. 上海：上海财经大学出版社，1998.

4）模型的分类：结构型和简化型

所谓结构型模型（简称结构模型）就是建立在一定经济理论基础上的能够反映经济变量之间结构形式的一类联立方程模型。结构型模型由图案和数学公式组成，简化型模型则直接用数学公式表示。

5）语义区别法

**语义区别法**，又称语义分析法，是指分析语言的语感差异的设计方法，用这种方法可以测定被试者对商标、商品和企业的态度。一般采用7点等距离的序数量表，这个表上有几组正反意义的形容词，让被试者反复进行概念判断。这些量表通常在50对正反意义的形容词中选取。图5-2为等距序数量表。

图5-2　等距序数量表

在量表的任一项上，要求被试者画上记号。打分后，在各个位置上加上权数，算出个人得分和集体的平均得分，还要画一个侧面图，在解释时使用。这种量表，既可用于评定商品、商标、广告效果，又可用于商店、厂家、公司的印象评定，还可用于评定对概念的态度。动机调查对生产企业来说价值很可观，因为这种调查提供潜在顾客的行为模式和看法的各种信息。但这种调查结果往往很主观，解释的方法不止一个，开支大，并且调查人员必须在临床心理学方面受过严格培训。也许是因为有这方面的问题，动机调查在我国还没有普遍地开展起来。

【教学互动5-1】

**问题：**为什么在购买动机调查过程中采用推测试验法较好？

**要求：**同“教学互动1-1”的“要求”。

## 5.3　持续性实地调查

市场情况总在不断变化着，而利用多数市场调查技巧搜集到的信息都是静止的。在流通迅速、千变万化的日用消费品市场，实地调查获得的信息会因调查时间长而过时，因为消费者的看法和爱好在变化，竞争者的策略和影响也在变化。

为解决这个问题，需要提供一个连续不断的与正在变化着的市场情况同步的信息流——持续性的实地调查——来解决。持续性实地调查主要有以下几种：

### 5.3.1　固定样本持续调查

当市场调查需要经常地在相同总体范围内进行相同项目调查时，可以每次重新抽样，也可以对固定样本长期持续观察、调查。

1）固定样本持续调查的意义

**固定样本持续调查，**是指把抽选出的样本（调查单位）固定下来，对其进行长期持续的调查。实践中，我国城市居民家庭生活调查就属于这种调查。

固定样本持续调查是市场调查中最基本的调查。进行这种调查，一般是把印好的调查表发给调查对象，被调查者按要求如实填写调查表后由调查人员定期收回调查表，或由被调查者定时寄回调查表。实践证明，通过固定样本持续调查所取得的原始资料，是取得市场规模发展趋势、市场商品结构变化动向、消费需求季节变化及市场占有率变化等一系列情报资料的重要来源。因而，搞好固定样本持续调查是很重要的，具有多方面的意义。

学习微平台

延伸阅读5-4

2）固定样本持续调查的优点

总的来说，这种调查方法的主要优点是，调查单位稳定，取得的资料比较可靠，也比较系统，可比性强，费用也较低，调查时间比较短。调查人员同被调查人员在长期的接触中，建立了密切的联系，因此，它还具有回收率高的特点。

【补充阅读资料5-2】

**关于学校周边餐饮经营状况的市场调查策划方案**

（1）调查主题

当代大学生餐饮业消费需求和供应状况调查及市场前景预测（以无锡职教园区为例）。

（2）背景环境

随着高校的大规模扩招，各高校学生数量大幅度增长，人均生活空间日益缩小，传统的大学食堂已不能满足大学生餐饮需要。各高校加速推动后勤社会化进程，也为当今大学餐饮业变革提供了新的机遇、新的商机，高校周围遍布的快餐店、饮食城为行业市场调查提供了可能性。

（3）目标确定

无锡职教园区是江苏大学城的一个代表，市场调查应以环境调查为中心，依据高校餐饮业面临的新政策和发展的新趋势，研究高校餐饮业需求状况（消费心理、基本情况、饮食观点等）及供应状况（竞争状态、销售努力等），为相关部门和经济实体提供有价值的参考资料。

（4）调查样本及调查方法

以园区所属大学生为固定样本，采用观察法、抽样调查、访问法、问卷调查、搜集二手资料等方法。

### 5.3.2 零售商店销售量调查

**零售商店销售量调查**，*是指以零售商店为调查对象，从中抽选样本，固定下来，长期持续地调查它的销售量。*一般来说，零售商店的销售量也就是消费者的商品购买量。所以，对零售商店销售量进行持续的调查和对消费者固定样本进行持续调查，是从不同方面说明同一问题。不过，通过零售商店销售量调查，有助于了解购买频率低的商品的销售量。

一般来说，这种调查提供有关货物进出零售渠道的信息，可以反映有关产品的市场总销售量和市场份额以及本企业的和竞争者的促销计划所起的作用。具体做法是：从经营某种产品的全部零售商店内抽选一组商店作为调查对象，这些商店同意调研机构的调查员到商店清点、盘存所调查的商品，登记发票、提货单和库存清单，计算该店的销售量，每一周、两周或一个月定期报告。用于零售商店销售量调查的原则也可以用于批发企业销售量调查。

在西方一些国家，开展零售商店销售量调查往往不容易得到调查对象的通力合作，因为调查人员会接触到商店的商业秘密，而在竞争十分激烈的社会里，企业这方面的商业秘密是不愿暴露在外人面前的。

### 5.3.3 消费者调查组

消费者调查组，是指以消费者为调查对象，从中抽选样本，固定下来，对他们进行长期、持续的实地调查。

这种专业性的调查技巧同零售商店调查一样，要建立起一组有代表性的调查对象，用它代表广大的消费者，调查对象的样本用配额抽样法抽选，一般是从中抽选2 000~5 000名消费者，然后按年龄、性别、职业、地理区域等把他们分成若干个小组，要求调查对象的每个成员根据自己全部的购物情况定期完成报告，如购买什么牌子的商品，商品的价格、规格、数量如何，在哪一类商店购物，是否接受价格优惠等。针对这些信息，调查人员进行计算分析，定期写成调查报告，上交调研机构。

学习微平台

延伸阅读5-5

尽管进行持续性的实地调查花费巨大，但是这三种调查方式是探求市场发展变化趋势、提供消费者看法和行为以及快速评估消费者偏好的有效工具。

【同步案例5-2】

**背景与情境**：我们在使用补充阅读资料5-1中的凯恩斯收入决定模型时知道，

消费函数为：$C_t=\beta_0+\beta_1 Y_t+\mu_t \quad 0<\beta_1<1$

收入恒等式为：$Y_t=C_t+I_t$（$=S_t$）

需求函数为：$Q_t^d=\alpha_0+\alpha_1 P_t+\mu_{1t} \quad \alpha_1<0$

供给函数为：$Q_t^s=\beta_0+\beta_1 P_t+\mu_{2t} \quad \beta_1>0$

均衡条件为：$Q_t^d=Q_t^s$

**问题**：其中$\beta_1$为未知参数，怎样才能求得呢？

**分析提示**：以上结构方程的简化方程是：

$P_t=\pi_0+v_t$

$Q_t=\pi_1+w_t$

式中：$\pi_0$为$\dfrac{\beta_0-\alpha_0}{\alpha_1-\beta_1}$；$\pi_1$为$\dfrac{\alpha_1\beta_0-\alpha_0\beta_1}{\alpha_1-\beta_1}$；$v_t$为$\dfrac{u_{2t}-u_{1t}}{\alpha_1-\beta_1}$；$w_t$为$\dfrac{\alpha_1 u_{2t}-\beta_1 u_{1t}}{\alpha_1-\beta_1}$。

这里，简化方程的简化参数有2个，而结构方程的结构参数有4个，那么已知简化参数是无法求出结构参数的。

我们将方程（5.6）、方程（5.7）做一次扩展：

这里，简化方程的简化参数有6个，而结构方程的结构参数也有6个，一般来说，已知简化参数时可以求出结构参数的唯一解。

事实上，参数方程的解是：

$$\alpha_0=\pi_3-\frac{\pi_5\pi_0}{\pi_2} \qquad \alpha_1=\frac{\pi_5}{\pi_2} \qquad \alpha_2=\pi_4-\frac{\pi_4\pi_0}{\pi_2}$$

$$\beta_0=\pi_3-\frac{\pi_4\pi_0}{\pi_1} \qquad \beta_1=\frac{\pi_4}{\pi_1} \qquad \beta_2=\pi_5-\frac{\pi_4\pi_2}{\pi_1}$$

我们再做一次扩展：

需求函数为：$Q_t^d=\alpha_0+\alpha_1 P_t+\alpha_2 Y_t+\alpha_3 T_t+u_{1t}$ （5.8）

供给函数为：$Q_t^s=\beta_0+\beta_1 P_t+\beta_2 P_{t-1}+u_{2t}$ （5.9）

均衡条件为：$Q_t^d=Q_t^s$

式中：T是时间因素，表示需要与时间有关，其他变量与前面定义相同。我们求得的上式的简化模型为：

$$P_t=\pi_0+\pi_1 Y_t+\pi_2 T_t+\pi_3 P_{t-1}+v_{1t} \tag{5.10}$$

$$Q_t=\pi_4+\pi_5 Y_t+\pi_6 T_t+\pi_7 P_{t-1}+v_{2t} \tag{5.11}$$

显然，结构参数有7个，即$\alpha_0$、$\alpha_1$、$\alpha_2$、$\alpha_3$和$\beta_0$、$\beta_1$、$\beta_2$，而简化参数有8个，即$\pi_0$、$\pi_1$、$\pi_2$、$\pi_3$、$\pi_4$、$\pi_5$、$\pi_6$、$\pi_7$。

这里，由8个简化参数解7个结构参数，此时代数方程个数大于未知数的个数，有多个解，因而难以确定模型参数的最佳估计量。事实上，我们由简化参数：

$$\pi_0=\frac{\beta_0-\alpha_0}{\alpha_1-\beta_1} \qquad \pi_1=-\frac{\alpha_2}{\alpha_1-\beta_1} \qquad \pi_2=-\frac{\alpha_3}{\alpha_1-\beta_1}$$

$$\pi_3=\frac{\beta_2}{\alpha_1-\beta_1} \qquad \pi_4=\frac{\alpha_1\beta_0-\alpha_0\beta_1}{\alpha_1-\beta_1} \qquad \pi_5=-\frac{\alpha_2\beta_1}{\alpha_1-\beta_1}$$

$$\pi_6=\frac{\alpha_3\beta_1}{\alpha_1-\beta_1} \qquad \pi_7=\frac{\alpha_1\beta_2}{\alpha_1-\beta_1}$$

可以解得：$\beta_1=\frac{\pi_6}{\pi_2}$ 或 $\beta_1=\frac{\pi_5}{\pi_1}$。

【教学互动5-2】

**问题：**为什么要进行持续性实地调查？

**要求：**同“教学互动1-1”的“要求”。

## 本章概要

□ 内容提要

●产品试验和销售试验能使企业更好地把握消费者的需求倾向；购买动机调查研究“为什么”的问题，也为企业创造价值。

●持续性实地调查是探求市场发展变化趋势的有效工具。

□ 主要概念和观念

▲ 主要概念

产品试验　动机调查　语义区别法　固定样本持续调查　零售商店销售量调查

▲ 主要观念

产品试验与销售试验　购买动机调查　持续性实地调查

□ 重点实务

购买动机调查的方法　持续性实地调查的方法

## 基本训练

□ 知识训练

▲ 简答题

1）什么是虚拟测试？

2）企业产品的市场占有率与企业竞争地位有什么联系？

3）零售网点发展预测的主要依据是什么？

▲ 填空题

1）企业的促销调查与预测在________上大于________调查与预测。

2）广告效果调查就是________效果和________效果调查。

3）顾客________的关键决定因素可以通过________调查方法得到。

4）产品试验，主要是指对产品的________、________、规格、式样、色彩等方面________进行调查。

▲ 单项选择题

1）目标市场上，企业某产品普及率为（　　）时，意味着该产品处于成熟期。

A.<10%　　B.10% ~ 70%　　C.70% ~ 95%　　D.>95%

2）（　　）运用于企业产品刚刚进入目标市场，且没有历史销售数据可用的情况下。

A.销售努力法　　B.销售数据统计分析法

C.移动平均法　　D.趋势外推法

3）广告文案调查常用的方法有（　　）。

A.销售努力法　　B.广告回想法

C.意见及态度测评法　　D.收视率法

4）下列关于固定样本持续调查的优点，说法不正确的是（　　）。

A.调查单位稳定，取得的资料比较可靠

B.比较系统，可比性强

C.费用较低，节省调查时间

D.回收率低

▲ 多项选择题

1）（　　）不属于广告销售效果调查与预测常用的方法。

A.消费者行为研究法　　B.广告回想法

C.实验室测试法　　D.销售努力法

2）调查方法中属于销售试验法的有（　　）。

A.商店试销　　B.市镇试销　　C.地区试销　　D.国际试销

3）购买动机的常见调查方法有（　　）。

A.投影法　　B.推测试验法

C.简单移动平均预测法　　D.语义区别法

▲ 讨论题

1）简述产品试验的基本方法及其对企业生产所起的作用。

2）简述固定样本持续调查的意义及优缺点，以及针对其缺点所应采取的措施。

□ 能力训练

▲ 案例分析

## 风靡全球的咖啡文化

**背景与情境：**思纬市场研究公司（Synovate，以下简称思纬公司）的调查结果显示，全世界的消费者都十分喜爱著名咖啡公司提供的多元化产品。在进行一项致力于宣扬全球性咖啡文化的研究中，思纬公司对来自美国、英国、法国、巴西、新加坡、塞尔维亚、摩洛哥、澳大利亚等国家或地区的5 806名受访者进行了采访。76%的受访者认为"大型跨国连锁咖啡公司很好，因为它们为消费者提供了多种选择"。

在关于大型跨国连锁公司咖啡质量的问项上，高达74%的摩洛哥人认为大型跨国连锁公司的咖啡质量比那些小商店的要好；奇怪的是，澳大利亚人和美国人在这一问项上的赞同率却很低（分别为11%和14%），这两个国家的人更偏好小商店的自有品牌咖啡。

当被问及这些大型跨国连锁集团是否对当地文化造成了不好的影响时，摩洛哥受访者中回答"是"的比例仍然最高，显示了他们咖啡品牌选择中的价值观倾向。相反的是，20%的塞尔维亚人认为跨国咖啡品牌会对当地文化产生不良作用。思纬公司中国香港地区负责人说："亚洲人不像西方人那样对垄断商业有着近乎本能的排斥反应，他们对大公司更能接受和容忍。"

哪种类型的咖啡最受欢迎呢？调查结果显示，各国和各地区消费者的口味并不相同，甚至体现出较大程度的差异化。具体而言，接近50%的美国受访者，40%的巴西人和法国人，大约33%的英国人和新加坡人选择原味咖啡；而45%的澳大利亚人喜欢卡布奇诺；38%的摩洛哥人最喜欢拿铁。毫不奇怪，浓咖啡在法国相当受欢迎，而摩卡咖啡在新加坡比在其他地方更受欢迎。

当被问及享受高质量咖啡时最先想起的咖啡店品牌时，美国的大部分受访者提到星巴克。这个遍及全球的咖啡巨头同样被很大比例的英国人和新加坡人提到。然而在法国，大多数受访者偏爱一些不出名的小酒吧、餐馆或是咖啡馆的咖啡品牌，星巴克仅被2%的人提起。澳大利亚人中提到高乐雅（Gloria Jean）品牌的比例最高，达到32%；而塞尔维亚受访者中40%的人提到雀巢。思纬公司塞尔维亚市场负责人认为，不同地区的结果对比很能说明问题："对于塞尔维亚这样一个经济上仍很困难的国家来说，享受现磨咖啡价格过于昂贵了，再考虑到那里的人们每天要喝5杯到10杯咖啡，因此大多数人都选择速溶咖啡。"

从咖啡饮用习惯上看，英国、澳大利亚和摩洛哥三个国家的受访者表示每天需要饮用大量咖啡，这三个国家选择大量饮用咖啡的比例分别为63%、70%和90%。而亚洲市场中的咖啡爱好者最少，只有44%的新加坡人早晨喝咖啡，其中31%的人承认整天都在喝咖啡。

最后，从调查的几个区域来看，咖啡文化已经比较普及，78%的受访者偏好在气氛迷人的咖啡厅中购买咖啡；甚至在塞尔维亚，也有接近80%的受访者认为愿意到咖啡连锁店或咖啡厅里享受咖啡主要是为了和朋友相处，这一问项在摩洛哥和法国的比例则都是2/3。具有讽刺意味的是，在这一问项上美国人的比例最低——只有14%，而所有国家的平均值为44%。

资料来源　李桂华. 市场调研［M］. 天津：南开大学出版社，2016.

**问题：** 分析不同国家对咖啡的饮用量和偏好等因素，可以通过哪些方法获取调查数据？

**分析要求：** 同第1章"基本训练"中本题型的"分析要求"。

▲ 自主学习

【训练项目】

自主学习-Ⅲ。

【训练步骤】

1）将班级同学组成若干“自主学习”训练团队，每个团队确定1人负责。

2）各团队根据训练项目需要进行角色分工。

3）各团队通过院资料室、校图书馆和互联网，查阅“文献综述格式、范文及书写规范要求”和近3年关于“购买动机调查”的学术文献资料。

4）各团队综合和整理“购买动机调查”最新学术文献资料，依照“文献综述格式、范文及书写规范要求”，撰写《“购买动机调查”最新文献综述》。

5）在班级交流各团队的《“购买动机调查”最新文献综述》。

6）在校园网的本课程平台上展出经过修订并附有教师点评的各团队《“购买动机调查”最新文献综述》，供学生们相互借鉴。

□ 课程思政

## 果汁销售

**背景与情境：**比奇纳特成立于1891年，是美国第二大婴儿食品的生产商，纯正、优质和自然一直是公司的广告词和经营理念的中心。1988年2月17日，两位比奇纳特的最高负责人被指控触犯联邦法律，经审判罪名成立，其罪行是蓄意销售掺假苹果汁。比奇纳特苹果汁是公司最畅销的产品，在产品说明中标有“100%纯果汁”字样，而实际上都是人工合成原料的混合物，正如一位调查人员所证实的，它是一种“由100%化学成分合成的假鸡尾酒”。1982年，美国食品药品监督管理局将其检查不合格的结果通报给公司，并要求其撤回所有产品，但公司高层回复，果汁对健康根本没有危害，公司不打算撤回所有产品。实际上，该公司由于财务危机，一直想方设法降低成本，因而从一家万能果汁公司那里以低于市场25%的价格购买浓缩汁。当比奇纳特配剂师发现果汁不纯并报告给高层管理者时，高层管理者却命令将浓缩汁与混合果汁掺在一起，这样就更难检测了。美国食品药品监督管理局建议司法部门起诉比奇纳特及其高层。最终，比奇纳特公司掺假销售苹果汁罪名成立。据估计，指控和丑闻使其损失了2 500万美元，包括罚金、诉讼费用以及下降的销售额。负面宣传导致该公司的市场份额下降20%，损失巨大。

资料来源　佚名. 商业伦理导论案例分析［EB/OL］.［2021-10-12］. http：//wenku.baidu.com/.

**问题：**

1）本案例中比奇纳特处于严重的财务危机中，这种情况可以成为企业销售掺假果汁的理由吗？

2）你从比奇纳特公司的做法中得到了哪些教训？

3）如果你是比奇纳特的配剂师，面对这种道义上两难的情况你打算怎么做？

**研判要求：**同第1章“基本训练”中本题型的“研判要求”。

# 第6章 调查资料的整理与分析



## ◆ 学习目标

通过本章学习，应该达到以下目标：

**职业知识：** 学习和把握“调查资料的整理与分析”的相关概念，资料的审核与编辑、分类与汇总、表格化与图示化、每个问题的表格化分析、多问题和多因素的综合分析，以及“补充阅读资料”和二维码资源等理论与实务知识；能用其指导“同步思考”、“教学互动”和“基本训练”中“知识训练”各题型的认知活动，正确解答其相关问题。

**职业能力：** 运用本章知识研究相关案例，培养在“调查资料的整理与分析”特定业务情境中的分析问题与决策设计能力；通过“‘调查资料整理与分析’知识应用”实训，训练相关的专业技能，并兼顾“团队协作”“解决问题”等通用能力的培养。

**课程思政：** 结合本章教学内容，依照“课程思政”的要求或标准，对相关案例中的企业及其从业人员行为进行思政研判，培养高尚的道德情操，树立社会主义核心价值观。

学习微平台

思维导图6-1

【引例】

### 家庭有无大屏幕平板电视机调查

**背景与情境：**某调查公司受某生产厂家委托对目前市民家庭拥有大屏幕平板电视机的数量进行调查，结果见表6-1。

表6-1　**家庭有无大屏幕平板电视机概率分布**

| 有无大屏幕平板电视机 | 回答者数量（人） | 百分比（%） |
|---|---|---|
| 有 | 185 | 37 |
| 无 | 315 | 63 |
| 合计 | 500 | 100 |

然后对上述资料用平均值法进行分析，结果见表6-2。

表6-2　**对有关大屏幕平板电视机陈述的看法的平均值分析**

| 陈述 | 总平均值 | 平均值 | | 差别 |
|---|---|---|---|---|
| | | 有大屏幕平板电视机 | 无大屏幕平板电视机 | |
| 大屏幕平板电视机是必需品 | 4.6 | 5.6 | 4.0 | 1.6 |
| 目前大屏幕平板电视机价格太贵 | 5.3 | 4.1 | 6.0 | 1.9 |
| 国产大屏幕平板电视机质量尚可 | 3.9 | 4.2 | 3.7 | 0.5 |
| 样本大小 | 500 | 185 | 315 | |

表6-2描述了人们对于大屏幕平板电视机有关问题的看法的平均情况。问题中使用了李克特量表（完全同意7，完全不同意1）。第一栏数据给出了500位被调查者回答的总平均值。

以上结果表明，总的来说被调查者认为家庭需要大屏幕平板电视机，大屏幕平板电视机目前的价格太贵，对国产大屏幕平板电视机的质量稍有不信任感。而按家庭是否有大屏幕平板电视机来分，被调查者的回答又有一些差别。

市场调查离不开必要的数据资料，在市场调查中所获得的直接和间接情报资料，需要用一定的程序、科学的方法去伪存真，找到调查目的所需的资料。下面介绍几种资料处理的方法。

## 6.1　调查资料的整理

学习微平台

延伸阅读6-1

调查资料的整理是调查结果分析的基础。通常，调查所得资料总是显得杂乱无章，从中不容易看出事物之间的本质联系，更难以直接被利用，必须经过整理，才便于储存和利用。

### 6.1.1　资料的审核与编辑

通过调查获得资料后，首先要对资料进行审核与编辑。这项工作可以在现场进行，也可以在办公室进行。现场编辑对个人访问特别重要，因为调查者在访问时很难填完整个问卷，多半是用常用的记录符号来记录答案，因此在访问后应尽快审阅或更正。在进行小组访问时常有多个调查人员，各人负责不同的方面，而调查小组的主持人要督促他人及时进行更正，以尽量防止可能出现的问题。办公室进行的编辑是在收到所有邮寄问卷、访问记录或电话记录后，进行的综合的审查编辑。

【补充阅读资料6-1】

### 某宾馆顾客满意度调查数据整理汇总清单

某宾馆对800名顾客抽样调查（问卷调查），数据汇总见表6-3。

表6-3 **顾客抽样调查数据汇总表** 单位：人

| 项目 | 很满意 | 较满意 | 一般 | 不满意 | 很不满意 |
|---|---|---|---|---|---|
| （1）进店接待 | 170 | 180 | 250 | 150 | 50 |
| （2）手续办理 | 178 | 188 | 260 | 138 | 36 |
| （3）大堂布置 | 180 | 230 | 260 | 90 | 40 |
| （4）大堂设施 | 180 | 230 | 260 | 90 | 40 |
| （5）大堂卫生 | 180 | 190 | 248 | 142 | 40 |
| （6）客房布置 | 188 | 192 | 236 | 144 | 40 |
| （7）客房设施 | 150 | 160 | 240 | 150 | 100 |
| （8）客房卫生 | 148 | 162 | 250 | 140 | 100 |
| （9）客房服务 | 180 | 195 | 258 | 97 | 70 |
| （10）客户用品 | 148 | 160 | 252 | 148 | 92 |
| （11）水电供应 | 200 | 260 | 278 | 50 | 12 |
| （12）通信 | 200 | 250 | 288 | 40 | 22 |
| （13）电视 | 200 | 250 | 288 | 40 | 22 |
| （14）服务态度 | 150 | 160 | 250 | 140 | 100 |
| （15）投诉处理 | 140 | 170 | 250 | 130 | 110 |
| （16）餐厅布置 | 156 | 200 | 300 | 84 | 60 |
| （17）餐厅设施 | 156 | 200 | 300 | 84 | 60 |
| （18）餐厅卫生 | 160 | 100 | 300 | 130 | 110 |
| （19）餐厅服务 | 150 | 180 | 240 | 130 | 100 |
| （20）饭菜品种 | 150 | 160 | 250 | 140 | 100 |
| （21）饭菜卫生 | 140 | 170 | 250 | 130 | 110 |
| （22）饭菜分量 | 150 | 180 | 250 | 120 | 100 |

续表

| 项目 | 很满意 | 较满意 | 一般 | 不满意 | 很不满意 |
| --- | --- | --- | --- | --- | --- |
| （23）饭菜档次 | 150 | 160 | 250 | 130 | 110 |
| （24）饭菜价格 | 150 | 160 | 250 | 130 | 110 |
| （25）饭菜色香味 | 140 | 150 | 230 | 160 | 120 |
| （26）碗筷餐巾 | 150 | 180 | 250 | 120 | 100 |
| （27）等候时间 | 200 | 250 | 288 | 40 | 22 |
| （28）酒水饮料 | 200 | 260 | 270 | 48 | 22 |
| （29）酒店外观 | 200 | 250 | 288 | 40 | 22 |
| （30）酒店装修 | 210 | 260 | 298 | 20 | 12 |
| （31）酒店绿化 | 210 | 260 | 298 | 20 | 12 |
| （32）娱乐设施 | 140 | 160 | 220 | 160 | 120 |
| （33）酒店交通 | 210 | 250 | 300 | 30 | 10 |
| （34）宣传用品 | 130 | 160 | 200 | 198 | 112 |
| （35）酒店安全 | 200 | 250 | 298 | 40 | 12 |

1）编辑工作中的问题

调查人员在审核与编辑资料过程中，遇到的问题很多、很复杂。一般来说，可归纳为以下几类：

（1）假答案——这类答案通常出现在个人访问和电话调查中，大多是由于所雇用的少数调查员不认真负责而捏造假问卷或填写假答案所致。如果发现有这种行为就应仔细检查，经常性的检查有助于防止欺骗的倾向。比如，调查结果中有不寻常的一致性和不一致性等，就有可能是假答案。

（2）自相矛盾的答案——在收到的问卷里，如果应答者的回答前后不一致，那么前后答案必有一处是错误的或虚假的。如某个应答者在一开始说他家里没有小孩，但在后面的问题里提到他的两个小孩的年龄和名字，这说明第一个问题的答案是错的，因为应答者特别地指出了两个小孩的年龄。在这种情况下，要做出判断常常还要有其他更精确的信息加以佐证。

（3）无法读懂的回答——如果邮寄问卷上的答案是手写的，有些问题的答案可能难以读懂，编辑人员就只得把这些答案舍弃，不能过分地发挥自己的想象力。

（4）不正确的回答——有些问题的答案，编辑人员凭知识、经验和被调查人员前后的其他答案，就可以明确判断其是错误的，对此编辑人员可做小幅度的纠正和调整。

（5）不完全的回答——回答者可能会把他使用的商品的品牌给忘掉了。在谈到学历时，应答者可能只列出了研究生学历而漏掉了该回答的本科学历。

（6）“不知道”和没有答案——“不知道”说明应答者对问题没有形成一个答案或观点。而“没有答案”是指应答者对某个问题不予回答。不回答的情况有3种：①回答者确实不知道该如何回答；②回答者不理解所问的问题，而难以给出明确的回答；③回答者不想回答问题，不回答或答“不知道”以避免思考等。在有些情况下，“不知道”和不回答的情况很少，这对研究结果也并不重要，可忽略不计；但如果此类答案出现得很多，对研究结果也较重要时，就不可简单处理或忽略不计了。

【课程思政6-1】

被调查者的权利和义务

**背景与情境：**对于被调查者来说，在接受调查过程中应注意以下几点：

①被调查者有是否接受调查的自主权、隐私权、所花费的时间和精力的补偿权。

②被调查者应诚实地提供有关信息，并对所回答的问题和所提供的信息的真实性负责。

③被调查者有责任对在接受调查过程中涉及的使用者的商业秘密加以保密，不得随意向第三方泄漏。

**问题：**如何强调被调查者的权利和义务？

**研判提示：**这种权利与义务关系，应当由国家以法律、法规形式加以确定，以便全国共同遵守，并保障依照国家法律和规定组织的调查得以顺利进行。

2）审核工作中资料处理的基本要求

那么如何处理上述问题呢？仅仅因这类问题把整个问卷扔掉是不明智的。或许不回答的人在某种程度上属同一类型，需要进一步研究。回答不完全的问卷总是有不少有用的信息。这就需要对资料进行审核与甄别，主要是采用复核、对比检查、抽样推断等方法，对资料的完整性和准确性进行审核。

为了尊重资料、描述现实并最大化地利用资料，在资料编辑中也应注意几个基本要求：

（1）去粗取精。调查所得资料往往杂乱无章，而且当调查问卷项目设计不当时，通过调查获得的某些资料就会成为与调查主题无关或多余的资料。这时调查人员就要根据调查主题对杂乱无章的资料进行整理，即从大量的调查资料中选择有关的或有重要参考价值的资料，剔除与调查主题无关的或没有参考价值的资料。

（2）去伪存真。调查所得资料除了杂乱无章外，往往还会夹杂着不少虚假或错误的资料。有的是调查人员一时疏忽而无意记错了答案，有的是调查人员为了某些特定目的有意编造的问卷答案等。这些错误答案可能会以假乱真，迷惑分析人员，掩盖事物真相，分析人员就要根据知识、经验鉴别真伪，必要时应找调查人员进行核实，或者找被调查人员进行核实，以发现并剔除与事实不一致或相矛盾的调查资料。

（3）尊重资料。尊重资料，就是尊重事实。调查人员在资料审核与编辑过程中，可以鉴别真伪资料、去除无用资料、补充遗漏资料等，但是，所有这些工作都必须在有充分依据和把握的情况下进行，切不可过度发挥想象力、自以为是、主观臆断地修改调查资料。

### 6.1.2 分类和汇总

1）对量化资料进行分类和汇总

在很多情况下，问卷中的问句本身就已经对答案进行了分类。

【同步思考6-1】

**资料**："请问您的月收入在哪个范围？"

——1 000元以下

——1 000～1 199元

——1 200～1 399元

——1 400～1 599元

——1 600元及以上

**问题**：根据上述调查结果如何进行分析？科学处理样本要靠什么？

**理解要点**：注意调查资料的分类即可，主要应把握以下几点：

（1）分类标志应根据研究的目的和统计分析的要求而定，如收入、销售量等。

（2）划分的间隔要使最常出现的答案在中间，比如，如果有许多人回答他们的月收入在1 200元左右，另外一些人回答他们在1 800元左右，分类间隔应是1 000～1 500元，1 500～2 000元等。

（3）分类间隔多比分类间隔少好。如果分类多，可以降低综合的难度；如果分类少，则可能影响分析结果。如把收入分为两类，即小于1 000元、大于等于1 000元就太粗略，难以说明问题。

（4）学会使用复合分类。在不知道要做何种分析时，应该使用复合分类。处理样本，一靠科学的方法，二靠经验，所以多练习是必要的。

2）对定性资料进行分类和汇总

定性资料分类比较简单，只要根据研究目的和分析的需要确定分类标准，就可进行汇总，但分类时应注意：

（1）在分类前，看是否有一定量的回答存在。

（2）使用的分类标准与其他的资料相适应，以利于比较。

（3）若分类是互斥的，则每个回答只能放在一个间隔里。

（4）包容所有可能的回答，通常用"其他"来包括所有没有指出答案的选择。

（5）也可进行复合分类。

3）汇总的方法

汇总的方法主要有手工汇总与电子计算机汇总两种。常用的手工汇总方法有画记法、过录法、折叠法、卡片法。

【同步案例6-1】

沃尔玛购物中心数据处理

**背景与情境**：数据整理是数据统计分析的基础，面对杂乱无章的问卷信息，快速有效地进行分类整理是及时准确进行市场分析的关键。

沃尔玛是一家拥有百余家分店的购物中心。管理人员为了了解顾客的满意程度，并通过比较顾客的年龄、收入和来沃尔玛购物中心的次数，找出不同人群的购物特征，组织了一次市场调查，共收集了1 000多份调查问卷。

管理人员仔细看了这些问卷，发现很多问题的答案五花八门，虽然他急着将这些问卷进行分类和手工汇总，但他自己没有时间做这些工作。一个人整理这些表格并记录下正确数据得花上一两周的时间。他应该怎样整理这些信息呢？最原始的办法是阅读所有的问卷，做笔记，并从中得出结论，这显然是非常耗费时间和精力的。专业调查人员不用这种不正规、低效率的方法，而是遵循一定的步骤进行资料的处理与分析，主要包括：（1）初步审核数据资料；（2）编码；（3）数据录入；（4）详细审核数据资料；（5）绘制统计表和统计图；（6）进行统计分析。

**问题：**专业调查人员采取什么手段提高数据处理效率？

**分析提示：**面对数量巨大的数据信息，最有效的方法就是采取科学的方法。特别是现在，有了电子计算机一切就更方便了。

### 6.1.3 表格化和图示化

1）表格化

表格化可以由人工或计算机完成。表格化就是使答案以某种表格的形式出现。最常用的表格化的形式是频率分布和百分比分布，见表6-4。

表6-4 **表格化形式**

| “您是否会买这种产品？” | 数值（频率） | % |
|---|---|---|
| 绝对会买 | 124 | 11.1 |
| 很可能会买 | 211 | 18.9 |
| 不知道 | 376 | 33.7 |
| 很可能不买 | 204 | 18.3 |
| 绝对不买 | 200 | 18.0 |
| 合计 | 1 115 | 100.0 |

表格化还将在后面结合分析进行讨论。

2）图示化

图示化主要有如下几种图形。

（1）曲线图，如图6-1所示。

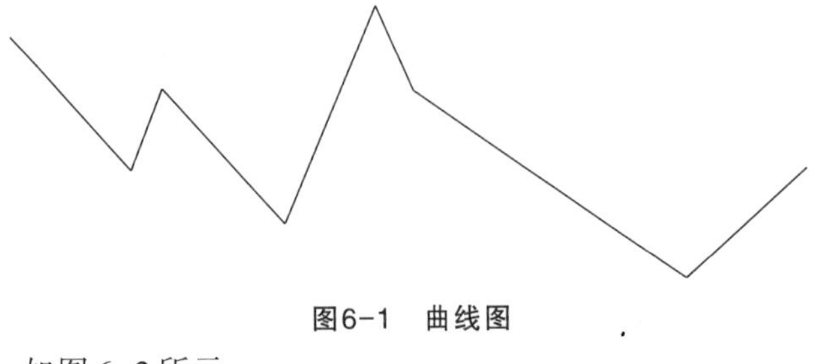

**图6-1 曲线图**

（2）直线图，如图6-2所示。

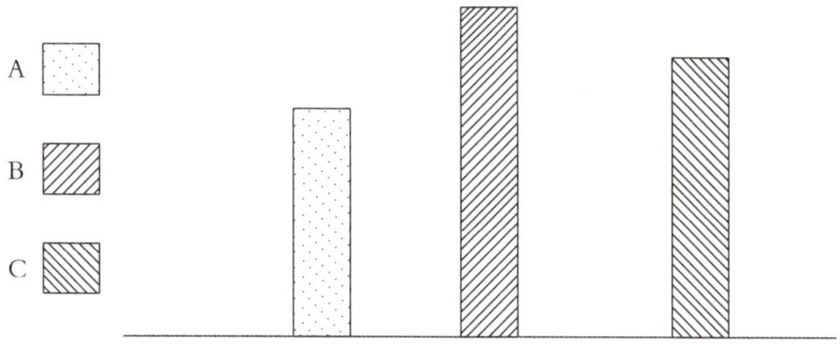


图6-2　直线图

（3）复合直线图，如图6-3所示。

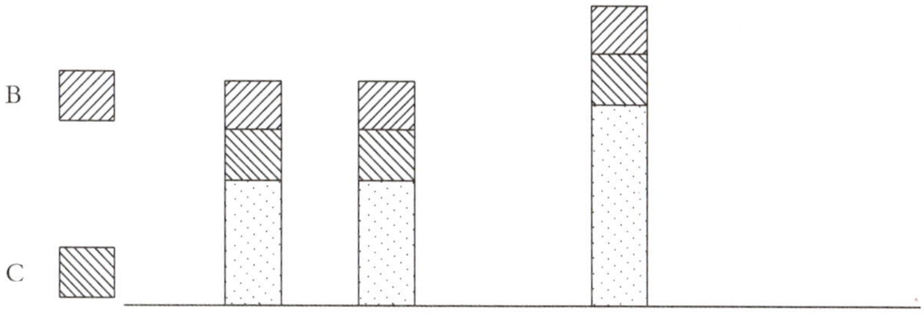


图6-3　复合直线图

（4）圆形图，如图6-4所示。

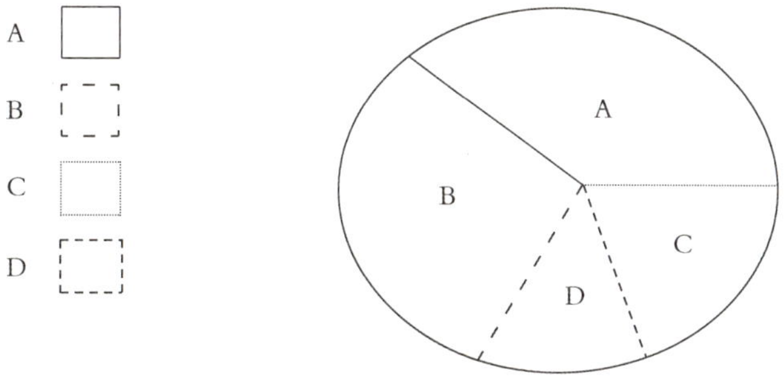


图6-4　圆形图

3）图示化的注意事项

（1）题材必须一目了然、简明易懂；标题必须表达内容精髓；必要时可适当注释。

（2）准确标明图中相关栏目名称及计量单位。

（3）注明资料来源，以便核对。

（4）图中互不相同的栏目必须画线区分。

（5）图中所记载资料按一定的逻辑顺序排列，如按数值、时间、地区等。

学习微平台

延伸阅读6-2

【教学互动6-1】

**问题：**为什么对原始调查资料要用一定的方法进行整理？

**要求：**同“教学互动1-1”的要求。

## 6.2　调查资料的分析

学习微平台

延伸阅读6-3

原始资料经过系统整理后，须利用科学方法进行分析，以达到去伪存真、由表及里、由此及彼的目的。

【补充阅读资料6-2】

### 全球各地区不同的调研模式

伦敦一家公司实施了一项营销调研——公司年度调查，这项调查涉及营销调研的许多方面，包括数据搜集方式。调查结果展现了全球三个地区——北美、欧洲和亚太——的数据。表6-5显示了相关数据。

表6-5　**2010年全球各地区的数据搜集方式**

| 方式 | 总计（%） | 北美地区（%） | 欧洲地区（%） | 亚太地区（%） |
|---|---|---|---|---|
| CATI（计算机辅助面访，单一模式） | 27 | 25 | 27 | 28 |
| 基于笔记本电脑和平板电脑的CAPI | 3 | 1 | 4 | 6 |
| 基于触屏设备或手机的CAPI | 2 | 2 | 1 | 2 |
| 网页调查（自我完成） | 47 | 53 | 45 | 37 |
| 短信调查（自我完成） | * | * | * | * |
| 基于手机的其他自我完成调查（非短信） | 1 | 1 | 2 | 0 |
| IVR（语音互动） | 1 | 1 | 0 | 0 |
| 纸笔 | 13 | 9 | 13 | 22 |
| CATI和网页的组合模式 | 4 | 4 | 5 | 4 |
| 其他组合模式 | 2 | 2 | 3 | * |

注：*代表低于0.5%。

基于网页的调查占主导地位，占全球调查总数的近一半。然而，区域比较显示，使用网页调查最多的是北美地区（53%），使用最少的是亚太地区（37%）。互联网应用在亚太地区的普及程度不如北美地区和欧洲地区；支持这一观点的数据是，亚太地区相对大量使用“纸笔”或“复印”的调查问卷来进行数据搜集，比重达到22%，欧洲地区和北美地区则分别只有13%和9%。在另一张表中，报告包含了数据搜集方式的预期增长的信息。一个有趣的发现是，亚太地区的调研公司预计使用笔记本电脑或平板电脑的CAPI的比重将明显增长，北美公司预计CAPI会增长缓慢，欧洲公司则预计CAPI会减少。在未来，预计北美公司通过移动设备进行数据搜集的比重将明显增加。

资料来源　布什. 营销调研［M］. 北京：中国人民大学出版社，2015.

### 6.2.1 每个问题的表格化分析

调查资料分析的第一步，通常是对每个问题进行单独分析。常用的方法是频率分布分析和平均值分析。

1）频率分布分析

**频率分布分析**指出每个问题中各备选答案被选择的数量。

【同步思考6-2】

**问题：**表6-3中受访者对某商品的拥有比例是用频率和百分比来表示的。你认为这两种表示方式各有什么含义？

**理解要点：**由表中可以看出，频率表明了一共有多少人受访及这些人分别持什么态度，百分比则在对数据进行解释、判断时比答案的绝对数量更直观、明晰。

2）平均值分析

对有些问题特别是有关被调查者态度的问题的回答，常需用某个简单数据，如样本平均值来进行描述。

### 6.2.2 多问题和多因素的综合分析——横列表法

资料分析的第二步是，进行多问题和多因素的综合分析，这种分析方法被称为**横列表法**，就是对每个问题针对不同的被调查类型（或其他不同因素），用几个表进行分解分析。如果最初的分析涉及频率分布分析，则进一步的分析应使用横列表法；如果最初的分析包括平均值的计算，进一步的分析就是判断不同平均值的差别，应使用假设检验的方法。这里只介绍横列表法。

【同步案例6-2】

谁容易出车祸

**背景与情境：**国外某保险公司关于交通事故调查的最初记录显示，该公司有62%的保险人从未在驾车时出过事故，见表6-6。

表6-6 驾车者的事故率

| 状态 | % |
|---|---|
| 开车时无事故 | 62 |
| 开车时至少经历一次事故 | 38 |
| 样本数量（人） | 14 030 |

然后，在性别基础上分析这个表格的信息，判断男女之间是否有差别，见表6-7。

表6-7 男女驾车者的事故率

| 状态 | 男（%） | 女（%） |
|---|---|---|
| 开车时无事故 | 56 | 68 |
| 开车时至少有一次事故 | 44 | 32 |
| 样本数量（人） | 7 080 | 6 950 |

这个表的结果令男士懊恼，因为他们的事故率高。有调查人员怀疑调查结论的正确性，提出一个可能性解释：男性开车多，所以事故也多，因此在上述两项交叉列表基础上，引入第三个变量开车驾驶里程数进行研究如下，即男性事故多，是否因为他们驾驶的路程较长。这样就引入第三个因素“驾驶距离”，见表6-8。

表6-8　**不同驾驶距离下的事故率**

| 状态 | 男（%） | | 女（%） | |
|---|---|---|---|---|
| 驾驶距离 | >1 5 000千米 | <15 000千米 | >1 5 000千米 | <15 000千米 |
| 开车时至少有一次事故 | 52% | 25% | 50% | 25% |
| 样本数量（人） | 5 010 | 2 070 | 1 915 | 5 035 |

资料来源　根据百度文库相关资料整理得来。

经分析得出结论：事故发生率与性别无关而与驾驶里程相关。

**问题：**

（1）横列表法对分析问题有什么帮助？

（2）从上述表中数据可以看出驾驶事故与什么有关？

**分析提示：**从这个例子可以看出，横列表法的开始就是形成一维的数据，然后把这些数据分成两个或多个类目，形成二维的或多维的数据进行分析。

表6-8的结果表明，男性驾驶者的高事故率是由于他们的驾驶距离比女性驾驶者的长。结果证明事故率只跟驾驶的距离成正比而与驾驶者的性别无关。

因此，横列表法使用得成功与否，取决于分析者选择关键因素以及根据这些因素组成横列表的能力。使用因素的类型和数量随着研究的性质而变化。在简单的事实搜集分析中，要考虑的因素是已知的，分析者只不过是把资料按需要的形式组合。在描述性的分析中，要用的因素取决于分析的要求和分析者直观的探索。在探索性的分析中，分析者凭直觉选择所用的因素。

横列表法有两个局限性：一是如果有好几个因素要考虑，就需要相当大的样本；二是很难确保已对所有的有关因素进行了分析。如果因素选择不当，就会得出错误的结论。

学习微平台

延伸阅读6-4

调查资料的分析还可进行假设检验、多变量分析等高层次的分析，因篇幅的限制，在此不一一阐述，读者可以参阅有关书籍。

【同步案例6-3】

## 服装行业的发展需与互联网技术相结合

**背景与情境：**这是个令服装业分外纠结的年代，阵痛大于欢乐，但是希望大于隐忧。从服装行业现状及发展趋势来看，服装行业跌宕起伏。一大批旧品牌老化，新一批品牌兴起；营收有喜有悲，关店此起彼伏。服装行业经历了互联网冲击，也面临着转型升级。

服装市场给人的感觉是四个字：增长乏力。服装业已经发展成集互联网各种尖端技术于一体的综合性体系。而从我国服装发展现状来看，众多良莠不齐、粗制滥造的产品横行于市，大多数服装企业仍处于代工、贴牌、出口粗制品阶段。

目前，综观中国服装行业，较大型的企业更加重视品牌品质保证，尤其是一些经过多年的市场搏杀仍具有一定行业影响力的企业；而小企业由于自身处境等诸多因素的限制，生存问题显得更为急迫，因此对眼前利益的渴望会越来越强烈。

对服装行业来说，在保证品牌效应和产品品质的同时，对移动互联网和智能技术不能轻视，因为服装智能制造技术也需要融合互联网相关技术。例如，大数据、互联网远程监控、互联网即时数据传输等技术融合之后生成的服装智能化、信息化服装生产整体方案，已经被不少一线服装企业逐渐采用，也被行业公认为服装企业未来的必经之路。

服装品牌除了做出高质量、高性价比的产品之外，品牌企业与移动互联网的运营模式相结合，也是不可或缺的。服装品牌企业只有不断增强消费者对产品的黏性，才能在未来的竞争中立于不败之地。让受众成为品牌的“粉丝”依然会让各服装品牌上演“粉丝”争夺战，因为移动互联网打破了时间、空间的碎片化传播方式，让“粉丝”有更多亲近品牌的机会。互联网对特殊需求的聚拢效应，在空间和时间碎片推动之下的网商创新，使服装品牌的新模式变革正走向成熟。

就国内的品牌经营模式而言，我们以木子麻原创服装设计有限公司（以下简称木子麻公司）为例。从产品方面来看，以优质亚麻作为主要面料，木子麻公司在工艺、质地和细节的处理上都有着严格的要求，设计时尚、优雅，尽显中国风，完美展现了亚麻的气质。从经营模式的角度来讲，在充分利用互联网的前提下，木子麻公司对产品进行传播，满足品牌群体的认同需求。经营方式创新有新意，追求极致，打造多维度的客户体验，成功地将品牌与互联网相结合。

2016—2021年中国服装行业市场需求与投资咨询报告分析认为，服装业想要摆脱如今能产生效益、不能产生价值的尴尬局面，就必须打造个性品牌、原创品牌、世界品牌，并与互联网技术相结合，提高整个产业链资源质量，对信息、人才进行整合优化。我们有理由相信服装行业对互联网模式的充分应用是必然的趋势。

在互联网时代、品质时代、消费者为王时代，服装企业应该更新理念，调整营销思路，整合互联网营销和传统营销手法，焕发新的营销力量。

资料来源　作者根据相关资料整理改编。

**问题：**服装业应如何打破现有局面，强化销售，产生效益？

**分析提示：**服装业应从消费者生活方式和消费需求出发，在消费升级趋势下，针对消费者对产品品质的追求，借助互联网，关注用户群体的需求，不断创新，追求极致，打造多维度客户体验，使传统营销与互联网营销结合，焕发新的营销活力。

【教学互动6-2】

**问题：**保证横列表法使用成功的决定性因素是什么？

**要求：**同“教学互动1-1”的“要求”。

## ■ 本章概要

### □ 内容提要

● 调查资料整理分析属于市场信息处理的范畴。它对市场调研与预测过程搜集到的各种原始数据进行适当的整理，使其显示一定的含义，进而反映不同数据之间以及新数据与原始数据之间的关系，并通过分析得出某些结论。调查资料的整理包括编辑、分类与汇总、表格化和图示化等步骤。调查资料的分析在市场调研与预测中占有重要地位，而原有的信息资料可更好地反映客观经济事物的本来面貌和内在联系。

●调查资料的分析技术有频率分布分析、平均值分析及多问题和多因素的综合分析——横列表法等。

□ 主要概念和观念

▲ 主要概念

频率分布分析　横列表法

▲ 主要观念

调查资料的整理与分析　调查资料的分析技术

□ 重点实务

现代化的调查方法和手段　调查资料的整理和分析

## 基本训练

□ 知识训练

▲ 简答题

1）出现哪些问题的问卷才称为无效问卷？

2）如何处理问卷中的不满意回答？

3）数据资料的编码方法有哪些？

▲ 填空题

1）需要考虑两个________之间的关系时，可借助________分析表来实现。

2）使用三变量________分析表后有可能显示原有________之间的联系是________的。

3）调查人员在对调查资料________和________时，可以根据需要________一些资料。

▲ 单项选择题

1）第三者技法适用于对（　　）误差的控制。

A.访问者故意　　B.访问者非故意

C.被调查者故意　　D.被调查者非故意

2）事前编码适用于（　　）问题。

A.封闭性　　B.开放性

C.封闭性和开放性　　D.封闭性或开放性

3）面对缺失数据，可以用以下方法进行处理（　　）。

A.找一个最大值代替　　B.找一个中间值代替

C.找一个最小值代替　　D.不做处理

4）当要反映一个变量的全貌时，可考虑用（　　）。

A.交叉分析表　　B.三变量交叉分析表

C.频数表　　D.三者都不对

5）当自变量为时间时，常使用（　　）来表示因变量的发展。

A.趋势图　　B.饼形图　　C.直方图　　D.三者都不对

▲ 多项选择题

1）常见的统计图形有（　　）。

A.曲线图　　B.直线图　　C.复合直线图　　D.圆形图

2）横列表法的优点有（　　）。

A.对样本要求不高

B.使分析者可以系统地分析问题

C.要考虑几个因素，且对每个因素的分析要求不高

D.层次性强

▲ 讨论题

1）市场调查资料搜集过程中会遇到哪些误差？

2）在进行图示化时应注意哪些问题？

3）说明频率分布、平均值分布及横列表法的应用场合有何差别。

□ 能力训练

▲ 案例分析

## 白酒调价前后实验调查结果统计

**背景与情境：**某糖酒公司经营5种品牌的白酒（用A、B、C、D、E代表），这5种白酒各有特色。但在销售中A、B有些滞销，积压量大；C、D是平销；E是畅销，库存量较少。为加快企业资金周转，调节市场供求，该公司决定对白酒的价格进行调整，调低A、B的价格，适当提高C、D、E的价格。为扩大销量，在调价过程中，该公司进行了实验。调价前先分别测定5种品牌白酒的销量及其构成，然后调整价格进行销售。实验1个月后，再测量5种品牌白酒的销量及其构成。其目的是观察、判断商品调价后的市场需求情况和销售趋势。经实验调查测定，调价前后实验数据见表6-9。

表6-9　**白酒调价前后实验数据汇总表**

| 品牌 | 每瓶零售价（元） | | 销量（箱） | | 构成（%） | |
|---|---|---|---|---|---|---|
| | 实验前 | 实验后 | 实验前 | 实验后 | 实验前 | 实验后 |
| A | 12.60 | 10.60 | 40 | 55 | 19.80 | 26.19 |
| B | 12.20 | 10.20 | 41 | 50 | 20.30 | 23.81 |
| C | 7.80 | 9.60 | 36 | 35 | 17.82 | 16.67 |
| D | 7.10 | 8.50 | 38 | 36 | 18.81 | 17.14 |
| E | 6.50 | 8.20 | 47 | 34 | 23.27 | 16.19 |
| 总计 | | | 202 | 210 | 100 | 100 |

**问题：**

1）表6-9中，商品调价后，哪种白酒市场需求和销售趋势较好？

2）表6-9中，商品调价后应该采取怎样的营销决策？

**分析要求：**同第1章“基本训练”中本题型的“分析要求”。

▲ 实训操练

【训练项目】

“调查资料整理与分析”知识应用。

【情境设计】

将班级学生分成若干实训团队，每个团队确定1人负责。各团队根据操练项目需要进行角色划分与协作，运用“调查资料整理与分析”知识，进行调查资料的整理与分析。（资料采用补充阅读资料6-1“某宾馆顾客满意度调查数据整理汇总清单”）

【训练步骤】

1）将班级学生分成若干实训团队，每个团队确定1人负责。

2）各团队学生根据操练项目需要进行角色分工与协作。

3）各团队学生进入角色操练，就“某宾馆顾客满意度调查数据整理汇总清单”进行调查资料的整理与分析，重点体验“调查资料整理与分析”的相关知识运用过程。

4）各团队学生记录本次模拟实训的成功经验、存在的问题与解决办法。

5）各团队整理实训记录，在此基础上撰写《关于某宾馆顾客满意度评估调查资料的整理与分析实训报告》。

6）在班级讨论交流、相互点评与修订各团队的《关于某宾馆顾客满意度评估调查资料的整理与分析实训报告》。

7）在校园网的本课程平台上展出经过修订和任课教师点评的各团队《关于某宾馆顾客满意度评估调查资料的整理与分析实训报告》，供学生们借鉴。

□ 课程思政

### 利润是“正当行为的副产品”

**背景与情境：**威赛瑞尔联合有限公司（Wetherill Associates，Inc.，WAI）由理查德·威赛瑞尔先生创建于1978年，是一家为汽车改造与再制造厂商提供电子零配件的供应商。从20世纪30年代开始，威赛瑞尔先后做过教师和管理咨询顾问。他很早就主张，企业的持续成功依赖于正当行为的承诺和绝对忠诚的准则，他创建公司的目的就是要实现他的这一理念。用公司总裁玛丽·鲍斯的话说就是“我们需要在财务的意义上获得成功，但主要目的是证明正当行为伦理准则将会成为未来的潮流”。因为“正当行为将产生正确的结果，不正当行为将产生错误的结果”。利润则是“正当行为的副产品”。所以，WAI公司要求员工尽其所能地从事正当行为，而不是尽其所能地赚取利润或避免损失。而所谓正当行为，就是“无论是在逻辑上、利益上，还是在道德上都正确的行为”。比如，WAI把竞争对手统称为客户的“共同供应商”；如果有客户到WAI购买零配件而WAI的产品价格比对手高，或者WAI没有这种产品而对手有，WAI都会如实相告。由于公司创建的动机异乎寻常，一开始就遭到了很多人的冷嘲热讽。人们批评WAI公司盲目崇拜理念，批评WAI公司与其说是一家公司，不如说是一个宗教团体。然而，由于WAI公司对待顾客、员工乃至竞争对手的真诚态度，公司受到了各利益方的广泛尊重，业务也蒸蒸日上。到1992年，WAI公司的总收入超过8 100万美元，税前利润达到690万美元。

资料来源　根据百度文库相关资料整理得来。

**问题：**

1）如果竞争对手采取不讲伦理的竞争手法导致WAI市场份额下降，WAI的利益就会受到伤害，这岂不是“好心没有好报”？这时候WAI公司还一定要坚持合乎伦理的行为吗？

2）如果WAI因为自己强调伦理的行为导致竞争对手的损失，这种行为还算正当行为吗？

**研判要求：**同第1章“基本训练”中本题型的“研判要求”。

# 第7章 问卷的设计技术



## ◆ 学习目标

通过本章学习，应该达到以下目标：

**职业知识：** 学习和把握"问卷设计技术"的相关概念，问卷设计的原则、程序，确定问题的类型，选择提问的方式，确定问句的形式，问卷内容与形式的设计，以及"补充阅读资料"和二维码资源等理论与实务知识；能用其指导"同步思考"、"教学互动"和"基本训练"中"知识训练"各题型的认知活动，正确解答其相关问题。

**职业能力：** 运用本章知识研究相关案例，培养在"问卷设计技术"特定业务情境中的分析问题与决策设计能力；通过搜集、整理与综合"问卷的设计技术"的前沿知识，撰写、讨论与交流《"问卷的设计技术"最新文献综述》，培养"问卷的设计技术"中"自主学习"、"团队协作"和"与人交流"等通用能力。

**课程思政：** 结合本章教学内容，依照"课程思政"的要求或标准，对相关案例中的企业及其从业人员行为进行思政研判，培养高尚的道德情操，树立社会主义核心价值观。

学习微平台

思维导图 7-1

【引例】

## Blomberg的家电调查

**背景与情境：** 在这个大数据时代，众多企业都会通过购买现成的数据，来决定产品研发的方向，很少会有企业走上街头，耐心地与消费者一对一地调查。而从Blomberg（博伦博格）的家电调查问卷中，我们不难看出Blomberg的产品研发方向以及下一步的营销策略。

专注智能

自从Blomberg联手苏宁之后，这个来自德国的品牌在“圈内”逐渐显现出自己在智能家电领域的行业领先优势。而随着苏宁O2O购物节期间“ET·外星人”的热卖，Blomberg也被消费者贴上了智能品牌领先者的标签。这份调查问卷多次提及“智能WiFi”“远程操作”“LED触控”等名词，并且涉及多门冰箱、波轮洗衣机以及滚筒洗衣机。由此可见，Blomberg的冰箱、洗衣机系列智能产品将很快覆盖各细分产品线，为消费者提供更多的选择。

坚持性价比

在调查问卷中涉及价格的问题上，价格区间在1 500元至5 500元，众多价格区间设置在2 000~5 000元。从这条信息可以看出，Blomberg的价格策略依然延续其对“性价比”的追求。

以波轮洗衣机为例，在智能波轮洗衣机的价格调查中，Blomberg将价格区间设在了900~2 500元，以笔者多年的从业经验，笔者预测Blomberg智能滚筒洗衣机的价格应该会在1 500元左右。这个价格相比于2 500元左右的行业均价，还是很有竞争力的。

多品类策略

据Blomberg产品研发相关负责人透露，在ET·外星人智能冰箱取得市场认可之后，Blomberg将陆续上市各个品类的冰箱、洗衣机产品。该负责人称：“除了市场调研，苏宁在大数据上也给了我们强有力的支持。两门冰箱、多门冰箱、大容积波轮洗衣机、滚筒洗衣机、冷柜等冰洗产品，都是我们下一步研发的重点方向，同时，我们会推出一些非智能产品来弥补Blomberg在国内市场的产品布局空白，但在功能上都会让人眼前一亮。”

在这份调查问卷中，产品方面也涉及以上各个品类。以目前的国内市场趋势，Blomberg做出这样的市场布局，也在“情理之中”。其以智能产品打造品牌知名度，并以此带动其他产品的销售，从而提升整个品牌的市场竞争力。

资料来源 佚名. 传言德国百年品牌Blomberg将登陆中国家电零售市场［EB/OL］.［2015-09-17］. https：ec.pconline.com.cn /696/960050.html

问卷调查是目前国际市场营销管理活动中常用的一种调查方式，也是近年来发展最快、应用最广的一种调查方式。有效地设计并实施问卷调查，是获取市场信息的重要手段。

【课程思政7-1】

## 人员素质与工作质量

**背景与情境：** 访问人员的素质将影响调查结果，故选择合适的访问人员，并给予必要的访问训练，可提高调查品质。合格的访问人员要做到敬业，有耐心，且能引导受访者合作。要遵纪守法，特别是要遵守《中华人民共和国统计法》和《中华人民共和国保守国家秘密法》的有关规定及有关保护知识产权的法律法规，口齿清晰，表达清楚，通晓当地方言。

**问题：**合格的调研人员应该具有哪些技能和素质？

**研判提示：**

（1）从品质看，调研人员必须作风正派，行为严谨，道德高尚，真诚办事。

（2）从性格看，调研人员应该善于交际又不失稳重，既热情又不急躁，能与社会各界打交道。

（3）从学识看，调研人员应当具有丰富的知识和较高的素养，了解社会的政治、经济、文化等方面的概况以及未来的发展趋势。

（4）从智力看，一名合格的调研人员应具有较强的观察能力、思维能力和开拓能力。

（5）从技能看，调研人员必须具有多种能力：信息处理能力、社会交际能力、组织领导能力、宣传表达能力、控制协调能力、自我推销能力。

受访者可以按统一的要求回答问卷，数据处理人员可以按统一的问卷进行数据分析，从而提高市场调查的整体质量。问卷是国际通用的询问调查的基本工具，因此设计科学有效的问卷成为询问调查的重要环节。为了保证问卷的科学性和有效性，就需要专业的问卷设计人员遵循正确的设计原则和科学的设计程序进行设计。

问卷又是由一系列形式不一的问句构成的，因此，在问卷设计中还要特别重视问句设计技术。问卷一般由若干部分组成，在设计时又可根据实际需要有针对性地组合。

## 7.1　问卷设计的原则和程序

### 7.1.1　问卷和问卷设计

**问卷，**是调查中使用的以问题的形式系统地记载所需要调查的具体内容，让访问员向受访者发问并记录受访者答案，以搜集第一手资料的一种书面文件。

**问卷设计，**就是设计人员在明确某项调查的目标、确定询问调查的方法之后，将需要调查的内容细化为具体的问题，采用与调查内容、调查方式、调查对象相适应的提问方式和问句形式，并按照一定的逻辑顺序将问句系统地排列组合，最终印制成书面的文件所进行的一系列工作。设计合乎要求的问卷，是从事市场调查和研究工作的专业人士所必须掌握的基本技能。

### 7.1.2　问卷设计的原则

问卷设计是一项技术性比较强的工作，需要由经过专业训练并具有一定经验的专业人员来完成。

设计者还应遵守一些在长期实践中形成的基本原则。

1）紧扣目标的原则

设计问卷时，首先必须遵守的原则就是紧扣调查目标来设置问题，问卷必须问什么、不必问什么都应根据调查目标决定。要防止问题偏离目标。

此外，采用什么样的问句形式，也应服从调查目标的需要。必须选择能引导受访者围绕调查目标客观准确地提供答案的问句，不可单纯追求形式的差异或新奇。

2）合乎逻辑的原则

设计问卷时，有关问句的排列，要依照一定的逻辑顺序，如时间顺序、类别顺序等，其中经常涉及的问题有：

（1）整个问卷的问句设计要有逻辑性。

【同步思考7-1】

**问题：**

①最近一个星期内您饮用过娃哈哈奶吗？

A.饮用过　　　　B.没有饮用过

②（对于饮用过娃哈哈奶的受访者）请问您饮用的是什么口味的娃哈哈奶？

A.可可（朱古力）　　B.草莓　　　　C.纯牛奶

**理解要点：**对于饮用过可可口味的受访者，可再进行逐步深入的符合逻辑推理的问卷设计。

（2）单个问句也要具有逻辑性，不能发生逻辑上的谬误。

【同步思考7-2】

**问题：**您的婚姻状况是：

①已婚　②未婚

**理解要点：**事实上，人们的婚姻状况还应包括：离婚、丧偶、分居。而上述问题的设计，对处于后三种婚姻状况的人来说，恐不便回答，会使有效的信息流失，一般可增加"其他"选项。

（3）要根据不同的受访者，设计问句排列的逻辑顺序，以符合他们的思维习惯。

（4）要根据问句的难易程度，设计问句排列的逻辑顺序。通常的情况，是把容易回答的（如事实性、行为性）问题放在前面；把较难回答的（如态度性）问题放在后面；把受访者感兴趣的问题放在前面，把受访者比较敏感的（如动机性、隐私性）问题放在后面。

在问卷设计中，最为常见的问句排列顺序是直线型的，即：

问题1→问题2→……问题n→终止。但有时需要对不同的受访者询问不同的问题，这时的问题排列顺序是分支型的，即：

问题1⟶问题2 ⟶ 问题3 ⟶ …… ⟶ 问题n ⟶ 终止

⟶ | ⟶ 问题3′⟶ …… ⟶ 问题m

有时，也需要采用旁路型的，即：

问题1 ⟶|⟶ 问题2 ⟶ …↑… ⟶ 问题n ⟶ 问题o ⟶ ……

⟶ 问题p ⟶ 终止

问题2 ⟶ …… ⟶ 问题m

有时，也可综合运用上述几种排列顺序。

在设计问卷时，需要事先给出各项问句逻辑顺序的结构示意图。这种逻辑示意图一般如图7-1所示。

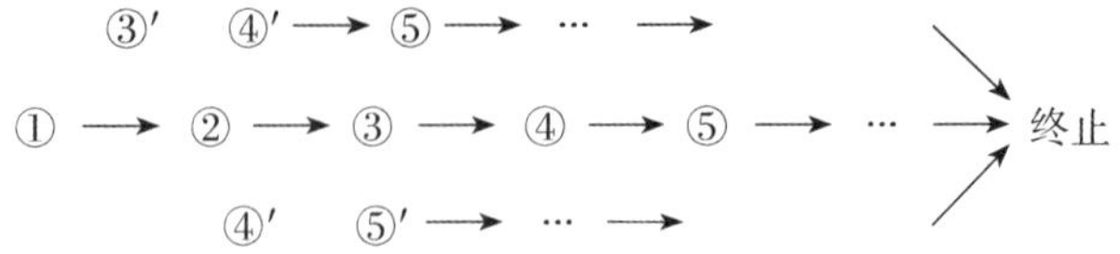


**图7-1 问句逻辑顺序的结构示意图**

这种示意图可以是网状的，也可以是树状的。结构示意图对于检查问卷是否有逻辑错误，加深访问员对问卷各问句间逻辑关系的理解，准确提问，记录答案，保证调查结果的可靠性，都是十分有益的。

3）易于回答的原则

设计问卷时，要从受访者的角度考虑其形式的设计，问句要使他们便于理解、易于回答、乐于合作。

（1）问题的难度要与受访者的理解能力、接受水平和心理特征相匹配。不要设置那些受访者不愿意回答或不愿意如实回答的问题；也不要设置时间跨度过大，他们记不太清楚的或无法回答的问题；更不要设置那些可能会令受访者难堪或引起受访者反感的问题。对于那些受访者难以记起的问题，要从容易记忆的事情问起，帮助他们通过联想逐步唤起记忆；对于那些敏感的私人问题，如收入、社会地位、女性的年龄等，不宜正面提问，而应安排一系列的问句旁敲侧击，或采取避实就虚的提问方式。

（2）问题要简单、清晰，不要把几个问题组合在一个问句中，要用短而明确的问句，不要用长而复杂的问句，应使受访者易读、易懂，不会产生理解上的歧义。尤其对由受访者自己填写的问卷，因为调查者无法从旁解释，受访者会因为阅读和解释太费力而干脆不回答。

学习微平台

延伸阅读7-1

（3）要用具体的、事实性的问句来提问。

【同步思考7-3】

**问题：**请问您经常使用海飞丝洗发水吗？觉得它的功效如何？

**理解要点：**这里的“功效”欠具体，应该将“功效”分解成可以直接感知的使用效果。可以将该问句改为：

您觉得使用海飞丝洗发水后（　　）。

①能使头发清洁　②能使头发光泽　③能使头屑消失　④能养发护发

（4）问句的语气要设计得亲切、自然、温和、有礼貌。

（5）为了方便受访者理解某些关键性的问题，可以设计和制作一些提示卡片配合使用，作为提问的辅助手段。

总之，问句的设计要从受访者的角度出发，让他们易于回答，乐于回答，这样才能提高问题的回答率和问卷的回收率，才能收到预期的效果。

4）便于统计的原则

在进行问卷设计时，还要考虑受访者对问题的回答是否便于进行量化统计和分析。如果使用问卷获得的调查结果是一大堆难以统计的定性资料，那么要从中得出规律性的结论就十分困难，最终无法获得理想的效果。

（1）必须使问句的设计尽可能单纯化，一个问句只问一个问题，避免复合性的问题。如："您平时喜欢看电视、报纸、杂志吗?"这种问句就过于复杂，不适合受访者进行回答。

（2）对一些能够量化的问题，则尽可能采用分类分级的方法列出明确的数量界线，使所得到的资料便于分析。

（3）对于不易把握的受访者的态度性问题，则可以采取态度测量表，将答案用数量的差异或等级的差异表示出来，以利于统计和分析。

5）保持中立的原则

信息的价值首先体现在真实性、客观性上，开展市场调查是为了搜集有价值的市场信息，为企业营销决策提供可靠的依据。

（1）在问卷设计中，设计人员应当时刻保持中立，所设计的问句应当是中性的，即要求获得正面回答的概率与反面回答的概率是相等的。在设计某些评价性问题时，如果备选答案的评价值两边不对称，就可能得到有倾向性的答案。

【同步思考7-4】

**问题：**您认为雷达杀虫剂的驱蚊效果为下述选项中的（　　）。

①很好　②好　③一般　④不好

**理解要点：**本选择题的备选答案左右不对称，偏向于正面的回答，这就不符合中性的立场，需要加上"⑤很不好"，才能合乎要求。

（2）在设计问卷时，选用句式和词句时，要坚持客观的态度，不可使用带有感情色彩的词句，更不可以使用暗示性、诱导性的询问句，如："绝大多数饮用过光明奶的人都认为它口味纯正，您认为是这样吗?"在这样的提问下，答案必然带有某种倾向性，不能准确地反映受访者的真实意愿，以这样的结果作为决策依据，自然会使企业营销活动误入歧途，造成重大损失，这样的教训已经出现过不少。

（3）在问句的编排中，也要注意正面问题和反面问题的排列顺序，不可将它们集中排列。不管是正面问题集中放在前面、反面问题集中放在后面，或者相反的方式，都会使最终的答案带有偏向性。

（4）在访问员实施调查时，对那些备选答案较多的问句提问时，还要经常变化备选答案的提问顺序。事先可用随机方法在问句上做记号，作为提问的首句。

6）篇幅适当的原则

在一般的情况下，入户访问的问卷可适当长些，问答的时间可以在30分钟左右，街头拦截访问的问卷则要短些，问答时间控制在15分钟左右；而邮寄调查和留置调查的问卷要更短些，问卷时间控制在5分钟左右。在问卷设计好之后，可以通过试调查做适当的调整。

### 7.1.3　问卷设计的程序

问卷设计的基本程序如图7-2所示。

上述的每一个程序，本身又都可以细分为若干具体的步骤。

1）把握调查的目标和内容

在设计问卷的开始阶段，首先要深入彻底地研究本次调查的总体方案，充分把握本

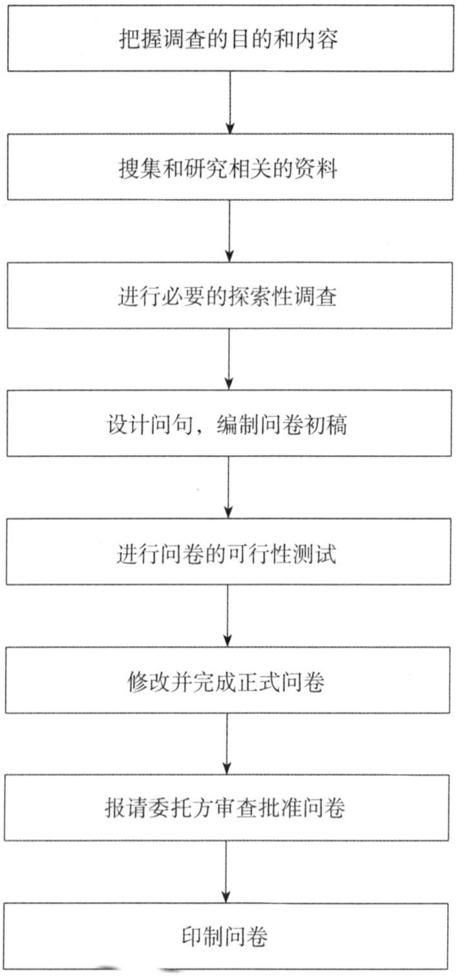


**图7-2　问卷设计基本程序**

次调查的目标和内容。

问卷的设计者最好能参与调查方案的制订，如因故未能参与前期策划工作，则要尽可能深入地研究调查策划方案，向参与策划者咨询。

2）搜集和研究相关的资料

设计者要了解和研究与本次调查项目有关的资料，为设计准备足够的素材。

3）进行必要的探索性调查

设计者需要在适当的范围内进行探测性的调查，访问某些符合需要的受访者，以使设计的问卷能被受访者理解，受访者愿意回答、能够回答。

4）设计问句，编制问卷初稿

这一步骤包括一系列的具体工作：

（1）列出调查问题的清单，将调查的目标转化为调查内容和调查项目。

（2）对列出的问题进行审核、筛选，审核的标准包括：问题是否必要，含义是否明确，内容是否需要细分。

（3）确定问题的类型，以便选择对应的提问方式和问句形式。

（4）针对问题的性质和受访者的特点确定提问的方式。

（5）根据提问的方式进一步确定问句的具体形式。

（6）对问句的措辞、语气进行推敲。

（7）确定问句排列的顺序，先易后难，先具体后抽象，先一般性问题后敏感性问题，先前提性问题后结论性问题等。

5）进行问卷的可行性测试

市场调查人员必须在正式调查展开前，先对问卷进行可行性测试，以发现可能存在的问题，在正式实施前进行弥补和修改。问卷可行性测试的受访对象、询问方式等应当同正式实施的条件相同。

6）修改并完成正式问卷

这一步骤是对问卷初稿进行修改和补充，最终完成正式问卷。

7）报请委托方审查批准问卷

对于专业市场调查研究公司来说，设计好的问卷必须送交委托调查的企业有关主管审查、认可。

对于企业市场调查部门来说，问卷则要报请市场部主管审查批准。

8）印制问卷

在完成上述各项步骤之后，问卷的设计工作已经结束，问卷即可交给有关部门去印刷、装订、编码，供调查使用。

## 7.2 问卷的类型与内容

### 7.2.1 确定问题的类型

按照问题的性质，通常把问题分为事实性问题、行为性问题、动机性问题和态度性问题四类。

1）事实性问题

事实性问题是指那些要求受访者回答已经发生的、客观存在的事实的问题。问题十分明确，答案也十分明确，只要求回答事实，不要求做任何描述。提问的目的是获得事实性资料，如问卷中关于受访者年龄、职业、收入、文化等个人背景资料的问题就是典型的事实性问题。

【补充阅读资料 7-1】

问卷设计的首要任务

问卷设计的首要任务是确定所要调查问题的性质。

尽管此类问题的答案是客观存在的，但也会有一些涉及个人隐私等敏感性内容，因此，在选择提问方式时，多数采用直接提问的方式。

2）行为性问题

行为性问题是指要求受访者回答有没有做过，或是否准备做某事以及是否拥有某物的问题。

【同步案例7-1】

## 某学院专科生就业意向调查表

**背景与情境：**

亲爱的同学，您好！

为了更好地了解大学生就业创业意愿，我们正在进行一项有关大学生就业创业意向的调查。

请你认真、坦率、真实地回答每一个问题，回答没有正确与错误之分。你所填写的任何资料，我们将为你保密，请你不必有任何顾虑。谢谢！

第一部分　你的个人信息

（1）性别　a.男　b.女

（2）年级　a.大一　b.大二　c.大三

（3）来自　a.城镇　b.农村

第二部分　就业观念

（4）你专科毕业后的打算是

a.求职应聘　b.自主创业　c.考研　d.出国　e.尚未考虑

（5）你打算就业的区域是

a.东北地区　b.东南沿海地区　c.中部地区　d.西南地区

（6）选择该地区的理由是

a.经济发达　b.离家近　c.就业机会多，发展空间大　d.响应国家号召

e.家里有安排及其他

（7）你选择工作时最想进入的行业是

a.通信业　b.金融、证券、保险业　c.商贸业　d.电力业　e.新闻传媒业

f.房地产业　g.旅游业　h.其他（请注明）

第三部分　就业指导的基本情况

（8）你对当前就业形势和国家就业政策的了解

a.较了解　b.比较了解　c.不了解

（9）你对个人的就业前景如何看待

a.充满信心　b.较有信心　c.没有信心　d.不清楚

（10）下面哪些可能成为你求职的困扰（可多选）

a.对企业的用人标准不了解　b.对企业岗位专业知识缺乏了解　c.求职方法、技巧欠缺　d.对社会缺乏了解　e.其他（请注明）

占用了你的宝贵时间，感谢你的支持，谢谢合作。

**问题：**在设计调查问题时要考虑哪些因素？

**分析提示：**在问卷的设计上应该尽量规范，同时必须保证受调查人员的知情权，并对调查的目的、内容进行说明。具体来说，要有尊敬的称呼、填写者的受益情况，同时，如果问卷中涉及个人资料，则应该有隐私保护说明。只有尊重受调查人员，才有可能得到他们的配合。

3）动机性问题

动机性问题是指要求受访者回答他采取某种行为的原因或动机的问题。对于动机性

问题的调查可以采取直接提问方式，也可以选择间接提问方式，或假设性方式，如虚拟提问法、漫画测试法、填词连句法等。

4）态度性问题

态度性问题是指要求受访者回答他对某件事情、某种商品或某个企业的评价、态度和意见的问题。询问态度性问题最常用的方式是借用态度测量表，将评价、态度等按不同程度列出备选答案，受访者根据自己对所列事物的评价、态度选择其中的一个答案。

### 7.2.2 选择提问的方式

在提问设计中，根据问题的性质选择合适的提问方式是保证调查结果真实有效的前提。可供设计者选择的提问方式有直接提问、间接提问和虚拟提问三种方式。

1）直接提问的方式

直接提问，就是将所要询问的问题直截了当地告诉受访者，请他们在问题所确定的范围内，给予直接的回答。采用这种提问方式，能获得比较明确的信息，也便于汇总、统计和分析，适用于那些受访者不怎么敏感的、回答没有顾虑的、普遍性的问题。

2）间接提问的方式

这种提问方式要求受访者对其他人的行为、动作、态度等做出判别或评述，让他感觉到他所扮演的只是一个旁观者、一个评判者的角色，从而没有任何忌讳地讲出自己的看法。

间接提问的方式，适用于那些令受访者感到有心理压力的、不愿意或很难做出正面回答的问题。

3）虚拟提问的方式

虚拟提问就是以一种假设存在的情况为前提，向受访者提出问题。

### 7.2.3 确定问句的形式

问句有许多具体的表现形式，每一种形式的问句各有其独特的作用。按照受访者回答的形式，可以把各种形式的问句归纳为开放式问句、封闭式问句和量表式问句三类。

1）开放式问句

开放式问句指在所提出问题的后面并不列出可能的答案，供受访者选用，而是让受访者自由作答。由于不在问句后预设备选答案，受访者可以自由作答，答案比较真实。

采用此类问句，最大的缺点是不可能得到标准化的答案，不便于资料的汇总、统计和分析，难以进行量化处理。

开放式的问句主要有以下几种具体的形式：

（1）自由回答式问句

自由回答式问句，不设任何备选答案，完全让受访者自由回答，是一种典型的开放式问句。

自由回答式问句具有开放式问句的难以量化处理的缺点，为了弥补这方面的不足，需要时可以采用在问句中附加关键性词语分类记录的办法来解决，如："请问有哪些原因使您没有购买这一新产品呢?"自由回答式问句可以是一个完整的问句，如："请问您为什么要使用膏霜类护肤品?"也可以是一个祈使句，如："请您说一说您使用膏霜类护肤品的主要原因。”

（2）词语联想式问句

这种方式就是将某个词语读给受访者听，要求他们说出他们在听到这个提示时所联想到的事物。词语联想式问句又分为三种更具体的形式：

①自由联想式问句

自由联想式问句对受访者的联想不做任何性质或范围的限制，让受访者享有充分发挥其联想的自由，随意回答。

【同步思考7–5】

**问题：**请您说出（写出）您在听到（看到）下列词语时最先联想到的词语。

微波炉：__________________

**理解要点：**受访者说出的词必定是各种各样的：“方便”“消毒”“单身汉”“格兰仕”“辐射”“便宜”等。这些词语从不同的角度反映了受访者心目中微波炉的特点，为企业的新产品开发、市场定位、市场促销等方面的营销活动提供了有价值的信息。

②限制联想法

这是一种要求受访者把联想活动限制在某一特定范围内的询问方式。

【同步思考7–6】

**问题：**请您说出您在听到下列词语后最先联想到的产品品牌。

电冰箱：__________________

**理解要点：**问句的限制十分明确，受访者只要说出他们第一个联想到的电冰箱品牌，配合后续提问，就可以得知他们第一个联想到这一品牌的原因。

③引导联想式问句

引导联想式问句是在提出刺激联想的词语的同时，列出一组反应词语的例证，引导受访者遵循例证的思路进行类似的联想。

【同步思考7–7】

**问题：**请您在听到“摩丝”这一词语后按提示的词语说出引发的相关联想。

联想提示：硬扎、服帖、蓬松、____。

**理解要点：**这里的联想提示，明显是引导受访者朝着摩丝的功能方向去展开联想，从受访者联想的结果中，可以了解他们对摩丝功能的认知、愿望、未满足的需求等，可以为企业的产品改良、广告定位、市场宣传等活动提供充分的依据。

（3）句子完成式问句

句子完成式问句是指调查者根据调查目的选择一些未完成的句子，让受访者根据前半句所设定的语言环境，续写后半句，以完成整个句子，而调查者从中获得研究资料的一种询问方式。

句子完成式问句是词语联想式问句的发展和改良。由于用词语联想式提问所得到的只是一些单个词语，意思还不太明确，因此给分析研究带来一定的困难。句子完成式问句弥补了这方面的不足，调查者可以更直观地掌握受访者在回答中所反映出来的对事物的评价、动机、态度、感觉等。

调查者选择的待完成的句子主要应是判断句，前半句是主语部分，由受访者续写出判断句最重要的谓语部分。如“我选择空调机主要考虑的是……”续写这样一类的句子，大部分的受访者的后半句都不会完全相同，正是这些不同的回答，表明了他们对事物的不同追求、评价、爱好和心态，为调查者分析研究提供了丰富的素材，为企业营销决策提供了有价值的依据。

（4）故事完成式问句

故事完成式问句是指调查者在问卷中先讲述一个未完成的故事，要求受访者根据前半部分的内容，自由地讲完这个故事的一种询问方式。

【教学互动 7-1】

**问题**：请您接着把下面刚开头叙述的故事讲完。

"星期日，我到家乐福超市武宁店去买东西，走进二楼食品部，发现店里推出不少新的促销方式……"

本例中的受访者是最近两周内到过该店的家庭主妇，调查目的是确定该店新的促销方式在目标消费群体中获得的关注率，以便调整促销方式。

**要求**：同"教学互动 1-1"的"要求"。

（5）漫画完成式问句

漫画完成式问句，就是将一幅漫画展示给受访者看，让受访者和画中的某个人物取得认同，以发现受访者对漫画所描述事物的态度和意见。

画中的人物通常有两个，人物的表情是中立的，不带有明显的感情色彩，也不带有某种特殊的个性特征，这样才有可能获得受访者的认同，因此图画多采用漫画笔法，所画的内容尤其是画中人物的脸部，须用简单的线条略加勾勒，无须反映人物情感。

漫画完成式在询问调查中主要应用在入户访问、小组座谈等调查中，可以访问较多的样本。

（6）主题视觉测验式问句

这种问句与漫画完成式问句近似，也是先让受访者观看一张（有时是同一系列的几张）含义不太明确的图画。请受访者按他的个人经验和理解，解释画面的意义，或想象出画面所展示出的正在发生的故事，或对画中人物做出某种描述。总之，希望受访者在他们的述说中自然地流露出他们内心深处的态度和动机、意见和欲望。

2）封闭式问句

此类问句列有事先设计好的备选答案，受访者对问题的回答被限制在备选答案中，即他们主要是从备选答案中挑选自己认同的答案，因此，封闭式问句的设计不仅要考虑问题的内容和问句形式，还要认真研究可能的答案有哪些，应答率高的答案是哪些，尽可能完善地设计出问句答案。其中特别要注意的是：

答案应符合客观实际。如关于我国城市家庭存款的答案设计如果是以下形式：①1 000元以下；②1 001元～2 000元；③2 001元～5 000元；④5 001元以上。那么回答就可能都集中在④上，这种调查结果就没有多少分析的价值了。

答案的设计要尽可能包含所有可能出现的情况，然后列出"其他"一项，也可加注"请加以说明"字样。

单选答案之间不能相互包含或重叠，即对于每个受访者来说，最多只能有一个答案适合他的情况。需要多选的答案则另当别论。

同一组答案只能按同一个标准分类，如按产品使用时间分类，就不可以混入按产品使用地点分类的答案。

程度式答案要依次按顺序排列，前后对称。如“很好、好、一般、较差、很差”，不可以设计成“很好、好、很不好”，或“很好、好、很差、较差、一般”等，否则就会因答案不周全或顺序混乱而使受访者难以回答或产生回答偏差。

封闭式问句的具体形式比较多，下面就一些最常见的问句做出说明。

（1）是非判断式问句

此类问句所提供的备选答案只能是“是”与“否”、“有”与“无”，而且两者之间是相互对立、相互排斥的。

（2）单项选择式问句

单项选择式问句是指问句后面提供多个答案，要求受访者从中选择一项作为回答的问句形式。与是非判断式问句相比，单项选择式问句拟定的答案之间可以是互相排斥的，也可以是相互包容的，因此，选择的强制性大为降低。

【同步案例 7-2】

问卷设计

**背景与情境：**如果你想买一台空调，下列哪一个品牌是你的首选？

□海尔　　□小天鹅　　□三星

□LG　　□扬子　　□春兰

□新科　　□其他

**问题：**如何在设计问卷中的单项选择时，扩大其答案内涵？

**分析提示：**单项选择式问句的备选答案可以包含偏好、频率、程度等多项因素，从而扩充答案的内涵。但设计时要注意备选答案不宜过多，原则上不能超过10个，而且应是选中可能性最高的10个，其余被选程度较低的答案则统统归入“其他”。备选答案太多，会使受访者无所适从或记忆不清。

（3）多项选择式问句

多项选择式问句是指要求受访者从问句后列出的多项备选答案中选择两项或两项以上答案的问句形式。

（4）配对比较式问句

配对比较式问句是指事先将答案配成一对，让受访者在做出比较后，从中选出他认为合适的一对答案的一种问句形式。

（5）顺位比较式问句

顺位比较式问句就是让受访者将列出的答案，经过衡量比较，排列出高低优劣或重要性的顺序。

3）量表式问句

量表式问句是一种特殊的封闭式问句，常被用来测量消费者对企业及其营销活动的态度、意见和评价等调查项目，是一种消费者心理分析手段和度量工具，因此又叫作“态度测量表”。

（1）平衡式测量表

这种测量表是将中立态度置于中间，以数目相等的肯定态度和否定态度置于量表的两边，求得平衡，来测定受访者态度的一种量表。

（2）配对比较式测量表

这种态度测量表是通过两两配对，逐对比较来测量受访者态度顺序的一种量表。

【补充阅读资料7-2】

### 态度测量表

请您说一说，您在使用了这3种洗面奶之后，下列各组比较中，认为哪一种较好（在空格中打“√”）？

□A　　□B

□A　　□C

□B　　□C

对测量的结果进行统计分析，就可以得知消费者的消费倾向。

配对比较态度测量表还有一种形式，就是在优劣比较中增加程度比较，例如：

请您在下列方便面品牌比较中，在认为合适的评价栏上打“√”：

A品牌比B品牌：

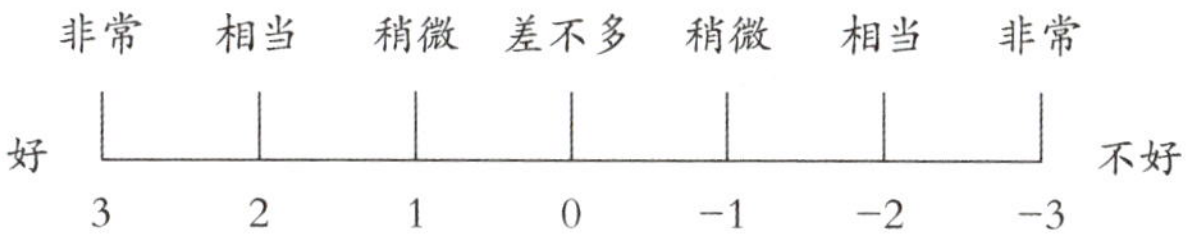


A品牌比C品牌：

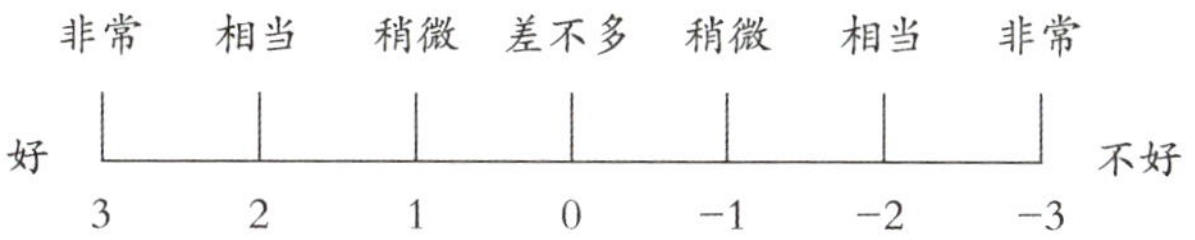


C品牌比B品牌：

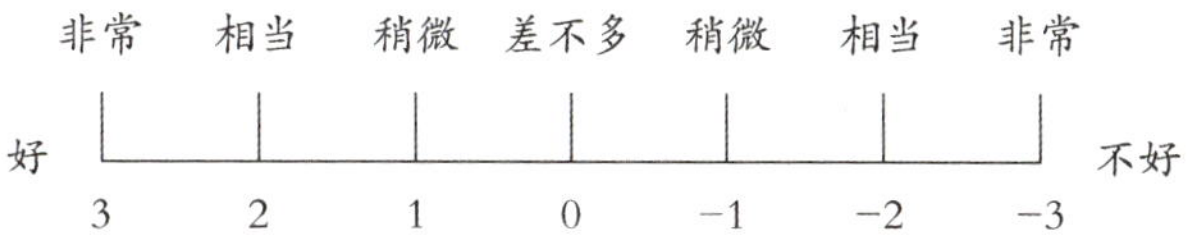


（3）语义差别式测量表

这种态度测量表是运用成对的语义对立的形容词来测量受访者态度的一种量表。

【同步思考7-8】

**问题**：请您按××品牌给您的印象，在下列最能反映您看法的数字上画个圈：

暗淡的　1　2　3　4　5　6　7　明朗的

现实的　1　2　3　4　5　6　7　幻想的

刚毅的　1　2　3　4　5　6　7　柔和的

正经的　1　2　3　4　5　6　7　幽默的

**理解要点**：对测量的结果进行统计分析，就可以得知该品牌在消费者心目中的形象。

学习微平台

延伸阅读7-2

（4）数值分配式测量表

这是要求受访者对调查项目做出评价时给予百分制或十分制数值的一种态度测量表。在设计该类测量表时，可以采用两种方式：一种是提问的各项共同分配，总量固定为100分；另一种是对每个调查项目在10分内打分，最高为10分。

## 7.3 问卷的设计技术

### 7.3.1 问卷内容的设计

1）问卷标题的设计

问卷的标题是本项调查主题和内容最直接的概括，需要用最简洁、最鲜明、最准确的语言表达出来，如高档粤菜餐厅调查问卷、膏霜类护肤品消费者调查问卷、酸辣粉口味测试问卷等。

2）问卷的编码

为了方便日后调查资料的统计和分析，一般在问卷的右上角对每份问卷进行编码。

3）作业记录

在问卷的封面上，一般还要设计可供记录的访问、作业的条目。这一部分有两项内容。一项内容是供访问员、复核员、编码员、录入员填写姓名或工号的表格，见表7-1。

表7-1 **作业记录表**

| 访问员 | 复核员 | 编码员 | 录入员 |
| --- | --- | --- | --- |
| | | | |

另一项内容是用来记录受访者姓名、联系电话、家庭住址和访问员访问该受访者的开始时间、结束时间等内容的条目。这一项也可以列在问卷的最后。即使这项内容放在问卷的封面上，其填写时间也要放在访问结束时。

4）访问员保证的设计

在问卷的封面上通常还设计一项内容："访问员保证"。例如，访问员保证：我保证本问卷所填写的各项资料皆由我本人依照作业程序规定访问所得，绝对真实无欺，若有一份作假，我所完成的全部问卷一律作废，并赔偿公司损失。

这一部分目的在于通过访问员自愿做出的承诺，使其自律。

5）致受访者说明信的设计

在问卷的开头部分，设计一封信，用这样一种尊重对方的方式，以认真诚恳的态度、亲切委婉的语气，请求受访者对本次调查给予支持和合作。同时，这封信反映了访问员对受访者做问卷调查的开场白的基本内容，对访问员开展访谈有很好的指导作用。

说明信通常有以下几个内容：

（1）称呼

称呼要用尊称，要亲切自然，要针对具体的调查对象，如"先生""女士""小姐""同志"等。有时调查对象包括几类人，可将几类称呼同时列出。

（2）问候语

经常使用的是"您好"这样通用性的问候语，有时也可以根据本项调查的具体时间特点，设计更有针对性的问候语，如"新年好"，以增添感情色彩。

（3）自我介绍

这里的自我介绍主要是介绍本次调查的实施单位和访问员的身份，让受访者及早建立信任感，如："我是××市场研究公司的访问员，我姓李。"

（4）说明本项访问的内容和目的

说明要简短，开门见山，一语中的，如："我们想了解一下您对使用膏霜类护肤品的看法。"说明中不要使用"调查"这样的字眼。经验告诉我们，我国的消费者对"调查"有较多的疑虑和警惕，应尽量使用"了解""研究""访问"等词语。对于供邮寄调查的问卷，这一部分的设计尤其重要，说明也可以稍稍详细一点。

（5）说明受访的意义

这方面内容的设计有几个基本的思路：一是着重强调受访者的回答对该项市场研究项目的重要性，如"您的意见对企业改进产品配方极为重要"；二是着重强调受访者的回答能够对社会、对他人提供宝贵的帮助，如"您的看法能帮助更多消费者正确使用产品"；三是郑重强调受访者对主持该项研究的机构或企业所做的贡献，如"企业需要您的帮助"。当然也可以综合几种思路，以争取受访者与访问者合作。在具体的问卷中，这方面的内容也应当因人而异，因为不同的受访者的价值观是有差异的。

值得注意的是，在措辞上要采用中立的立场，不要使用"我们""我们企业"这样的字句，以免让受访者产生某种程度的心理负担而在回答问题时尽量说好话。

（6）说明本次调查对象的选定方式和对调查结果的保密保证及措施

面对陌生人的访问，受访者或多或少会有一些戒备或顾虑，生怕答错会给自己带来麻烦。为了尽快消除这种戒备和顾虑的心理，获得受访者的配合，在说明信中对本次调查对象的选定方式和保密措施做个说明是十分必要的，如"我们根据随机抽样的方式选定您为访问对象""对问题的回答无对错之分，请不要有任何顾虑""所有个人资料仅供统计使用""我们将按国家统计法，对有关资料严格保密"。

（7）说明答题的要求、方式和时间

如"请按您的真实态度和想法来回答""需要耽搁您10分钟时间""请在您认可的答案前的□内打上'√'，在（　）中填写您的意见"。这方面的说明是为了让访问顺利进行。有时也可以不放在说明信中，而由访问员口头进行说明。邮寄调查的问卷还要说明寄回问卷的时间、地址等。

（8）感谢语

在信的结尾处一定要表达对受访者的感谢之情，写上诸如"谢谢""十分感谢您的合作"等表示真诚谢意的词语。

（9）署名和日期

信的最后要署上调查机构或企业的名称和日期，这在供邮寄调查的问卷中更是必不可少的。署名要明确，要与说明信开头的"自我介绍"相一致。这样做能体现本次调查的正规性和严谨性，也有利于消除受访者的戒备心。

6）甄别卷的设计

在使用问卷进行询问的调查中，受访者是从调查目标对象的总体中按一定抽样方法抽取个体单位的，即样本。为了尽可能从总体中选取能代表总体特征的样本，在问卷中，往往在正式访谈问卷前设计一组问句，对受访者做进一步的甄别和筛选。这一组问句通常叫作“甄别卷”。

7）访问卷的设计

访问卷是问卷的主体部分，由各种形式的问句组合而成，是问卷设计的重点，其设计水平的高低，将直接影响受访者的回答率、问卷的回收率和信息的有效性，进而影响整个调查的价值，因此，要求问句设计在内容、形式、措辞、编排上尽可能做到完美无瑕。

8）受访者背景资料询问设计

搜集受访者背景资料的目的是在分析研究调查结果时作为分层统计分析的依据，如可以将受访者分为高、中、低三组进行消费水平、消费结构、消费心理、消费习惯等方面的研究。

学习微平台

延伸阅读7-3

受访者如果是个人，主要搜集的是性别、年龄、婚姻状况、文化程度、职业、职称、个人或家庭所在地区等基本情况方面的资料。如果受访者是企事业单位，主要搜集的则是企业类别、所有制性质、注册资金、年（月）销售额或销售量、营业面积、经营品种、地址、职工人数等基本特征的资料。

【教学互动7-2】

**问题：** 对受访者的设计应注意什么？

**要求：** 同“教学互动1-1”的“要求”。

9）问句的编码

现代市场调查是建立在精确、高效的现代通信技术、信息处理技术和自动控制技术基础上的，对调查所获数据进行计算机处理已经成为专业调查公司的常规工作程序之一。在问卷设计中，对问句进行编码的一般做法是在每一句问句前面按分组、顺序编号；有备选答案的问句，还要在每个备选答案的前面或后面依次编号，并在问句的后面设置空格，供受访者填写选定的答案代码。

### 7.3.2 问卷形式的设计

问卷内容的设计是问卷设计的核心工作，但问卷形式的设计同样不可忽视。受访者对问卷第一印象的好坏，与他们是否乐意接受访问关系很大，因此，问卷的形式也需要整体构思、认真设计。

问卷形式的设计，主要包括以下几方面的内容：

1）编排各部分内容

当问卷设计者根据调查目标的实际需要，确定了问卷各部分内容之后，便开始对各部分内容做出精心的安排，其顺序已经在前面做了具体的介绍。各部分之间则需要有明显的间隔，这样就能给受访者留下层次分明、条理清晰的良好印象。

2）确定问卷的大小

问卷最好采用16开的纸张。过大，会使受访者感到内容过多，而形成某种程度的心理压力；过小，则会显得不太正规，不能引起受访者的重视。

3）选择合适的字体

问卷印刷选用的字体要醒目，看上去给人以美观舒服的感觉。为了区分问卷的各组成部分，通常将询问的句子靠左排，用稍大或稍粗一点的字体，备选答案则靠右边排，用稍小或稍细一点的字体。问句中的关键词可以用更大、更粗或稍斜的字体，也可以在下面加线凸显它们。

4）保持适当的间距

问卷各字各行之间要保持适当的间距，并保持整个问卷的一致，插入的表格也要排列整齐，位置恰当。这样整个卷面看起来整齐美观。

5）采用优质的纸张

采用比较高级的纸张印刷问卷，能够间接地向受访者传递这样的信息："这是一份正式的文件""研究机构很重视这次访问"等，从而使他们更加认真地回答问题。

6）问卷印刷要精美

完美的问卷形式的设计是要通过精美的印刷最终表现出来的。印刷问卷通常采用单面印刷，每页印有页码，整个问卷装订整齐、牢固。问卷的版面要考虑纸张的大小妥善编排，上下左右都要留出一定的空白使文字图表美观、突出。如有插图，要请专业人员精心绘制，不可粗制滥造。开放式的问句要留有足够的让受访者填写答案的空间。

学习微平台

延伸阅读7-4

## ■ 本章概要

□ 内容提要

●本章介绍了市场调查问卷设计的原则、程序。重点介绍各种问卷、问句的类型，以及提问的方式和问卷的组成结构等，并辅以相应的小案例加以理解。最后介绍了问卷设计的一些技术。

□ 主要概念和观念

▲ 主要概念

问卷　问卷设计

▲ 主要观念

问卷的设计技术

□ 重点实务

问卷设计的原则和程序　提问的方式　问卷设计的基本技术

## ■ 基本训练

□ 知识训练

▲ 简答题

1）态度量表有哪些类型？

2）问卷设计的原则有哪些？

3）提问的方式有哪些？

▲ 填空题

1）调查问卷是调查中________的一种调查________。

2）调查问卷中，一个问句只能________项目，包含一个________指标。

3）调查问卷问句表达要________，用词要________。

4）日常应用中，最常用的态度量表是________表和________表。

▲ 单项选择题

1）不属于调查问卷组成部分的是（　　）。

A.说明词　　B.问题　　C.表格　　D.结束语

2）调查问卷问题设计中一般不包含的部分是（　　）。

A.问句　　B.要素　　C.备选答案　　D.指导语

3）不属于调查问卷特点的是（　　）。

A.标准性　　B.匿名性　　C.通俗性　　D.工具性

4）调查问卷问题不需要满足（　　）的要求。

A.等级性　　B.统一性　　C.合理性　　D.科学性

▲ 多项选择题

1）判断调查问卷问题不科学的选项有（　　）。

A.问题是否紧扣调查主题　　B.问题是否能为被调查者接受

C.提问形式是否合理　　D.问题是否通俗易懂

2）判断调查问卷问题不合理的选项有（　　）。

A.单一性　　B.中立性　　C.明确性　　D.急迫性

3）常用的态度量表类型有（　　）。

A.类别量表　　B.顺序量表　　C.等距量表　　D.等比量表

4）按照问题的性质，通常把问题分为（　　）等类型。

A.事实性问题　　B.态度性问题　　C.行为性问题　　D.动机性问题

▲ 讨论题

1）试说明调查问卷问题的形成过程。

2）调查问卷问题必须符合什么要求？

3）调查问卷问题一般由哪几部分组成？

4）问卷形式的设计，主要包括哪几方面的内容？

□ 能力训练

▲ 案例分析

### 北京市物业管理状况调查问卷

**背景与情境：**女士、先生，您好！感谢您百忙之中参加我们的调查活动。您所参加的调查是由北京市消费者协会组织开展的全市住宅小区物业管理状况调查。您的真实回答有助于我们了解当前我市小区物业管理状况，为我们进一步做好维护住户合法权益的各项工作奠定基础。感谢您的参与！

请按照调查问卷的提问顺序和填答提示逐一填答，以免漏答。

您居住小区的名称________，物业公司名称________，物业管理费每月每平方米________元。

A.您居住的小区是何种类型？

□a.高档商品房住宅小区　□b.普通商品房住宅小区　□c.经济适用房住宅小区

B.本小区是否已成立业主委员会？

□a.成立　□b.没成立　□c.不清楚

C.物业公司对于小区公用部位、设施、场地（经营）的使用，业主是否知情？

□a.已向业主明示告知　□b.未向业主告知　□c.不了解

D.物业公司上述经营所得收益及用途：

□a.向业主告知，业主有知情权和监督权　□b.不向业主告知，公司自己决定 □c.不了解

E.物业公司下列行为中最让您反感的有：

□a.管理制度不健全、管理混乱

□b.管理人员态度粗暴、蛮横

□c.房屋及公用设施、设备维修不及时

□d.擅自扩大收费范围、提高收费标准

□e.乱搭乱建，改变公共建筑和公共设施用途

□f.不按物业管理合同及管理办法规定履行义务

□g.其他损害公共利益的行为________（请注明）

F.在现有物业管理过程中，您认为服务最不到位的是：

□a.安全保卫　□b.房屋及设备的维修　□c.小区绿化

□d.小区内卫生清扫　□e.小区交通管理　□f.其他________（请注明）

G.您认为物业公司不能履行物业服务合同中的承诺，原因在于：

□a.虚假承诺，根本不想履行

□b.物业管理人员素质低，使承诺不能很好履行

□c.外部客观环境发生变化，使得以前的承诺无法兑现

□d.业主的要求太高，物业公司无法满足

H.您认为解决服务不到位的主要措施有：

□a.进一步完善物业管理法规建设，做到有法可依

□b.建立小区的物业管理制度

□c.明确开发商、物业公司、业主委员会和居住者的责、权、利

□d.提高物业管理水平及工作人员的素质

□e.提高物业管理的社会化程度

□f.其他________（请注明）

I.您对小区物业公司的总体评价：

□a.满意　□b.一般　□c.差

J.您的年龄：________（请按实际周岁填写）

K.您的文化程度：

□a.大学本科及以上　□b.大学专科　□c.高中、中技、中专　□d.初中及以下

资料来源　根据北京市消费者协会物业调查问卷整理得来。

**问题：**

1）这份调查问卷完整吗？你认为还可以增减哪些内容。

2）这份问卷使用了哪些提问方式？

**分析要求：**同第1章“基本训练”中本题型的“分析要求”。

▲ 自主学习

【训练项目】

自主学习-Ⅳ。

【训练步骤】

1）将班级同学组成若干“自主学习”训练团队，每个团队确定1个负责人。

2）各团队根据训练项目需要进行角色分工与协作。

3）各团队通过院资料室、校图书馆和互联网，查阅“文献综述格式、范文及书写规范要求”和近3年关于“问卷的设计技术”的学术文献资料。

4）综合和整理“问卷的设计技术”最新学术文献资料，依照“文献综述格式、范文及书写规范要求”，撰写《“问卷的设计技术”最新文献综述》。

5）在班级交流各团队的《“问卷的设计技术”最新文献综述》。

6）在校园网的本课程平台上展示经过修订并附有教师点评的各团队《“问卷的设计技术”最新文献综述》，供学生相互借鉴。

□ 课程思政

## “三菱油耗门”披露日系汽车圈的生存法则

**背景与情境：**正当“大众排放门”事件还没收尾，日系各大厂商偷着乐的时候，谁也没想到，三菱汽车竟然爆出了“油耗门”事件。

智电汽车报道了“三菱油耗门”事件发展的经过，并展示了汽车邻国日本真实的一面。分析内容具体如下。

1）事件经过

2015年11月，日产发现三菱为日产代工的两款小型MPV（日本称轻自动车）实际油耗与标注油耗差别巨大。同年12月，日产与三菱展开联合调查。2016年4月，调查发现三菱在计算油耗时，刻意采用轮胎与路面摩擦系数的最低值，降低其实际油耗5%~10%。

“三菱油耗门”涉及为日产代工的四款车，共计52.5万台。这四款车，均是向日本国内供货的。“油耗造假门”是发生在三菱汽车开发部门的“性能试验部”。他们修改的是实际燃油消耗量计算前的阻力值，也就是把阻力值调低了，利用的是其油耗为29.2公里/升（每百公里耗油3.42升）的一款车的数值。最终，达到了与大发等其他公司的竞争车型相仿的油耗，而实际油耗高出5%~10%，即每百公里多耗油0.15~0.3升。

2）后续跟踪

三菱本次采用的车辆行驶阻力的测定方法与日本的法令是相违背的。三菱汽车采用的“高速怠行法”，一般是面向美国市场投放时采用的计算方法，此种方法下的实际阻抗值，较日本国内的“TRIAS怠行法”低2.3%。

在三菱召开的两次记者会上，社长相川哲郎在“自我检查”中说，三菱自1991年开始就已经采用“高速怠行法”进行测试，伪造数据已经有25年了。此外，除本次涉及的轻自动车（类似于国内的微型车）外，三菱的一般类型乘用车也存在测定方法违反日本法令的问题。

据野村证券估算，三菱涉事车辆每台车的赔偿金额为ECO车减税金返还1万~2万日元，燃油费返还4.8万~9.6万日元，消费者补偿金（类似于精神补偿费）1万~5万日元，总共62.5万辆车，赔偿金为425亿～1 040亿日元。如果算上25年前开始涉及的600万辆，总金额将超过数千亿日元（数十亿美元）。

“三菱油耗门”事件之后，其汽车4S店顾客骤减，多数店铺贴出“2016年4月29日至2016年5月8日休业”的告示。据营业人员透露，估计顾客将大量流失，店面关闭的可能性极大。

3）智电汽车评析

“三菱油耗门”中出现了匪夷所思的“兄弟企业检举”与“老板自揭伤疤”，其原因在于日本的市场信用体制，真正达到了“众口铄金”。

“三菱油耗门”事件在没有媒体曝光、没有人员举报的情况下，完全是“日产”对“三菱”的内部检举。此外，从三菱为日产“代工”的形式来看，日产与三菱在企业关系上应该是“兄弟”。而其社长对“25年前开始的数据作假”的“自首式”检举，更是匪夷所思。

在日本市场，一瓶劣质牛奶、一颗伪造原料的糖，都能毁掉一家百年老店。因此，也就不难理解，日产公司在发现“三菱油耗造假”之后，为何马上为保障自身企业生存，揪三菱的“小辫子”。假设油耗造假的问题在日产车型上发现，无论根源是否在“三菱”，日产终将面临消费者的“众口铄金”之灾。

同样的道理，三菱25年以来自下到上害怕承认的原因，是一旦事情坐实，被消费者知晓，“员工饭碗”和“企业”都将砸在大公无私地发现问题的人手上，所以对错误睁一只眼闭一只眼。今天的“自揭伤疤”是退无可退，把问题都控制在自己手中，算是一张“悲情牌”。

如果各位在意细节，会注意阻力系数调低了2.3%，油耗值降低5%~10%，即每百公里多耗油0.15~0.3升这些数据。在日本的汽车市场中，从消费者的角度看，每百公里多耗油0.15~0.3升，将大大降低其购买欲。从企业的角度看，同类商品或是技术产品竞争区间，已经达到了每百公里多耗油0.15~0.3升这个数量级。在日本汽车行业竞争中，“2.3%”与“每百公里多耗油0.15~0.3升”的差距就是“1万公里”。

通过“三菱油耗门”事件，你从企业和汽车邻国日本的案例中看到了什么？

资料来源 邵博士.“三菱油耗门”披露日系汽车圈生存法则［EB/OL］.［2018-12-20］. http: //mt.sohu.com/20160509/n448507453.shtml.

**问题：**

1）结合案例，说明“三菱油耗门”问题发生的根源违背了什么样的企业伦理？

2）公司应如何避免以上事件的发生？

**研判要求：**同第1章“基本训练”中本题型的“研判要求”。

# 第8章 市场调查报告的撰写



## ◆ 学习目标

通过本章学习，应该达到以下目标：

**职业知识：** 学习和把握“市场调查报告撰写”的相关概念，市场调查报告的作用与种类，呈报函件、扉页、目录、提要、导言、研究方法、调查成果、限制条件、结论与建议等调查报告的格式和内容，调查报告的准备、撰写、表格与图像展示等原则，以及“补充阅读资料”和二维码资源等理论与实务知识；能用其指导“同步思考”、“教学互动”和“基本训练”中“知识训练”各题型的认知活动，正确解答其相关问题。

**职业能力：** 运用本章知识研究相关案例，培养在“市场调查报告撰写”特定业务情境中分析问题与设计决策能力；通过“‘市场调查报告撰写’实训”，训练相应的专业技能，并兼顾“团队协作”“解决问题”等通用能力的培养。

**课程思政：** 结合本章教学内容，依照“课程思政”的要求或标准，对相关案例中的企业及其从业人员行为进行思政研判，培养高尚的道德情操，树立社会主义核心价值观。

学习微平台

思维导图8-1

【引例】

## 2019年三线及以下新兴市场网民触网习惯研究报告（摘要节选）

**背景与情境：** 全媒体时代，伴随三线及以下新兴市场规模持续扩大，机遇也不断出现，新兴市场日益成为互联网发展的新的竞逐之地。尤其是与一、二线城市互联网发展水平相比，三线及以下新兴市场互联网发展相对缓慢，因此具有巨大增长空间和良好发展前景。当前时期，以县级融媒体中心为支撑的政府信息服务工作正逐渐向基层拓展、向群众靠近，力图打通“最后一公里”。与此同时，面对互联网存量市场趋于饱和的局面，众多互联网企业纷纷瞄准三线及以下新兴市场，不断加快布局，积极发力，力求在这一新领域中占据主动。

趣头条作为新锐移动内容平台，于2016年上线，其最初定位即为互联网的新兴市场，并持续深耕。截至2019年5月，趣头条用户规模超过3亿，其中70%以上的用户来自三线及以下新兴市场，如此庞大的用户基数以及超过1.1亿的月活跃用户数，决定了其在互联网新兴市场中占据主导地位。本报告以趣头条全国用户为主要样本，发掘三线及以下新兴市场网民的信息接触偏好，力图在了解互联网新兴市场网民特征的基础上，为其提供更精准有效的信息服务，同时响应配合国家发展智慧城市、数字乡村的整体战略布局，为数字中国建设提供有力支撑。

说明

新兴市场：即除一、二线城市以外的区域，相较互联网产品和服务发展较为成熟的一、二线城市，该区域属于互联网新的疆域，其用户规模和市场潜力都更大。从人口规模来看，一、二线城市人口约占总人口的18.1%，而新兴市场人口占总人口的81.9%，约10.9亿人，其中五线城市及以下地区人口占总人口的50.9%，约6.78亿人。

数据来源：报告以趣头条研究院所提供的全国三线及以下新兴市场网络用户数据为主，并以趣头条平台为支撑发放回收有效问卷21 087份，同时辅以来自部分国家机构、行业组织及第三方机构的相关数据，涉及引用时已做了注明。

分析方法：基于对原始数据的分析，探寻互联网新兴市场用户特征；在此基础上，结合趣头条研究院的问卷调查结果及其他相关数据源进行综合对比研判，深入挖掘剖析新兴市场用户的偏好属性。

视频分类：本报告中所指视频内容包括短视频与中长视频，二者都包含专业生产内容（PGC）和用户生产内容（UGC），以互联网尤其是新媒体作为主要传播渠道。其中，短视频是指一般时长在1分钟左右，最长不超过5分钟的视频内容；中长视频是指一般时长在5分钟及以上的视频内容。

特殊群体：本报告中所提及的特殊群体包括小镇青年、银发乐活族（中老年群体）、女性群体。其中，本报告中小镇青年仅指25~30岁的青年群体，银发乐活族是指50岁以上的中老年群体。

核心发现

①新兴市场网民自有特征显著

相比一、二线城市，新兴市场网民可支配的闲暇时间更多，在移动应用上消耗的时间更长，更易形成用户黏性，其中下班到睡前时间是上网高峰；无论是用户规模，或是用户在线时长，其强劲增长势头都预示着新兴市场的巨大活力及其可挖掘、待激活的庞大市场价值；与男性网民相比，新兴市场女性网民群体消费潜力更大。

②新兴市场网民信息接触偏好

新兴市场网民最喜欢阅读娱乐、热点、电影、情感和奇闻类内容，在军事、汽车、育儿、美食等内容领域中，用户阅读偏好呈现出显著的性格差异；新兴市场网民与一、二线城市网民在对娱乐、美食、音乐、养生、时尚等美好生活的追求上是一致的，但在对热点、体育、“三农”、历史等领域的关注方面表现出较大差异；新兴市场网民最喜欢的内容/资讯形式是短视频，其后依次是文字为主、图片为主、长视频类、直播类的内容/资讯；评论率最高的依次是短视频、图集、图文、视频，短视频的高评论率显示该类内容的互动性更强。

③新兴市场网民凸显五大需求

在娱乐需求方面，新兴市场网民拥有更多需要被填满的闲暇时间，对泛娱乐内容表现出较为强劲的需求；在内容需求方面，新兴市场网民受所处社会环境的影响，偏好简单和实用性较强的内容；在社交需求方面，新兴市场网民社交圈相对有限，主要以熟人为主，更愿意相信熟人推荐和分享的内容，相比关键意见领袖（KOL）等推荐的内容，信息同级流动的熟人社交传播更为有效；在消费需求方面，新兴市场消费能力增长要快于一、二线城市，且特殊群体消费欲望较强，又具有一定的消费能力，将成为新兴市场经济发展的重要增长点；在心理诉求方面，海量碎片化信息容易使新兴市场用户不知如何取舍，无目的地漫游于网络空间，同时用户对手机的高度依赖使手机内容逐渐呈现出“镜中我”的交互效果，形成软性陪伴。

④新兴市场运营应注重服务创新

新兴市场不断发展，面对充满无限可能的“未饱和”之地，以满足新兴市场网民的信息和服务需求为出发点，在服务模式上找寻行之有效的创新路径，缔造驱动新兴市场发展的新动能，是赢得新兴市场主动权和主导权的关键所在。面对新兴市场的服务创新包括思维创新、模式创新和生态创新。立足当下，找准可为，将有所为。

⑤智能媒体助力开拓新兴市场

新兴技术越来越多地被运用到信息传播全链条中，包括传统媒体和新兴媒体在内，都在加速向智能媒体发展演进。技术赋能为互联网新兴市场的内容服务提供了更多机遇，移动内容服务等平台若能充分利用新技术，顺应智能媒体发展大势，在信息生产传播全链路、信息场景、服务生态、经营模式等方面同时发力，将对新兴市场的开拓产生极大助益。

资料来源　中国社科院新媒体研究中心，趣头条．三线及以下新兴市场网民触网习惯研究报告[EB/OL]．[2019-05-22]．http：//www.iresearch.com.cn/View/224694.html.

一般来说，某一专项调查的最后一项工作，是将全方位搜集的资料和数据分析的结果转化成与调查问题有关的调查成果。这个调查成果的形式一般就是调查成果报告，简称调查报告。

# 8.1 调查报告的作用和种类

## 8.1.1 调查报告的作用

市场营销调查的主要目的是为营销管理提供服务。具体来说，如果调查人员是从事独立的调查研究，那么他的研究目的就是指导其客户去解决市场营销问题；如果调查人员是被某公司雇用进行调查研究，那么他的研究目的便是指导该公司营销经理去解决问题。只有让客户了解调查材料和结论，调查结果有一定的效果时，调查的服务性才能具体落到实处。而要让客户更好地了解调查材料和结论，就必须有一个科学完整的调查报告。

【补充阅读资料8-1】

某市居民二次置业调研分析

某市场研究公司某年对某市居民的二次置业进行了一次抽样调查，所得资料如下：

（1）共访问家庭1 000户，其中家庭规模1人的有14户，2人的有119户，3人的有374户，4人的有258户，5人的有162户，6人的有52户，7人及以上的有21户。

（2）在访问的1 000户中，家庭年收入5万元以下的有227户，5万~10万元的有425户，10万~15万元的有147户，15万~20万元的有77户，20万元以上的有124户。

（3）在1 000户家庭中，户主为公务员的有180户，教师有230户，企业职员有388户，中高级经理有95户，私营业主有81户，自由职业者有26户。

（4）在访问的1 000户中，现有住房总价值5万元以下的有86户，5万~10万元的有161户，10万~20万元的有186户，20万~30万元的有212户，30万~40万元的有115户，40万~50万元的有100户，50万~80万元的有98户，80万元以上的有42户。

（5）在1 000户家庭中，已二次置业再次购买住房的有476户，计划近年内二次置业的有344户，不准备二次置业的有180户。

（6）在访问的1 000户中，现有住房面积40平方米以下的有21户，40~60平方米的有73户，60~80平方米的有205户，80~100平方米的有370户，100~120平方米的有206户，120~150平方米的有106户，150平方米以上的有19户。

（7）在二次置业和计划二次置业的820户中，再次购买住房原因的类型：认为现有住房太旧的有81户，现有住房面积太小的有212户，现有住房周边环境差的有84户，现有住房生活设施不配套的有46户，现有住房已作为投资用的有99户，为子女购买新房的有123户，再次置业用作投资的有119户，再次置业自己享用的有56户。

（8）在已经和计划二次置业的820户中，房产信息来自报纸广告的有445户，电视广告的有124户，网站广告的有25户，展览会宣传的有84户，路牌广告的有18户，汽车广告的有4户，街头派发广告的有8户，亲朋介绍的有92户，其他的有20户。

（9）在已经和计划二次置业的820户中，二次置业选择的地域：南区有168户，北区有88户，东区有125户，西区有80户，近郊有359户。

（10）在上述820户中，选房标准最重要的条件：地理位置有66户，价格有147户，周边环境有223户，交通条件有145户，房屋结构与面积有86户，配套设施有68户，建筑质量有72户，物业管理有13户。

(11) 在访问的344户中，计划再次购房总价值为20万元以下的有15户，20万~25万元的有45户，25万~30万元的有42户，30万~35万元的有62户，35万~40万元的有60户，40万~50万元的有42户，50万元以上的有78户。

(12) 在访问的344户中，计划购买住房的面积要求为：60~80平方米的有16户，80~100平方米的有38户，100~120平方米的有122户，120~150平方米的有81户，150平方米以上的有87户。

(13) 在计划再次购房的344户中，在付款方式选择上，拟一次付清的有52户，分期付款的有136户，银行按揭的有156户。

(14) 在计划再次购房的344户中，原有住房拟作商业用途的有12户，转让他人的有15户，自己留用的有25户，按市价出售的有49户，给亲友居住的有60户，出租的有183户。

(15) 计划再次购房的344户的户主年龄分布：25岁以下的有24人，25~30岁的有160人，30~35岁的有59人，35~40岁的有40人，40~45岁的有28人，45~50岁的有20人，50岁以上的有13人。

(16) 计划再次购房的344户的户主职业分布：公务员有62人，教师有46人，企业职员有68人，中、高级经理有82人，私营业主有56人，自由职业者有30人。

资料来源 编者实际指导学生实习案例得来。

**调查报告**是调查人员在工作中对某事物、某问题进行深入细致的调查后，经过认真分析研究，最终形成的成果和结论。调查报告的作用主要有三个方面：

一是调查报告可使调查成果形成一种有条理的固定形式，能使委托人或调查结果的使用者既简洁又系统地了解所研究问题的基本情况、结论和建议。存档后，它还可以作为相关问题甚至相关行业调查时的基本参考。

二是调查报告可以全面地反映调查工作的质量。因为调查报告在某种意义上就是对调查工作的总结，各个阶段的调查工作做得如何最终都集中体现在报告中，对调查工作质量的评估也很可能主要取决于对调查报告的评价。

学习微平台

延伸阅读8-1

三是调查报告可以帮助人们采取合理的行动或对策。调查报告可以说是一份系统的调查记录，既有第一手资料，又有第二手资料，还有系统分析和结论。这些正是调查结果使用者所需要的。他们往往依据调查报告，加上自己的分析判断，做出合理的决策，并采取有效的行动。

### 8.1.2 调查报告的种类

要写出一份好的报告，最根本的是要安排好报告的内容，报告的形式则是次要的。报告必须根据问题的特点、读者的思维习惯和偏好等，合理地安排其内容和形式。从表达形式来看，调查报告有书面报告和口头报告。对小型调查活动或急需基本信息进行决策时，就没有必要或没有时间使用书面报告，因此口头报告也是一种必要的表达形式。在调查实践中也可能常常把两者结合起来，在提交书面报告的同时辅以口头报告作为补充或解释说明。

【同步思考8-1】

**问题：**从报告使用者角度来看，调查报告可分为几种类型？

**理解要点：**从报告使用者来看，调查报告可分为基础报告、供出版使用的报告、专题报告和供决策者使用的报告等。

1）基础报告

基础报告（basic report）是调查人员撰写的供其自用的调查报告。它是为取得调查结果而准备的第一份报告。这类报告的内容包括工作文件和报告草稿。它是最后报告的基础，待最后报告完成后，它就作为档案保存起来。

【教学互动8-1】

**问题：**为什么基础报告是很重要的？

**要求：**同“教学互动1-1”的“要求”。

2）供出版使用的报告

这类报告是指调查人员撰写的登载于专业报纸、杂志、会刊或专著上的公开的调查报告。这类报告应根据刊物和读者的不同而有所差异。一般不能用简单的叙述形式，内容也不能过于烦琐，只有很专门的期刊或专著才可能需要较多的细节或过程。出版者和读者一般都喜欢语言简练、条理清楚、观点鲜明、有启发性、有可读性的报告。

3）专题报告

专题报告是指供培训业务人员使用的调查报告。这类报告的特点是：包括报告产生过程的介绍；有推导结论的逻辑过程和统计上的细节，如假设检验；有复杂的附录，如使用的研究方法和完整的文献，以为读者提供进一步的资料来源或证明。

4）供决策者使用的报告

供决策者使用的报告（report for executive）是最常见的调查报告，也是本章研究的重点。

【同步思考8-2】

**问题：**由于决策者日常工作繁忙，无暇研究详细的调查报告，那么大量的调查资料怎么处理呢？

**理解要点：**由于决策者日常工作繁忙，因此他们只需要调查项目的核心内容，即主要的结论和建议，而不需要很多只适用于专题报告的细节。此时最好将研究方法等资料放在附录中，以备他们需要时参考。

## 8.2 调查报告的格式和内容

调查报告一般没有统一固定的格式和内容，尤其对于口头报告、基础报告和专题报告更是如此。如何安排报告的格式和内容，就要根据问题的性质和使用者的要求而定。这里主要介绍一下供决策者阅读和使用的报告的基本格式和内容。

学习微平台

延伸阅读8-2

一般来说，提供给决策者的调查报告应包括以下一些内容：

### 8.2.1 呈送函件

函件要指出该报告直接呈交给谁，进行该项工作的原因以及这项调查的有关批示或批准事项等。

### 8.2.2 扉页

在扉页上一般有三项内容：一是调查报告的标题；二是调查人员姓名及所属单位或调查公司；三是完成和呈报报告的日期。调查报告的标题也就是报告的题目，一般要简单醒目并点明报告的主题。有的调查报告可能采用正副两个标题，正标题表明调查的主题，副标题则具体表明调查的单位和问题。如果调查报告内容是保密的，那么就应当在每份报告扉页上编号或写上收件人姓名。

一般情况下，扉页应放在报告的首页。但也有人喜欢把呈报函件放在首页，以突出表示他们要把报告呈交给函件所指之人。

### 8.2.3 目录

如果报告较长，报告书就应该有一个目录。所谓目录也就是报告中各章节内容索引和附录的顺序提要及其页码。附录可能包括各种表格、图示或插图说明等，它们一般要排列在报告正文之后。目录一般以不超过一页为宜。

### 8.2.4 提要

提要是对调查报告基本内容的概括，是对所有主要事例和主要调查成果及结论的综述。有的主管人员或决策人员往往对调查的复杂细节没有什么兴趣，有的则工作紧张，以至于他们只想知道调查结果、主要结论和如何行事的建议等。因此，提要是调查报告不可缺少的重要内容。

编写提要时，最好在报告全文写好之后，将其插入到报告中的适当位置（页码）。这种提要一般不宜超过两页，汇总表也不宜超过两个。

### 8.2.5 导言

这一部分通常包括：进行这项调查工作的原因、工作范围、对研究问题的设定、要达到的目标以及调查所依据的一些假设等。此外，如果有必要，还可加入历史背景的简要描述。导言的目的是引导读者详细探讨面临的问题。

### 8.2.6 研究方法

方法有助于使人们确信调查结果的可靠性，因此应对所用的研究方法进行简短叙述，并说明为什么选用这些方法。这里所说的研究方法是指为达到调查目标所遵循的程序，它包含着调查方法，但又不能将其简单地理解为调查方法。描述研究方法时至少应包括以下几个方面：①调查设计是探索性的、描述性的，还是结论性的或试验性的；②搜集、检查和使用各种资料的方法；③抽样设计和样本选择方法；④所使用的问卷类型以及确定类型的依据；⑤分析和解释所使用的方法；⑥所使用的调查人员的数量和类型（如采访人员、操作人员和管理人员等）。

### 8.2.7 调查成果

**调查成果**（findings）是调查报告的核心内容，是重点交代、重点阐述的部分。这部分内容主要包括：①对大量的原始资料进行整理概括得到的结果及其解释和说明，使读者一目了然；②使用的各种定性和定量分析方法得到的分析结果，包括使用统计方法得到的分析结果和详细的解释；③综合概括和结论；④说明调查结果的其他手段，如图、表和曲线等。

【补充阅读资料 8-2】

调查结果的完整和详细程度

报告所列调查结果的完整和详细程度，与调查者的水平和使用报告的目的有关。一般来说，结果至少应有足够详细的解释，使读者对所研究的问题有充分的了解。相关详细的资料可以放在附录中，供有关人员在他们认为需要进一步研究时加以使用。

### 8.2.8 限制条件

交代某些限制条件（limitations）也是很必要的。例如，完成调查工作的时间期限；调查回答误差及其可能的影响；调查成果的局限性、适用范围和可推广的程度；由于现场被调查对象不愿意作为抽样的对象而使用代替样本的限制等。

### 8.2.9 结论和建议

根据调查结果，用归纳法或演绎法进行推理判断，可以合乎逻辑地得出某些结论。这些结论应该对调查的前提或假设进行证实或否定。如果是营销决策调查，结论的提出可采取列举几种可供选择的方案的形式，说明企业可以采取哪些步骤和行动，每种可能的开支和达到的效果。如有可能，调查人员应预测企业采取了某种具体方案后，一定时间内应达到的经济效果。

紧跟在结论之后的应是有关行动的建议。建议的内容主要有：企业应当选择哪一种行动方案，其可行性如何；由谁做，做什么，何时何地做等。这些建议可能被决策者采纳，也可能被束之高阁。

【教学互动 8-2】

**问题：**如果报告提出的建议不被采纳，是否还要提建议？

**要求：**同“教学互动 1-1”的“要求”。

### 8.2.10 附录

附录（appendix）主要包括用来论证、说明或进一步阐述与正文有关情况的补充或扩充资料。一般将其按顺序编号，排列在正文之后。可能涉及的资料主要有：

（1）已经在报告的正文汇总的统计表和统计数字列表及其详细计算。

（2）第二手资料来源索引；第一手资料来源和联系对象的名称及地址、电话、电子邮件地址及网址一览表。

（3）搜集资料所使用的问卷和采访者指导说明书。

（4）为抽样调查而选定样本的有关细节。

（5）有关会议记录、书籍、手册等。

（6）其他有必要列入的参考资料。

【同步案例8-1】

### 大学生课外阅读情况的调查

**背景与情境：**阳光下、草坪上、教室里、图书馆里……到处可以看见书不离手的大学生，他们脸上洋溢着满足自信的笑容。

“你课外阅读的主要目的是什么？”“你最喜欢阅读哪种类型的书籍？”“你平时看一本书用多长时间？”……前不久我们对大学生的阅读取向进行了一次访问式调查，目的是了解当代大学生读什么书、读多少书和怎样读书的问题。

通过调查了解，有部分学生的课外阅读主要是为了休闲。他们认为“平时专业课程的阅读量已经很大了，课外阅读当然选择内容较轻松的课外书籍，以缓解读书的压力”。这样的学生大约占44.9%。还有部分同学课外阅读是为了拓展知识面。这样的学生所占比例较小，只有8%。大学生不青睐专业书籍是否合理呢？不少招聘企业都感慨现在的大学生专业能力弱，学以致用的能力较差。在学校期间不注重专业知识的积累和自身专业技能的训练，不阅读、不关注相关专业课外书籍，是造成这种现象的原因之一。

在回答“你最喜欢阅读哪种类型的书籍”时，大多数学生选择报纸杂志。报纸杂志始终占据大学生阅读排行榜的首位。多数学生选择此类书籍的原因是“阅读起来方便”和“信息量大，来源广泛，易获得”。调查发现，学校为学生免费提供的《文汇报》成为阅读人次最多的报纸，《青年报》《环球时报》《参考消息》《电脑报》《读者》有一定的市场。在阅读内容方面，阅读新闻占51%，领先其他三项，阅读“生活信息及资料”占24%，阅读“文学作品”占16%，阅读“评论文章”占9%。

目前大学生的阅读结构对大学生正确世界观、人生观的形成非常不利，急需加以正确引导。

资料来源　根据百度文库《大学生课外阅读情况的调查》改编得来。

**问题：**这篇调查报告在结构内容和语言方面存在哪些问题？

**分析提示：**这篇大学生阅读情况调查报告在结构内容和语言方面，都不符合文种的写作要求。具体来说，主要问题如下：（1）缺少交代调查基本情况的导言。本来，这类调查的开头一般要交代调查的目的、时间、地点、对象、范围以及采用的调查方法等。（2）主体部分对调查情况的叙述涉及的调查问题虽多，但提供的调查信息过于简单，材料不充分。文中虽然提到“对大学生的阅读取向进行了一次访问式调查”，但对调查对象人次，以及以什么方式归纳整理数据，未做介绍，而这些均是必写的内容。（3）分析不够深入，原因和结果之间缺乏必然的联系，或者说所得出的结论缺乏充分的依据。如文中写“企业都感慨现在的大学生专业能力很弱，学以致用的能力较差”，却得出学生“不阅读、不关注相关专业课外书籍，是造成这种现象的原因之一”的看法。又如，文章的结论是“目前大学生的阅读结构对大学生正确世界观、人生观的形成非常不利”。综观全文，这些结论难以令人信服。（4）文章末段提到“大学生的阅读结构”“急需加以正确引导”，却没有按文种的要求写出相应的建议，而建议是报告必不可少的内容。（5）文章的语言不够得体。尤其是开头，采用的是散文语言，不符合所写文章的写作要求。

## 8.3 调查报告准备的原则

### 8.3.1 基本原则

一个典型的、完整的调查报告，应该有三种表达方式，即用文字和数据作为主要的表达方式，同时用图表补充或阐明。报告起草人应熟练使用这些表达方式，以便将调查成果有效地、充分地展示给决策者。

准备调查报告，首先应符合两个基本原则。

其一，调查报告必须真实、准确，以实事求是的科学态度，全面而又准确地总结和反映研究成果，是写好调查报告的首要原则。真实性主要表现在一切结论来自客观实际，有具体的数字资料依据。从事实出发，而不是从个人观点出发先入为主地做出主观判断。调查之前所涉及的理论模型或先行的工作假设，都应毫无例外地接受调查资料的检验。凡是与事实不符的观点，都应该坚决舍弃；凡是暂时拿捏不准的，应如实写明，或放在附录中加以讨论。

调查报告的真实性还表现在，所用的数据要准确。只有建立在精确数据上的论点才真实可信。因此，调查报告所提供的事实材料必须经过认真审核，数据应当经过反复检验。

其二，调查报告要满足决策者（读者）的需求或要求，这也是准备调查报告的重要原则。

【同步思考8-3】

**问题：**为什么满足决策者（读者）的需求或要求，是准备调查报告的重要原则？

**理解要点：**因为营销调查是为经营决策服务的，经营决策是由主要决策者依据调查结果做出的，而决策者必然要求有一个便于其阅读使用的最终报告。

报告起草人应尽量了解主要决策者的类型，了解他们的兴趣、偏好及思维模式，以使提交的报告最大程度地符合决策者的需求，使报告能一次通过。通常决策者有以下4种类型：

（1）对事物的看法有鲜明的倾向性，对调查有强烈兴趣的决策者。这类决策者对接受或拒绝调查报告起着重要的作用。在这种情况下，报告起草人应该小心谨慎，最好从决策者感兴趣的方面入手，逐渐展开报告；同时应避免出现没有详细说明的命题或结论。

（2）迟疑的决策者。这类决策者需要很强的刺激才愿意对事情做出决定。在这种情况下，有必要对报告做一番生动有趣的描述。

（3）喜欢分析思考的决策者。这类决策者往往需要报告具有完整的资料并进行了有深度、有逻辑性的论证。

（4）精悍果断，善于综合考虑的决策者。这类决策者希望不花过多的时间就能掌握事物的本质。在这种情况下，应该采用简练的语言和图表来表达报告的内容。总之，准备调查报告的过程实际上是调查者与决策者（读者）双向决定的过程，并非报告越长越好或越详细越好，也并非只有一种模式。报告要在真实可信的基础上，尽量满足报告使用者的需求或要求。

学习微平台

延伸阅读8-3

但是，更多的时候我们不可能把主要决策者简单地归入哪个类型，或者说很难确切地适应决策者的兴趣和思维模式。这时候，应该遵照下述一般原则按常规处理。

### 8.3.2 报告撰写的原则

撰写供决策者阅读、使用的调查报告时，应遵循下列一些原则：

1）易于理解和阅读

这主要包括：逻辑严密、结构层次清楚，比如每个主题都要有明确的标题，除了主标题以外，还可以使用副标题。为了易于理解，还应当尽量使用非专业性语言，万一必须使用专门术语，报告中应有简要的解释，并将这类解释放在附录中。内容明确是评价报告的一个重要的质量指标，因为内容表达含糊不清往往会导致错误的决策或大量的失误。为此在起草报告时，应该反复推敲修改，不追求速度。也可以事先让两三个不熟悉此专业的人阅读报告，指出不明确之处，再给予纠正。

2）语句简练流畅

语句结构是写作技巧的反映。要想写出好的报告，当然要注意语句结构。首先应尽量使语句简洁，少使用长而晦涩的语句；其次应使语句尽量活泼流畅，以引起阅读兴趣。

3）简要

这主要是指报告的篇幅一般不宜过长，报告的长短应以能达到研究目的为准；把要点放在前面，并可用大号黑体字表示强调，然后，针对论点简要阐述；既要具体又不能烦琐。

4）实用

实用原则是很重要的。它主要强调调查报告应有很强的针对性和目的性，即帮助决策者研究问题和解决问题，因此它无须使用华丽的辞藻和进行过多的理论分析。

5）形式多样化

调查报告的编排形式不是唯一的，相反，灵活多样的编排形式可避免呆板，方便阅读，更有利于引起读者的注意。例如，可用黑体字强调中心思想或主要论点，用引号或下划线强调关键词，用圆点表明重点等。报告整体各部分的排列，根据情况，可按顺序编号排列，也可按主次排列，亦可以分块列表顺次排列等。

【课程思政8-1】

#### 处理数据、制作调查报告时要遵守的道德规范

**背景与情境：** 市场调查提供者在处理数据、撰写调查报告时要遵守的道德规范主要有以下几方面：

（1）信守合同。调查提供者一旦与使用者签订了调查合同，就应该按照合同的要求按时保质完成任务。

（2）实事求是。调查提供者须严格控制搜集信息的过程，避免带着某种预先设定的目标确定调查范围。

（3）公平交易。坚持公平竞争，反对把同行视作敌人；坚持平等自愿、等价交换的原则。

（4）为客户保密。调查提供者必须为使用者严格保密，在保密期限内，未征得同意，不得向任何第三方泄漏相关的调查结果。

**问题：**受人委托进行调查，调查者要对客户负哪些责任？

**研判提示：**主要做到以下几点：（1）信守合同；（2）实事求是；（3）公平交易；（4）为客户保密。

【同步案例8-2】

## 一份不完整的调查报告

**背景与情境：**某调查公司对某市果汁饮料市场进行了一次市场调查，根据统计数据，对调查结果进行了简要的分析。

追求绿色、天然、营养成为消费者的主要目的，品种多、口味多是果汁饮料行业的显著特点。该市场调查显示，每家大型超市内，果汁饮料的品种都在120种左右，厂家达十几家，竞争十分激烈，果汁的品质及创新成为果汁企业获利的关键因素，品牌果汁饮料的淡旺季销售无明显区分。

对于目标消费群的调查显示，在选择果汁饮料的消费者中，15～24岁占34.3%，25～34岁占28.4%，其中又以女性消费者居多。

影响购买的因素有以下几项。口味：酸甜口味的销量最好，低糖营养类果汁饮品是市场需求的主流。包装：家庭消费首选750毫升和1升装的塑料瓶大包装；260毫升的小瓶装和利乐包为即买即饮或旅游时的首选；礼品装是家庭送礼时的选择；饮料喝完后，新颖别致的瓶子可当杯子用，所以也影响了部分消费者购买的决定。

在饮料种类选择习惯方面，71.2%的消费者表示不会仅限于一种，会喝多种饮料；有什么喝什么的占20.5%；只喝一种的占8.3%。

对于品牌选择习惯的调查显示，习惯于多品牌选择的消费者占54.6%；习惯于单品牌选择的占13.2%；因品牌忠诚性做出单品牌选择的占14.2%；价格导向的占2.5%；追求方便的占15.5%。

饮料品牌认知渠道有以下几项。广告：58.4%；自己喝过才知道：24.5%；卖饮料的地方：11.1%；亲友介绍：6%。

在购买渠道选择方面，在超市购买占61.2%；随时购买占2.5%；在个体商店购买占28.4%；在批发市场购买占2.5%；在大中型商场购买占5.4%。酒店、快餐厅等餐饮场所也具有较大的购买潜力。

在一次购买量方面，选择喝多少就买多少的占63.4%；选择一次性批发很多的占6.7%；会多存一点的占29.9%。

资料来源　彭娟，覃常员．市场调查与预测实训［M］．5版．大连：大连理工大学出版社，2018.

**问题：**一份完整的调查报告要具备哪些要素？

**分析提示：**市场调研报告是内容和形式的具体统一，即正确的内容和尽可能完美的表达形式的统一。市场调研报告的结构不是固定不变的，其具体结构、格式、风格、体例因调研项目的需要、调研人员及调研性质的差异而不同。但是，大多数正规的调研报告通常有一个基本的结构，即介绍部分、主体部分和附录部分。介绍部分有封面、授权书、目录、摘要；主体部分有引言、正文、调研概况、数据分析与调研结果、局限性及必要说明、结论和建议；附录部分有附录、调查问卷、原始数据、重要图表和参考文献。

### 8.3.3 表格展示的原则

列入报告中的部分统计资料，在其相对比较简单或描述其在上下文中的关系时，可以将其并入文字说明部分。

【教学互动8-3】

**问题**：当需要比较复杂的统计分析时，应该选择的表示方法是什么？

**要求**：同“教学互动1-1”的“要求”。

设计这类表格应注意的问题主要有：

1）标题

**标题**是表明文章、作品（此处是报告）等内容的简短语句。标题应安排在表上方正中间，必须简明准确地表述资料的性质、分类和时间。如果统计表较多，应给各表编号，以免混乱。

2）数字

所有上下各行数字的位数都应对齐，同类数字应保持统一的有效位数，无论精确到哪一位数字，都应一致；遇有相同的数字时，要重写一遍，不可用“同上”或“同左”之类的字样代替；有不同年份的应按年月顺序排列；对于与正文有关的数字，应当用有关的符号表示（如8A、8B等）。

3）项目排列

项目应按资料的重要程度排列。例如，当资料与行政区域及位置关系密切时，可以按地理位置排列；当材料与时间有关时，应按适当的时期（如年、季、月等）排列；当大小次序最重要时，应按大小顺序排列，这种排列最常见；当项目位置在表中显得重要时，应该用阿拉伯数字或英文字母排列等。

4）纵标目和横标目

纵标目是位于垂直栏目之上的名称，横标目是位于横行或水平数字行的左端的名称，两者都应当简明扼要。横标目上的总标目（一般位于表的左上角）要能综合说明横标目的内容。若有小分类或小计时，要在横标目中一并表示出来，但小分类的横标目要缩进几格而又比小计凸出。当一个总的纵标目所表达的内容与表中两个以上的纵标目具有共同点时，则把总的纵标目放在这些共同的纵标目的上方。如果纵标目、横标目较多，最好编号。

5）计量单位

表中的数字要注明计量单位。如表内数字都属同一计量单位，一般应将其标明在表的上方，以免在表内重复填写；如不属于同一计量单位，应将其放在各纵标目上。

6）资料来源和脚注

除第一手资料外，一般均应标明资料来源，以便需要时参考。对有些无法并入表格的解释性内容，如数据资料或计算方法的某些限制条件，可用脚注说明。脚注一般应放在表格的下面而在“资料来源”的上方。

7）重点强调符号

有时需要强调一下重点以引起读者注意，可以使用必要的符号进行标明。例如，在数字、横标目和纵标目中，利用字体对比，可达到强调重点的目的；利用细线、粗线或双线可表示强调或引起注意等。

### 8.3.4 图像展示原则

对于报告的重要部分，有时需要用图像形式给予充实。**图像**是一种基本的形象化的辅助手段，它有利于理解表格和说明资料特征。但是也应该慎重地、有限制地使用，只有必要并且报告篇幅许可时，才使用图像形式展示资料。

图像的具体形式非常丰富，常用的主要有曲线图、条形图、圆形分割图、象形图和统计地图等。下面将简要地说明曲线图和条形图等的制作及使用的原则。

1）曲线图

曲线图是以图内曲线的高低升降来表现数据资料的变化或依存关系的图形。根据其反映的资料性质，曲线图有动态曲线图、分配曲线图和依存关系图等。调查报告中常用的是动态曲线图。动态曲线图是通过连续曲线的升降来表示现象发展的动态。例如，各年产品销售总额的数据可描绘成一条动态曲线。绘制动态曲线图时，通常利用直角坐标，在坐标的横轴上划分时距，在纵轴上确定数量尺度。从纵横轴上的各标点分别引出细直线，构成坐标格，即是图形的底景。然后根据数据资料在坐标格上确定各交叉图示点，连接各点便形成动态曲线图。为了进行对比，可以把两条或两条以上曲线图绘制在同一直角坐标内。如两种或多种产品同期销售数据资料，即可在同一直角坐标内绘制成两条或多条曲线，以便对其进行对比。绘制动态曲线图应注意以下一些原则：

（1）纵轴尺度应以0点为起点，自下而上标明数目，尺线上相同线段必须代表相同数值。横轴上时间的排列，要自左而右，间隔也应与时间长短相对应。

（2）纵轴尺度和横轴的间隔应当相互适应。如果纵轴尺度过大而横轴间隔太小，将加剧曲线的波动；反过来，纵轴尺度过小而横轴间隔过大，则会使曲线特征不够明显。

（3）图示点的确定必须准确。在横轴上以一定标点表示一定时间时，必须落点在各标点相应的指导线上。用一定线段表示一定时距时，应根据图示资料性质加以定点。

（4）图示曲线要转折分明，并应用粗线来绘制，以使其突出有力，显示图示现象的变动趋势。

（5）同一图示有两条以上曲线时，为了显示各条曲线的不同变动趋势，应该用不同形式或粗细的曲线来表示。

2）条形图

条形图是以相同宽度的条形长短或高低来比较数据大小。它是图像展示最常用的形式。条形图绘制简便，表现形式明确，图示效果较好。条形图可分为垂直条形图和水平条形图。垂直条形图比较适用于按数量或年份分类的数据资料（如图8-1所示）；水平条形图比较适用于按质量或地理位置分类的数据资料（如图8-2所示）。

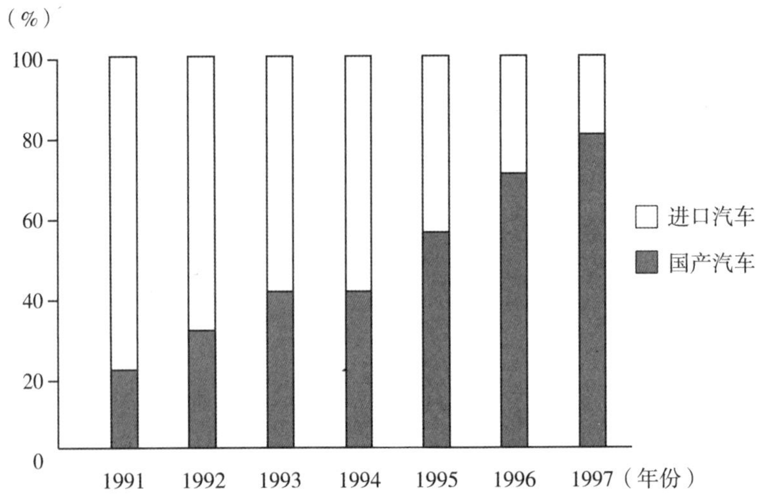


图8-1　1991—1997年汽车销售市场占有率（假设资料）

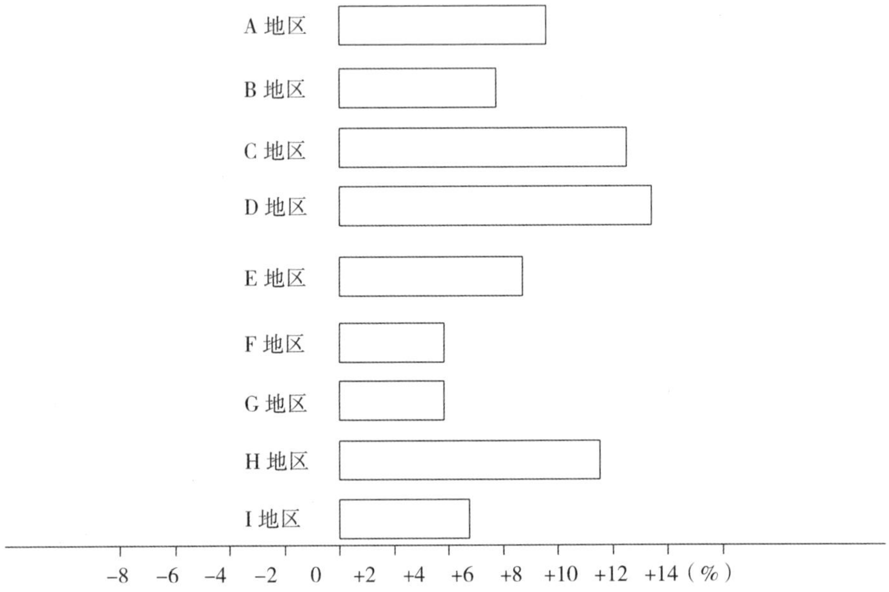


图8-2　双向条形图（全国9个地区1998—1999年销售变化百分比）

3）其他图形

（1）圆形分割图。圆形分割图是较常用的表示数据的方法。它是把整个圆形分成若干扇形部分，以全圆面积表示现象总体（或总量），各扇形面积的大小表示在总体中各组成部分所占比重的大小。其绘制方法是，根据扇形面积与圆心角的大小成正比例的原理，每3.6度圆心角即包括1%的圆面积；将各组成部分的数据分别乘以3.6，可得各组成部分应占的圆心角的度数；然后，使用量角器按计算度数可绘出各个扇形。例如，我们对某城市居民某年消费支出结构的调查结果是，耐用消费品支出占14%，非耐用消费品支出占61%，用于各项服务支出占25%。如果用圆形图来形象地表示这个结构，首先应计算各自圆心角度数分别为50.4度（3.6×14）、219.6度（3.6×61）和90度（3.6×25），然后即可绘出圆形分割图（如图8-3所示）。

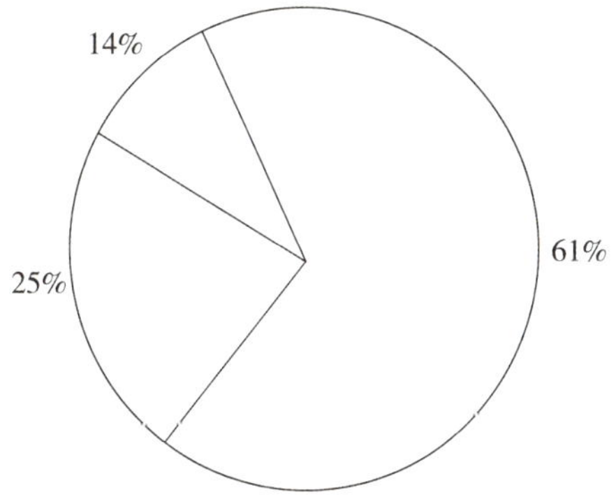


图8-3　圆形分割图（某市居民某年消费支出结构）

（2）象形图。象形图是用形象画来表示调查资料的图形。它可分为两类：一类是用形象画的大小、多少、长短或高低来表示数据资料；另一类是仅用图内形象画象征图示的现象，另用数字来注明现象的数量。

学习微平台

延伸阅读8-4

（3）统计地图。统计地图是以地图为底景，对所研究的社会经济现象有关地区分布的调查资料进行图示。它主要适用于表示按行政区域或经济区域等划分的目标市场的研究，如不同地区产品销售总额、消费者数量和比重以及购买力分布等。

## ■ 本章概要

□ 内容提要

●本章介绍调查报告的作用及分类；调查报告分为基础报告、供出版使用的报告、专题报告、供决策者使用的报告四类。

●重点介绍了调查报告的格式及内容，并分别提出调查报告每一部分的要点。最后强调了在撰写调查报告时应注意的一些原则。

□ 主要概念和观念

▲ 主要概念

调查报告　调查成果　标题　图像

▲ 主要观念

调查报告的作用和种类　市场调查报告的格式和内容

□ 重点实务

撰写调查报告的原则　根据调查内容练习撰写调查报告

## ■ 基本训练

□ 知识训练

▲ 简答题

1）调查报告中的附录一般涉及的资料有哪些？

2）表格展示时应遵循哪些原则？

▲ 填空题

1）只有________强的选题才能使市场调查与预测发挥作用。

2）题目是市场________与________报告的浓缩点。

3）调查与预测的价值不是用报告的________来衡量的，而是以________、________、和有效的________来度量的。

4）沟通的本质在于分享________和彼此________。

5）一旦市场调查与预测报告被________，市场调查与预测者就有责任对报告使用者进行________。

▲ 单项选择题

1）（　　）非常关心社会动态，希望得到企业如何面对环境变化的意见和建议。

A.科研工作者　B.调查与预测者　C.消费结构　D.消费项目

2）许多报告使用者（特别是高层管理人员）通常只阅读报告的（　　）。

A.目录　B.执行性摘要　C.正文　D.结论和建议

3）（　　）是市场调查与预测结果沟通的主要障碍之一。

A.噪声　B.口头陈述　C.书面沟通　D.三者都不对

4）要与报告使用者之间建立信任关系，从而使人们更好地使用调查与预测信息，最有效的方法之一就是（　　）。

A.口头陈述　B.顾客满意度调查

C.提高报告可信度　D.强调报告的使用价值

▲ 多项选择题

1）从使用者来分，调查报告可分为（　　）。

A.基础报告　B.供出版使用的报告

C.专题报告　D.供决策者使用的报告

2）一般情况下，应放在调查报告首页的内容是（　　）。

A.呈报函件　B.扉页　C.目录　D.提要

3）编写报告时应遵循的原则有（　　）。

A.语句简练流畅　B.简要　C.实用　D.形式多样化

▲ 讨论题

1）为什么要在调查报告里说明调查的研究方法？

2）调查报告的内容包括哪几个方面？

3）在撰写调查报告时应遵循哪些原则？

□ 能力训练

▲ 案例分析

## 中国婴儿手推车市场调查报告

**背景与情境：** 在人口数量最多的中国，奶瓶、尿布、婴儿床、婴儿手推车对现在的父母来说必不可缺，可见婴儿手推车的发展有良好的前景。《宝贝市场》携手 SinoMedia 资深市场调研部门，对200名分别居住于北京、上海、深圳、广州、南京、天津，并且有0~3岁婴幼儿的父母进行了婴儿手推车需求及消费状况调查。

调查显示，73%的消费者拥有两辆以上的手推车，但95%的消费者表示在购买初期不知道如何选择现有的国内或国外婴儿手推车品牌。79%的父母觉得除了品牌以外，性价比很重要，67%的消费者表示不会购买被曝有质量问题的产品。《宝贝市场》就中国婴儿手推车市场做出以下报告：

1）产品种类和家庭拥有数量

目前中国的父母购买的婴儿手推车大致可分为：①适合外出长时间使用的豪华型（全躺或半躺），价格在1 000～3 000元；②强调轻便，可简易折叠，适合经常短时间外出用的轻便型，价格在200～1 000元。此外，还有一种双人婴儿手推车，价格在300～5 000元。

29%的婴儿手推车会使用到孩子1岁半，淘汰原因基本是全躺的豪华型比较庞大而且不灵便，但父母们100%都会转向购买轻便型手推车，或已经有了第二辆。42%的父母会用到孩子3岁，淘汰原因是孩子应该自己活动和锻炼而不再依赖于手推车。但98%的父母会将手推车保留到孩子4岁，原因是出游时可以省力很多。

4岁半之后，38%的父母就会考虑将现有的手推车废弃，如质量完好，则会送给亲朋好友。被调查的200名父母中，12%有从朋友处拿来二手婴儿手推车后继续使用的经历，但这并没有影响他们另外购买一款更适合自己宝宝的手推车。

2）市场发展趋势

被调查的父母，平均年龄为父亲32岁，母亲29岁，为三年以内购置过婴儿手推车的用户。他们中拥有自驾车的占42%，年家庭收入在12万～40万元之间。作为新生代父母的代表，他们目前对中国市场上提供的婴儿手推车的需求，除了通常手推车必须具备的基本功能和安全标准以外，还体现了中国的市场趋势。

从产品的档次来说，高端、中端市场迅速而持续地发展。“高级”和“实用”这两点同时被消费者要求，“高级”体现为追求手推车品牌、时尚趋势，提高孩子的出行舒适度和安全度，主要是父母亲自带孩子旅行出游的时候使用。而“实用”则用于日常户外活动，家里看护孩子的祖父母与保姆使用居多，“实用”着重追求性价比、安全性与便捷性。

有趣的是，参与调查的父母中，96%的人表示希望获得最新的婴儿手推车产品信息，72%的人对欧美设计的产品表现出明确的兴趣。87%的人表示并不知道“好孩子”目前已是全球儿童手推车领军企业，并在中国婴儿手推车市场独占鳌头，但45%的被调查父母至少买了1辆“好孩子”手推车。

以下调查结果，按不同需求将中国的市场趋势分类，并将最具潜力的新趋势罗列在前：

1）时尚度和便捷度

（1）优美外形，简洁而时尚的线条，有未来感。随着中国城市化的进程和高科技电子产品的普及，现代感、时尚感和未来感的造型是新生代父母的主要追求目标，他们希望婴儿手推车和婴儿一起都融入他们所追求的现代生活方式中。

（2）高品质布料或人造革，防污能力强，易清洁。

（3）彩色铝制骨架和底盘，和车身布料相和谐匹配。

（4）轻量、单手折叠，折叠后体积小，车轮可拆，可轻松放入自家车行李舱。

（5）推行自在灵活，转弯方便，作为婴儿手推车的最基本条件之一，很多家长甚至追求单手推拉自如。

2）保障婴幼儿的健康安全和舒适度

（1）手推车座椅位置高于汽车尾气排放位置。由于环境和空气污染，以及媒体所报道的婴儿因乘坐手推车而遭受尾气中毒的事件，中国的父母开始注意并寻求手推车座椅的新高度。很多父母表示希望座椅高度可调节，这样不仅可以避免尾气，还能在不同餐厅按照餐桌的高度调节成儿童餐椅。

（2）防紫外线（UV）材质，可防止直接长时间日晒。虽然儿童需要适当日照，但调查显示，84%的父母希望孩子能获得安全的日晒防护。

（3）车身大小适合婴幼儿的身材，靠垫材质安全且柔软。

（4）安全带和安全护栏的舒适度和安全度同样重要。

（5）防震和刹车功能完备。

3）产品的特殊性和多功能性

（1）婴儿手推车的提篮可以同汽车儿童安全座椅并用。在欧美，汽车安全座椅与手推车提篮相结合的方式已经很完善，几乎每家公司都在做这种产品，但中国还在起步阶段，这是消费习惯的问题。随着儿童安全座椅相关法规的执行，一些有车的父母开始考虑将其合二为一，提高便捷度并能节省资源和费用。但由于目前各大车型刚刚推出ISOFIXO接口不久，且大部分市场上有售的儿童安全座椅尚不能与手推车接轨，因此被调查者中，已购买的父母只有2家，占全体的1%。但48%的有车父母表示有兴趣，希望进一步获得信息，打算买车的父母有提出希望优先考虑合二为一的新趋势，但价格仍旧是主要考虑的要素之一，如果价格过高，依旧会考虑分开来购买。

（2）双子上下手推车，节省空间，可同时安放2名婴幼儿，或下层置物用。

调查显示，这是有两个孩子的父母和双胞胎父母的最爱，一些打算生第二胎的父母，也表示十分关注双子上下手推车。

（3）手推车座椅可转方向，面对或背对推车人，推车手柄高度可根据推车人身高调节。

（4）安置小配件：①可拆卸雨罩，雨天时可全罩式覆盖婴儿车；②阳伞，遮挡来自不同角度的部分日照；③果汁杯套，可安放果汁、咖啡或饮料罐；④可拆卸餐盘，可装置于座位前方，方便婴幼儿用餐；⑤置物袋，为出行安放必需的奶瓶和尿布等，或在购物后置物用。

4）消费者购买渠道

调查显示，婴儿车的来源中，婴儿的祖父母赠送占了49%，朋友赠送占6%。因为手推车产品涉及零件较多，需要挑选、比较的各项指标多，所以选择实地购买的消费者数量远远高于通过网络平台购买的数量，尤其是祖父母辈不太会使用网络购物，而选择专业母婴网购平台购买的消费者人数多于C2C网购平台的购买人数。

消费者购买首选的地点是大型超市，在超市能够直接接触到各类产品品牌，并可以相互比较，这是大多数消费者比较放心的购买渠道，而且有一定的保障，也能直接找到相关的负责人，因此是最优购买渠道。而通过网络平台购买的消费者，通常也是在实体店看好产品，再在网络上比较价格后实施网购的。因此，实体店也会是品牌的市场推广窗口。

5）新渠道拓展

调查显示，时尚化趋势令有意向在母婴精品店购物的父母增加了，且他们希望获得最时尚的产品，而价格则是其次考虑的因素。

而有些推荐优质生活方式的服装和生活用品品牌店，也希望加入婴童用品来提升家庭消费的青睐度，如无印良品等品牌素来有婴幼儿服装和用品专柜，这类品牌通常会选择与一些知名品牌合作或以OEM的方式来拓宽自己的产品线，为家庭提供一站式的时尚生活方式。也许，未来这也将会是婴儿手推车的销售渠道之一。

中国目前持续的高速发展和加速城镇化建设的政策方针，给二三线市场提供了很大的发展机会。中国的二三线市场是婴儿手推车庞大的市场，但价位尚以中低为主，高端需求约占市场总份额的6%。但这些地区对婴儿手推车的了解不多，尤其在功能上与安全质量上掌握的知识很有限，消费者使用手推车出行的习惯还没有形成，对其必需性和便捷性认识不足。因此，一些希望开拓这类市场的手推车品牌，可先尝试做一些公益性推广，如在大百货商场、地铁站、公园等地将手推车免费租赁给带孩子的父母，开展推广与教育活动等。

资料来源　酷豆丁. 中国婴儿手推车市场调查报告［EB/OL］.［2013-10-10］. http：//www.kudouding.com / cn / info17.aspx？ itemid=1954.

**问题：**

1）该调查报告的撰写存在哪些需要进一步完善的地方。

2）你认为这个调查报告有哪些不足？

**分析要求：**同第1章“基本训练”中本题型的“分析要求”。

▲ 实训操练

【训练项目】

“市场调查报告撰写”知识运用。

【情境设计】

将班级学生分成若干实训团队，每个团队确定1人负责。各团队选择本校某一食堂，根据操练项目需要进行角色分工与协作，就食堂质量进行调查统计分析，运用“市场调查报告撰写”的相关知识（即市场调查报告的种类、格式、内容和准备原则等），进行调查报告的规范化撰写。

**实训要求：**在先前各章实训调研的基础上，运用市场调查报告撰写知识，重点体验市场调查报告的规范化撰写。

【训练步骤】

1）将班级学生分成若干实训团队，每个团队确定1人负责。

2）各团队分别选择本校某一食堂，根据操练项目需要进行角色分工与协作。

3）各团队学生结合该项目需要进入的角色，重点体验“市场调查报告撰写”知识运用过程。

4）各团队学生记录本次模拟实训的成功经验、存在的问题、解决办法。

5）各团队整理实训记录，在此基础上撰写《“关于大学生食堂质量调查统计分析结果”调查报告》。

6）在班级讨论交流、相互点评与修订各团队的《“关于大学生食堂质量调查统计分析结果”调查报告》。

7）在校园网的本课程平台上展示经过修订和任课教师点评的各团队《“关于大学生食堂质量调查统计分析结果”调查报告》，供学生们借鉴。

□ 课程思政

## 强生公司“泰勒诺”胶囊销售风波

**背景与情境：** 1982年强生公司正在进行两个月一次的高层会晤，突然被告知芝加哥有人因服用强生公司的最主要、销售最好的特效药泰勒诺胶囊而氰化物中毒死亡，房间里的人无不震惊万分。20世纪七八十年代泰勒诺作为阿司匹林的替代物，但没有阿司匹林的副作用，获得了轰动一时的成功。与泰勒诺有关的死亡事件发生以后，消费者产生了极大的戒心，强生公司取消了该药品的生产，并建议顾客在迷雾澄清之前停止服用该药。全国的药店和超级市场将该药品撤离货架，不久以后，市场上的泰勒诺完全消失。经调查，人们发现投毒并不是发生在生产过程中，可能是有人买走了泰勒诺，在一些胶囊内投入氰化物，然后又把药退回药店，强生公司完全摆脱了任何错误的干系。但强生公司决定将处理危机的责任从管理层扩展到整个公司，首先暂停广告宣传，公司出资从零售商和顾客手中购回没有开启的泰勒诺药瓶，将其送往销毁地点，直接损失高达1亿多美元。同时，强生公司非常希望保持泰勒诺的品牌，毕竟该品牌得到认可是多年来广告宣传的结果。强生公司决定以经常使用者为销售目标，重振该品牌，然后扩展到其他顾客。公司播出商业广告，告知广大公众，公司将尽一切努力来重新赢得他们的信赖；公司向媒体伸出求援之手，希望它们为公司提供有关事件最准确、最新的消息，帮助公司控制混乱局面，并停止广告的宣传；公司设计出一种抗破坏性包装，以防止悲剧的重演；公司鼓励消费者使用药片，因为药片不易受污染，并免费以药片换取顾客手中的胶囊。此外公司提供给零售商高额回扣。强生公司的苦心努力没有白费，1983年5月泰勒诺重新夺回了9月失去的全部市场份额，达到35%。

资料来源　根据百度文库《商业伦理导论案例分析》改编得来。

**问题：**

1）强生公司如何在逆境中依然保持与媒体良好的关系？

2）有人认为强生公司应放弃泰勒诺品牌的重塑，你认为呢？

3）强生公司为何不惜代价地维护其公众形象？

**研判要求：** 同第1章“基本训练”中本题型的“研判要求”。

# 第9章 市场预测概述



## ◆ 学习目标

通过本章学习，应该达到以下目标：

**职业知识：**学习和把握“市场预测概述”的相关概念，市场预测的作用、内容、种类、基本原理和决策过程、基本原则和一般步骤，以及“补充阅读资料”和二维码资源等理论与实务知识；能用其指导“同步思考”、“教学互动”和“基本训练”中“知识训练”各题型的认知活动，正确解答其相关问题。

**职业能力：**运用本章知识研究相关案例，培养在“市场预测概述”特定情境中分析问题与决策设计能力；通过搜集、整理与综合“市场预测原则与程序”的前沿知识，撰写、讨论与交流《“市场预测原则与程序”最新文献综述》，培养“市场预测概述”中“自主学习”、“团队协作”和“与人交流”等通用能力。

**课程思政：**结合本章教学内容，依照“课程思政”的要求或标准，对相关案例中的企业及其从业人员行为进行思政研判，培养高尚的道德情操，树立社会主义核心价值观。

学习微平台

思维导图 9-1

【引例】

## 2015年亚洲医疗器械行业发展趋势预测

**背景与情境：**随着亚洲主要国家经济的发展，以及人口老龄化加剧，亚洲医疗器械产业和市场有着巨大的增长空间。近期，国外专业媒体对亚洲国家医疗器械行业在监管、采购、价格、研发方面的新趋势进行了预测和分析。

1）行业发展预测

（1）集中采购常态化

据国外专业媒体分析，未来亚洲国家的医疗器械政府集中招标采购活动将更加常态化。目前，印度、孟加拉国等人口总数过亿的亚洲人口大国，其公立医院所需医疗设备和医疗器械主要通过政府招标采购。未来招标采购的常态化，将促使医疗器械价格进一步降低。国外分析人士指出，该趋势对日、韩、新加坡等劳动力成本较高国家的厂商来说尤其不利。

（2）提升进口监管要求

据西方媒体预测，中国、印度、印度尼西亚、孟加拉国等亚洲人口大国今后将进一步借鉴西方发达国家的进口医疗器械监管措施，执行更为严格的质量安全管理规范，以消除潜在的质量安全隐患。这将大大推动进口产品质量提升，也会导致企业生产经营成本增加。

（3）同质化竞争加剧

亚洲医疗器械厂商众多，产品同质化现象很普遍。目前，一次性医疗器械、医用导管、手术器械、医院病床、轮椅等医疗器械细分领域，甚至CT机、B超仪等中高端成像诊断设备领域，均存在产品同质化现象。西方媒体分析指出，随着亚洲厂商之间技术差距逐渐缩小，今后亚洲医疗器械产业的产品同质化现象将进一步加剧。

（4）私立医院带动需求

据西方经济学家预测，今后10年，民间资本将大举进入亚洲国家和地区的医疗卫生体系。目前，日本、新加坡和韩国虽然经济较为发达，但是其医疗卫生体系的主体仍然是公立医院。中国、印度、马来西亚等亚洲国家的医疗卫生体系也是以公立医院为主。随着对医疗服务需求的增加，特别是很多国家逐步进入老龄化社会，今后亚洲国家医疗卫生体系中将出现越来越多的私立医院，而这些收费较高、更加注重服务质量的私立医院必然会采购大量新型医疗设备和医疗器械，以满足患者的诊疗需求。这将推动亚洲医疗器械市场销售迅速增长。

2）产品研发需求

（1）零缺陷

过去几年，亚洲医疗器械产品总销量每年上升10%～15%，这与亚洲主要国家人口老龄化有很大关系。其中，心脏起搏器、血管支架、人工关节等植入性医疗器械销量增幅惊人。部分医院管理者就此指出，医疗器械产品尤其是植入性高风险产品必须是“零缺陷”产品。因为这些产品被植入人体后，一旦出现故障将直接危及生命。此外，目前销量极大的家用电子医疗器械产品（如电子血压计、电子血糖仪等），也应该是“零缺陷”产品，否则医生和患者很可能受到仪器数值误导而延误治疗。

（2）小型化

一些医院管理者表示，在介入治疗等微创医疗手段越来越普及的今天，关于医疗器械小型化的呼声日益高涨。而数码技术的日趋成熟，为小型化医疗器械发展奠定了基础。

（3）产品升级

部分医务人员指出，世界各国迅速普及的局域网（LAN）、WiFi等网络技术，为电子医疗产品升级提供了平台，也为健康管理提供了极大方便。

（4）长寿电池

一些医院管理人员表示，现在，心脏起搏器、胰岛素泵、助听器等很多电子医疗器械都要用到电池，然而不少电池产品存在供电时间短的问题。据报道，欧美发达国家已开发出使用时间达10年之久的长寿充电电池，它可省去经常换电池的麻烦。近期，欧洲一家公司开发出一种“生命热源电池”。它能够采集人体散发的热量作为能源，将热能转化为电能储存进电池，供医疗器械使用。这种体积极小的新型电池非常适用于可穿戴医疗器械产品。

资料来源 佚名. 2015年亚洲医疗器械行业发展趋势预测［EB/OL］.［2015-05-15］. http://www.orangebank.com.cn/index_e/hy/hyzx_ylqux_e/9923.html.

市场预测就是通过对市场供求变化诸因素的分析，根据过去和现有的数据资料，运用科学的方法，分析和预见市场的发展趋势，掌握市场变化规律，为市场营销决策提供可靠的依据。

通过市场调查研究搜集市场活动历史和现实的事实材料，这仅是第一步，必须把这些材料用于市场预测，才能为市场参与者的决策提供有用信息。只有运用科学的方法，搜集市场相关资料，适时地分析研究，做出正确的判断与预测，政府才能策划好未来市场的宏观调控方案，企业才能在未来瞬息万变的市场环境中生存发展。

## 9.1 市场预测的含义和作用

现代企业经营管理的重心在企业决策，企业决策的基础是信息。市场预测是给企业决策提供信息的重要手段，做好市场预测有益于决策者提高市场预见能力和判断能力。市场预测越可靠，企业决策越正确，经营管理越有效，创造的财富也越多。

### 9.1.1 市场预测的含义

市场预测属于预测的一个分支。要了解市场预测的概念，有必要首先了解预测的含义。对“预测”一词的含义，可以从两个方面理解：从广义上理解，预测是根据已知事件的规律性，去预计和推断未知事件，它既包括对目前尚未发生的事件的推测，也包括对现在已经发生但我们尚未观察到的事件的推测。从狭义上理解，预测仅指对目前尚未发生的事件的推测，但不包括对现在已经发生而尚未被观察到的事件的推测。文献资料和日常生活中所讲的预测，一般是从狭义上理解，即预测是通过对过去的探讨，而得到对未来的了解；或者说，预测是在调查过去和现在情况的基础上，通过分析研究，发现和掌握事物发展过程固有的规律性，用以预计和推断未来。总之，科学的预测不是任意的猜测，而且依据对事物客观规律的认识，去预见、分析和推断未来的发展变化。

学习微平台

延伸阅读9-1

### 9.1.2 市场预测的作用

市场预测之所以能被人们广泛、持久地应用，是因为人类在自身的生产、社会实践中，领悟到“科学的预见是正确行动的先导”这一道理。《论语·卫灵公》曰：“人无远虑，必有近忧。”《礼记·中庸》曰：“凡事预则立，不预则废。”这正是对科学预见重要性做出的经验总结。有了科学预测，就可能取得成功和胜利；缺乏科学预见，就会蒙受不必要的损失，甚至招致严重的后果。

【补充阅读资料9-1】

**市场预测的产生**

市场预测的产生历史悠久。根据《史记》记载，从公元前6世纪到公元前5世纪，范蠡在辅佐勾践灭吴复国以后，即弃官经商，19年中三致千金，成为天下富翁，他在经商方面的建树取决于他懂得市场预测。例如，论其存余不足，则知贵贱。贵上极则反贱，贱下极则反贵。这是他根据市场上商品的供求情况预测商品价格变化的方法。严格地说，市场预测是从19世纪下半叶开始的。一方面，在资本主义经济中市场变化极其复杂，要想获取利润，减少经营风险，就要把握经济周期的变化规律；另一方面，数理经济学对现象数量关系的研究已经逐步深入，各国统计资料的积累也日益丰富，适于处理经济问题，市场预测的统计方法也逐步完善。学术界关于市场预测的里程碑式人物是奥地利经济学家兼统计学家斯帕拉特·尼曼，他运用指数分析方法研究了金、银、煤、铁、咖啡和棉花的生产情况，有关铁路、航运、电信和国际贸易方面的问题，从而预测了1866—1873年的进出口价值数据。

资料来源 根据互动百科《市场预测》改编得来。

1）市场预测是社会主义市场经济发展的要求

自我国确定实行社会主义市场经济以来，市场预测一直是人们所关注的一项工作。因为市场经济的各种活动都需要预测，国家进行宏观调控需要预测，企业制定营销战略与策略也需要预测。预测之所以如此重要，是因为它能为未来的决策提供信息。决策是对未来事物所做出的决定，而对事物的未来发展状况做出正确的估量，才有可能使决策不脱离实际。预测信息能减少未来的不确定性，根据对事物的未来发展趋势分析做出正确的决策。所以说，没有科学的预测，就难以做出正确的决策。下面分别从微观与宏观两个层面说明市场预测的必要性。

在市场经济条件下，企业以自主经营、自负盈亏、自我发展、自我约束的商品生产者和经营者的法人地位进入市场，开展营销活动，参与竞争并在竞争中求得生存发展。这里所说的企业进入市场，不但要进入国内市场，而且应积极开拓国际市场。在经济全球化发展的今天，企业特别是一些有远见的大中型企业，更应当积极开拓国内和国际两个市场，充分利用国内和国际两种资源，以壮大、发展自己。市场营销活动包括调查预测市场的需求，企业要结合本身的资源优势，生产并提供适合市场需要的产品和服务，在适当的时间和地点，以适当的价格或收费，推向市场，以满足消费者需求，从中获取合理的利润和经济效益。

2）市场预测是企业营销活动的起点和经营决策的前提

所谓参与竞争，是指企业在国内外市场参加争夺产品销路、争夺市场的斗争。当代社会充满了竞争，善于应变者“兴”，不善应变者“衰”，这是市场竞争的必然。要有效地开展市场经营活动，就要善于应变，充分掌握和利用市场信息，分析现状，预测未来。如果企业通过预测，对市场的发展变化趋势与消费潜力了如指掌，在此基础上制定营销策略和实施销售方案，就能真正实现以需定产，解决产需脱节、滞销积压等问题，提高生产与流通过程的经济效益。企业如果适时预测到了营销环境的变化，就有可能适应环境、利用环境、改造环境，适时地抓住机会，迎接挑战。

3）市场预测有利于实现宏观调控

我国建立市场经济体制的目的，是发挥市场对资源配置的基础性作用。但要达到这一目的，离不开国家的宏观调控。其原因在于：一是市场本身功能存在缺陷，如市场主体行为的盲目性，难以自动、及时地保持宏观经济平衡；二是市场运行中主体行为目标的短期性、局限性，如只顾眼前、局部利益，不顾长远、全局利益，具体表现在对生态环境的污染等方面；三是市场运行出现产出、价格和就业等不稳定性，会引起经济运行的频繁波动，造成社会不安定，而市场本身又难以解决。上述矛盾，只有靠国家才能解决。

宏观调控是国家从经济运行的全局出发，按预定目标对国民经济活动所进行的调节和控制。宏观调控的基本方式包括国家投资、政府采购、刺激消费、国民收入再分配等方式在内的直接调控，以及通过经济政策（包括产业政策、财税政策、倾向政策、收入政策等）、经济计划（包括各种指导性计划、必要的指令性计划等）在内的间接宏观调控。其基本指导原则是“国家调控市场，市场引导企业”。直接宏观调控须通过市场预测提供未来的信息；间接宏观调控也必须以对未来时期经济发展趋势做出科学的预测为前提，特别是用计划手段对社会经济活动进行调控，更应当全面搜集准确的经济信息并在分析研究、探索其内在联系和规律的基础上，通过预测，提供未来信息。

【同步案例9-1】

**2020年中国洗衣液行业市场规模及发展前景分析**

**背景与情境：**随着生活水平的不断提高，人们的需求已经不仅限于温饱，还有对生活品质的追求。而对于家庭护理产品，已经不再是以前只追求能洗干净或是价格便宜。在消费升级与“懒人”经济的驱动下，家庭护理产品也在不断升级，其中高效、精细、优质的产品增速更快。家庭清洁护理行业涵盖衣物清洁护理、个人清洁护理以及家居清洁护理等众多部分。

（1）市场渗透率持续提升

作为衣物清洁护理行业中主要产品洗涤剂里重要的组成部分，液体洗涤剂以其配方灵活、溶解快、制造工艺简单、设备投资少、复合可持续发展战略、使用方便、环保的优点越来越受重视。

根据弗若斯特沙利文（Frost & Sullivan）公司的统计调研数据，2015年以来，我国洗衣液市场零售总额持续增长，到2019年年底，全国洗衣液市场零售总额增长至272亿元，年均复合增长率为13.1%。

从洗衣液渗透率来看，目前，我国洗衣液越来越受到消费者的偏好。2015年以来，我国洗衣液市场渗透率已由32.0%增长至44%，提高10多个百分点。从走势来看，洗衣液逐步替代洗衣粉，成为我国主要洗涤剂已成定局。

（2）线上渠道份额逐年递增

目前，我国洗衣液产品仍以大卖场、超级市场、连锁店以及杂货店等线下渠道为主要销售渠道，其中又以大卖场以及超级市场为主。2019年，线下渠道累计销售洗衣液产品183亿元，其中大卖场以及超级市场洗衣液产品销售额为123亿元。

近年来，受益于中国电子商务平台的发展，线上零售渠道已成为中国洗衣液行业增长最快的销售渠道，线上零售规模将由2015年的44亿元增至2019年的88亿元，业务规模翻倍。线上零售渠道占比由26.5%增长至32.4%，预计未来线上渠道市场份额将进一步提升。

（3）国内市场前景广阔

虽然我国洗衣液市场发展迅速，整体增速高于全球平均水平，但我国洗衣液产品渗透率相较于其他发达国家仍处于较低水平。主要原因是我国洗衣剂市场经历了由以洗衣皂为主发展至以洗衣粉为主，再到现在洗衣液逐步替代等多个发展阶段。

2019年，美国洗衣液市场渗透率为91.4%，日本洗衣液市场渗透率为79.5%，由此可见，我国洗衣液市场渗透率为44%，仍具有较大提升空间。

预计未来几年，我国家庭清洁护理市场的增长将受到中国消费者的健康及卫生意识不断增强以及生活水平提高的推动，从而令中国消费者对家庭清洁护理产品的需求增加。同时，洗衣液对洗衣粉的替代效应也将进一步促进洗衣液市场的增长。

据弗若斯特沙利文推测，2020—2024年，我国洗衣液行业仍将保持13.6%的年均复合增速高速增长，到2024年，全国洗衣液行业市场规模将超过500亿元。

资料来源 前瞻产业研究院．2020年中国洗衣液行业市场规模及发展前景分析 市场渗透率有提升空间［EB/OL］．［2020-07-02］．www.qianzhan.com/analyst/detail/220/200701-c5fd0bcd.html.

**问题：**为什么预测市场的未来，要对现在的市场作调查与分析？

**分析提示．**市场预测就是通过对市场供求变化诸因素的分析，根据过去和现有的数据资料，运用科学的方法，分析和预见市场的发展趋势，掌握市场变化规律，为市场营销决策提供可靠的依据。在本案中，通过对我国家庭清洁护理市场的分析，我们可以看出，随着中国消费升级和中国消费者健康及卫生意识不断增强，家庭清洁护理产品的需求量将逐步上升，洗衣液市场规模进一步扩大。

## 9.2 市场预测的内容和种类

### 9.2.1 市场预测的内容

市场是商品各种关系的总和，也是国民经济的综合反映。市场变化涉及社会生产、需求、供应、政治形势、消费心理、社会风尚等各个方面。因此，市场预测涉及的范围非常广泛，与整个国民经济的预测密切相关。由于各个预测主体对市场预测的目的、要求不同，也就使预测的内容各有不同的侧重点。

1）市场需求变化的预测

**市场需求预测**，*即商品购买力及其趋向的预测。*商品购买力，从广义来说，是指一定时期内整个经济体系通过市场购买生产性物品和消费性商品的货币支付能力。预测市场需求变化，除研究整个经济社会在市场上购买商品的货币支付能力外，还需研究社会潜在的购买力。潜在购买力有两种情况：一是由于受货币支付能力的限制而未实现的需求。比如，某地区电脑普及率现在只达到40%，假如饱和普及率是80%的话，则还有40%的潜在购买力。二是居民手中的现金和银行里的储蓄存款。这笔巨额储蓄存款是一股潜在的购买力，也是市场的潜在冲击力。

预测市场需求的变化，就要研究人们的货币收入与支出。人们的货币收入并不全部形成购买力。比如，非商品性的支出、储蓄存款和库存现金，都无法形成或暂时不能形成购买力。地区之间货币的流进流出，也会影响当地的商品购买力。人口因素的变化、交通条件的改变、基本建设的扩大或缩小、农业的丰歉、社会风尚的改变等，都会直接影响市场需求的变化。因此，预测市场需求，就得研究农工业等生产的发展趋势、基本建设的规模、储蓄与消费的比例变化、储蓄基金与消费基金的分配方式以及它们的使用方向、人民生活水准的提高程度、历年结余的购买力等，用以判断市场需求变化。

学习微平台

延伸阅读9-2

2）购买力趋向的预测

**社会购买力趋向预测**亦即对市场需求结构的预测，是指商品购买力在各类商品之间的分配比例。一般按商品性质和用途分类，比如，通常按食、衣、住、行等分类。商业统计资料则分为食品类、衣着类、日用品类、文具用品类、书报杂志类、中西药医疗器材类、燃料类等。每一类都包括若干种商品。由于人们生活水平的不断提高，商品的更新、商品价格结构的调整与变化等种种因素，消费者对商品的需求在种类上、数量上是不断变化的。比如，有些商品需求量大一些，有些商品需求量小一些；有些商品的需求量变化比较快，有些商品需求量变化比较慢；有的商品需求量逐年上升，有的商品需求量逐年下降。因此，在一定时期内，购买力的趋向变化必然引起商品需求量以及各种商品消费结构的变化。居民货币收入水平的不同，会直接影响购买力趋向的变化，同类商品的品质也随之不断变化。中、高级日用商品的比重越来越大，高级营养食品和嗜好品的需求量也越来越大。总的商品需求结构趋势是由简单转向复杂，向高级化、多样化、微型化方向发展。

预测消费结构变化，不但要研究人们的购买力、消费者的偏好、生活习惯，还需要研究消费者的心理状态和社会风尚的变化。比如，不同地区、不同消费者，对商品的需求是有所不同的。有的注重商品质量、寿命，有的追求花色、式样。在商品供不应求时，就会出现竞购、争购甚至抢购现象；在商品供过于求的情况下，挑选性强度就会增大，人们犹豫观望，不急于购买，消费者的需求心理会发生很大的变化，因而引起需求结构的变化。居民收入的增加和商品供需状况的变化，会影响消费者心理状态的变化，同时，后者反过来会影响市场商品需求的变化，两者是互相影响的。

3）销售预测

市场需求预测，是指经济社会的商品需求量，这是总体预测。销售预测，是指企业本身的商品销售量，包括花色、种类、规格、式样等的预测。如何使商品销售顺畅，满足消费者的需要，这是个体预测。

从一个企业来说，必须对所经营的商品在某一时期内的市场需求量进行预测。同一种商品从几处进货，有外地产品，有本地产品，各占多大比重，顾客喜欢外地的还是本地的产品，从而选择进货渠道并为生产部门提供市场信息，以利于安排生产和商品供应。通过销售预测，可以了解消费者的具体需求，并可找出商品销售在市场上存在的问题，从而研究并提高经营管理水平。在同一地区，几个企业经营同一种商品，预测市场的两个主要因素是供与求。在对市场商品需求进行预测的同时，应该对商品资源的发展趋势进行预测。这关系到商品购买力与商品可供量的平衡问题，也关系到国民经济的平衡问题。对供不应求商品的销售预测，不仅要考虑市场需要，而且往往要根据商品资源的可能情况来决定销售量。

为了保证市场供应，必须进行市场需求预测。需要调查各种商品的生产能力、生产组织、生产技术、设备条件、生产状况以及能源、水源、资源、交通条件、科学研究等，并预测它们的潜在能力和发展趋势；要研究科学技术的发展对各种商品生产施加的影响；要研究国家经济体制的改革和重大经济措施及价格政策对某些商品的影响程度。

农副产品的生产受自然气候条件的影响较大，比起工业品的生产，其可控制因素较少，它的生产周期比工业品生产周期长。鉴于农副产品生产条件和对市场供需影响很大等各种因素，应特别重视农副产品和手工业产品商品资源的调查分析和预测。

商品资源的预测，要重视关联性商品的变化和新产品销售与需求的预测。比如洗衣机的需求量增加，就涉及洗衣粉的需求变化；对洗衣粉的需求量增加，对肥皂的需求量就将减少。又如皮鞋、布鞋、胶鞋之间的比例变化，此增彼减，此消彼长，从而发生商品资源的变化。随着科学技术的进步，新技术、新工艺、新材料的不断涌现，新产品生产时间短、快，商品生命周期越来越短，适时、适式、流行性商品将会刺激需求，吸引顾客。由于商品更新加速，销售周期越来越短，如果不了解市场商品资源和销售变化的形势，还在继续生产原来的产品，大量进货，势必会给企业经营带来危机。随着经济的发展，也必须注意到工业所需商品的预测。

4）商品寿命周期的预测

企业的任何产品与其他事物一样，有其产生、成长、发展和衰亡的过程。具体来讲，就是商品从试验成功投入市场直至被淘汰退出市场的全部过程，经济学界将这一过程称为商品寿命周期。各种商品不断产生和衰亡，新旧更替，一种新商品投入市场销售之后，它的寿命周期就开始了，直到另一种新商品出现，在价格、功能、效用及流行性、适时性等方面超过了它，因而旧有的商品被淘汰退出市场，由一种新商品代替旧商品，如此不断更新，促使商品生产不断发展。商品寿命周期可分为自然寿命周期和经济寿命周期。任何商品都有一个自然寿命周期，即自然使用周期，这是对其实体的实耗磨损、耐用度而言。有的商品物质形态仍然存在，仍有一定的使用价值，自然寿命没有结束，但在市场中已被淘汰，失去了经济寿命。如12英寸黑白电视机出现后，9英寸黑白电视机在市场上已失去价值，失去了经济寿命，但其自然寿命仍然存在，还可以使用。从企业经营管理角度来说，应着重商品经济寿命周期的研究。商品经济寿命周期，主要是从销售量、获利能力的变化上来进行分析，是研究商品的需要量和利润随时间变化而变化的趋势。这一过程还受价格、国民经济发展、科学技术进步、市场竞争、供需平稳等多种因素的影响。

【补充阅读资料9-2】

**商品寿命周期**

商品寿命周期，一般分为试销期、成长期、成熟期、衰退期等四个阶段，可用一条曲线来表示，如图9-1所示。

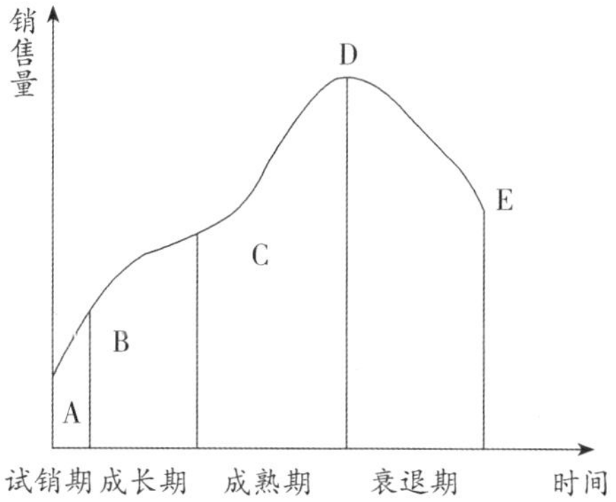


**图9-1　商品寿命周期曲线示意图**

从图9-1可见，作为经营商品的企业，无论是从新产品应用商品化还是从需求预测来说，应着重研究B-C-D，即产品从试销期、成长期到成熟期的过程，而不应该到成熟期的D点时才去研究。D点是个转折点，它是商品销售量的高峰，同时是销售量下降和被淘汰的起点。有的企业看到某些商品正处于畅销高峰，认为有利可图，大批抢购进货，结果很快就走下坡路，造成积压，最后只好当廉价品来出售。西方国家的企业在商品经营方面越来越重视产品经济寿命周期的分析和研究。企业为了增强竞争能力，加强经营管理，必须进行商品寿命周期的预测，并对新产品投入市场的发展前景进行预测。

商品寿命周期各阶段的特征分述如下：

试销期：这一阶段，产品正在试制和试销，生产这种产品的企业很少，市场竞争者不多。产品设计还未定型，质量不够稳定，需要广泛地征求消费者意见，提高产品质量。由于试销期的生产量小、成本高，废品率也较高，因而利润很低，甚至可能发生亏损。

成长期：消费者对这个产品的性能和特点，已较普遍地有所了解，销售量迅速增加，并且上升幅度很快。随着生产量的增加，生产成本相对降低，销售费用相应减少，利润随之迅速增加。由于利润大增，吸引了一些企业竞相仿制这一产品并积极投入市场，从而使市场竞争加剧。

成熟期：这一阶段的商品供应量基本上达到了市场容量所能接受的最大程度，市场需求相对减弱，销售量上升缓慢，市场竞争激烈，利润逐步下降，有的企业甚至采取降价措施以增加商品销售量。一般来说，这一阶段时间要比上两期长得多。进货时要慎重考虑，不要盲目采购。

衰退期：产品销售量下降，利润降到最低水平，非名牌商品首先被淘汰，退出市场。随着新产品的出现，许多企业生产的旧产品相继退出市场，一直到这个旧产品的寿命结束。

资料来源　根据互动百科资料整理得来。

研究商品寿命周期，有利于企业做出比较正确的经营决策和经营计划，促使商品销路顺畅、减少积压；同时，有利于促进新产品的研制和开发，扩大市场销路。此外，企业根据商品寿命周期各阶段特征，可有重点地加强销售措施，从而促进商品销售。

5）商品供需平衡的预测

商品市场的供需矛盾可能表现为三种情况：①供过于求；②供不应求；③供需平衡或基本平衡。前两种情况对发展生产、改善人民生活、稳定市场等方面都是不利的。因此，要使全国或某一地区的商品市场供需平衡或基本平衡，就需要进行供需平衡的预测。商品市场供需平衡的预测，可以为安排市场、调整各大类别主要产品比例关系提供客观依据，为商品储存与货币流通量的调节提供资料，也有利于分析研究具体商品的供需情况并进行调节，以防止和消除盲目生产，避免市场上商品短缺或积压。

商品具有价值和使用价值，因此，商品从生产到消费，要经历两个相互联系但又相对独立的过程。一方面，商品以使用价值形式即实物形式存在；另一方面，商品以价值形式即货币形态存在，通过资金的分配和再分配，作为补偿生产过程中所消耗的补偿资金，用作扩大生产规模和增加物资储备的资金，以及满足当前人民物质生活、文化生活需要和社会需要的消费基金。它形成部门、单位和个人的购买力，再进入流通领域，取得所需的生产品和消费品。实物形态的产品与价值形态的货币资金从分离到统一，两者相互呼应。

商品市场供需平衡预测内容包括：①商品零售总额与商品购买力总额平衡的预测。两者平衡与否，综合反映了市场供需发展变化的总趋势。②商品零售供应量结构与商品购买力趋向是否平衡的预测。在商品供需总额基本平衡的情况下，也可能有某类商品或某些主要商品的供需不平衡。因此，要估算商品可供率（可供率=可供量÷需求量×100%）、商品供求差率等，以便采取调节措施。③货币流通量与商品供应量是否匹配的预测。这是国家银行调节货币发行量的重要依据。以上所说的主要以总体经济观点分析。作为一个企业，应对所经营的商品或某一类商品的供需平衡的可能性以及商品需求的满足程度进行分析、预测，以作为企业制订计划和各项经营决策的参考依据。

6）营销网的建立和发展趋势的预测

营销网本身不是商品市场供需预测的内容，但它与商品供需密切相关，是实现商品交换的重要条件和手段。要实现商品交换，就需要有一定的商品经营机构、人员和设施。随着商品供需规模的不断扩大，营销网点必然要有相应的发展。此外，饮食业、服务业网点的发展，对消费者服务质量的好坏有着重要的意义。同时，随着国民经济的调整、经济体制的改革、消费结构的变化、流通渠道的改变、交通条件的改善、销售形式的变化等，营销网也应进行相应的调整与改变。因此，在进行市场预测的同时，研究和预测营销网的发展和变化，对合理地促进商品流通具有十分重要的意义。

7）经济效果的预测

企业在完成商品经营过程中要付出一定的劳动。以最小的劳动成本取得最大的经济效果，是每个企业共同的期望。**企业经济效果预测**，*是指对未来一定时期内企业经营活动所获得的收益和要付出的劳动成本这两者进行预测*。它为企业经营与管理决策提供依据，对改善企业经营管理、扩大经营业务范围具有重要的作用。

预测企业经济效果的主要指标有商品销售额、劳动生产率、资金占有率及资金周转率、流通费用及流通费用率、利润及利润率、设备利用率等。企业不但在经营后和经营中进行分析，还需要进行预测分析。比如，进行经营成本预测分析、成本期预测分析、资金周转率预测分析、费用水平预测分析、毛利额和毛利率预测分析、劳动次序预测分析等。利润是企业经营结果的综合反映，也是衡量企业经营管理水平的一个重要指标。对企业经济效果的发展趋势进行分析和预测，对提高企业经营管理水平和效益具有重要的意义。

除了上述内容外，针对其他问题的分析和预测也是十分必要的，如全国生产形势发展变化对商品市场供需的影响，价格政策、能源政策、工资、税收、信用、货币发行等因素对市场的影响。此外，科学技术发展对商品流通影响的分析预测也不应忽视，是否要进行这些方面的预测，视实际需要和具体情况而定。

### 9.2.2 市场预测的种类

在社会主义市场经济条件下，为使企业生产经营活动适应瞬息万变的市场需求，市场预测工作必须做到经常化和多样化，必须进行多种类型的预测。

市场预测，从不同角度大体上可分为以下几种不同的种类：

（1）按预测要求侧重点不同，可分为定性预测与定量预测。

定性预测是指就预测对象目标运动的内在机理进行质的分析，据以判断未来质的变化情况，并辅以量的表述。

定量预测是指运用一套严密的预测理论和根据这些理论所建立的数学模型，对预测对象目标的规律进行描述，据以预测未来量的变化程度。

（2）按时间层次，未来一定时间期限（预测期）的长短，分为短期、近期、中期、长期四种预测。

短期预测，预测期一般在1周至半年，主要是为企业日常经营决策服务，讲究预测时效性。

近期预测，预测期一般在半年至2年，主要是预测年度需求量，为企业编制年度计划、安排市场、组织货源提供依据。

中期预测，预测期一般在2年至5年，一般是对政治、经济、技术、社会等发展起长期作用的因素进行调查分析后，做出未来市场发展趋势预测，为企业制定中期规划提供依据。

长期预测，预测期一般在5年以上，是为企业制定发展的长期规划提供依据。

预测的准确性随着预测期的长短而不同，预测期越长，误差就越大，准确性就越差。预测期的长短服从企业决策的需要，一般企业的市场预测常常为短期、近期、中期三种预测。

【同步思考9-1】

有关学者就中国手机市场发展的生命周期、移动电话用户、消费群体特征以及对应年限给出相应的预测，见表9-1。

表9-1 **中国手机市场发展周期预测**

| 生命周期阶段 | 移动电话用户数（个） | 消费群体特征 | 对应年限 |
|---|---|---|---|
| 导入期 | 0~2 500万 | 少数领导潮流者 | 1987—1997年 |
| 成长期 | 2 500万~1.5亿 | 大多数高收入者 | 1998—2005年 |
| 成熟期 | 1.5亿~3亿 | 大部分中等偏上收入者 | 2006—2015年 |
| 饱和期 | 3亿~6亿 | 大部分中等及以下收入者 | 2015年以后 |

资料来源 佚名. 中国手机零售行业发展现状及投资前景预测报告［EB/OL］.［2015-12-05］. http：//hdcmr.qianyan.biz/.

**问题：**表9-1中哪些数据预测了我国手机市场发展前景？

**理解要点：**根据有关部门统计，2012年第一季度我国移动用户已突破10亿户，早已提前达到饱和阶段。但提供移动通信服务市场前景依然看好，如移动互联网已是业界公认的最具潜力的增长点，目前被市场普遍看好，如何发展可以提供移动互联网的智能手机和与之适应的移动通信服务，已成为目前手机生产者和经营者的当务之急。

【教学互动9-1】

**问题：**长期预测一般是企业哪一个层次所进行的预测？

**要求：**同“教学互动1-1”的“要求”。

## 9.3 市场预测的基本原理与原则

市场预测是否有规律呢？在预测中是否要坚持一定的原则？这些对于做好市场预测至关重要。要保证市场预测结果的准确性，就必须在预测过程中遵守一定的原则。

### 9.3.1 市场预测的基本原理和决策过程

市场预测活动像任何其他活动一样，有自己的活动规律。所谓规律，是事物内在的、本质的联系，是事物存在的客观规律和反复出现的因果关系。预测活动的内在和本质联系为：凡是预测活动，都具有由预测主体（即预测者）及其预测客体（即被预测对象）组成的预测结构或系统。只要具备这两个基本组成部分，就可以进行预测并得到预测结果。预测客体的发展规律，是预测客体在活动中反复出现的因果关系。预测主体只有掌握了预测客体的发展变化规律，才能对未来发展变化做出正确的分析、预见、估计和判断。

1）基本原理

市场预测的基本原理有：

（1）可知性原理

可知性原理，是指市场预测对象的未来发展趋势是可知的，人们可以通过对市场规律的认识运用科学的方法对其进行预测。马克思主义辩证唯物论和认识论认为客观世界是可知的，人们通过“实践、认识、再实践、再认识……”这一无限反复的过程，可以克服主观偏见，掌握客观事物发展变化的规律性。市场预测活动全部建立在可知性原理的基础上。在市场预测中，由于市场行情变化多端，偶然因素对市场供求变化产生较大的影响，因而不容易揭示出某些商品供求变动的规律性，使人感到市场似乎变幻莫测。其实，根据可知性原理，再变化多端的事物，都有一定的规律，在实践中可以逐步认识、运用这种规律，来提示市场未来变化的大致趋势和动向。

（2）系统性原理

系统性原理，是指把预测对象看作一个系统，以系统管理指导预测活动。系统论认为，每个系统内部各个组成部分之间相互联系、相互作用，并且同其他事物系统之间也是相互联系、相互制约的。它强调系统的目的性、整体性和层次性，强调运用系统分析的方法对所要预测的问题加以定量化和模式化。根据系统性原理进行市场预测，可以把预测对象——市场行情看成一个系统。它存在于社会经济预测这个子系统内，它同其他预测系统如人口预测、工业预测、农业预测等相互联系、相互制约。它的内部有商品需求预测、商品资源预测等子系统，子系统内又有更小的系统，可以分成若干层次，每个层次之间彼此也是相互联系、相互制约的。从系统论的观点来看，市场预测不是孤立的，不能封闭起来，它必须同其他预测系统密切结合，相辅相成，彼此交流信息。进行市场预测，既要从宏观经济方面预测市场供求关系、消费需求结构及其发展变化趋势，又要从微观经济方面研究本行业和本企业的历史情况。微观预测主要包括：历史上的市场份额；同行业企业经营的内部、外部、可控、不可控等各种因素及其变化情况；预测期内采用改善经营管理的新措施、新方法的可能性；可能会遇到的变化和阻力等。这样，才能通过系统、全面、翔实的材料进行市场预测，提出比较能接近实际情况的整体最优方案，有利于做出正确的经营决策。

（3）服务性原理

服务性原理，是指市场预测本身不是目的，它是为企业经营决策服务的，即为了企业未来的战略目标和发展方向做出正确的结论提供科学的依据。市场预测与经营决策是企业经营活动中两个既有区别又互相联系的阶段，但从总体上看，预测是经营决策过程中的一个重要组成部分。

学习微平台

延伸阅读9-3

2）决策过程

一般地讲，决策过程大致是：①提出问题，确定目标，通过调查等方法搜集大量准确的数据。②进行预测，拟订决策方案，并对多种决策进行可行性分析，包括对其技术经济效果的评价。③进行决策选择，即由决策人员或决策集体在多种方案中选出最佳方案。从决策的过程可以看出，预测是前提、是基础、是最复杂的阶段，但最关键的阶段是决策。因为决策的正确与否，关系到企业经营活动的成败和经济效益的高低。

市场预测为经济决策服务。在预测工作中应用服务性原理有两个方面的作用：①要求市场预测以及作为其基础的市场调查、市场情报搜集有明确的目的性和一定的针对性，根据决策的需要设计调查方案、调查内容、调查方式、预测范围、口径、预测模型等。②经营决策的确定和选择要重视市场预测的作用，特别是在社会主义市场经济条件下，不论宏观经济决策还是微观经济决策，都不能像过去那样靠经验、拍脑袋做出，而要以科学的市场预测为基础，只有这样，才能做到决策的科学化，更好地提高企业经济效益和社会经济效益。

### 9.3.2 市场预测的基本原则

基于上述市场预测的原理，在进行市场预测时，应遵循以下的原则：

1）连续性原则

连续性原则，又称连贯性原则或惯性原则，是指一切客观事物的发展都具有符合规律的连续性。一切社会经济现象都有它的过去、现在和未来。没有一种事物的发展会与其过去的行为没有联系，过去的行为不仅影响现在，还会影响未来。市场作为一个客观经济事物，从时间上考察，它的发展也是一个连续的过程，即未来的市场是在过去和现在的基础上演变而来的，是其过去和现在的延续。因此，企业在进行市场预测时，必须从搜集过去和现在的资料入手，然后推测出将来的发展变化趋势。应用最多的两类预测技术——利用回归法建立因果关系预测模型和利用时间序列外推法建立趋势预测模型，就是以这一原则为前提的。

在市场预测中，运用连续性原则需注意以下两个问题：

（1）要求预测目标的历史发展数据所显示的变化趋势具有一定的规律性。如果事物的变化是不规律的，预测目标的变化带有很大的偶然性，就不能依据连续性原则进行预测。

（2）要注意分析预测目标历史演变规律发生作用的客观条件，在未来预测期内是否发生变化。事物发展的内在规律是在一定的条件下显示出来的，是会随客观条件的变化而变化的。应用连续性原则进行预测，要以经济系统的稳定性为前提，即只有在系统稳定时，事物之间的内在联系及基本特征才有可能延续下去。然而，由于企业所处的营销环境的影响，致使绝对稳定的企业系统是不存在的。一般认为，只要在企业系统稳定的条件下，就可以运用连续性原则进行预测。

2）类推原则

类推原则，是指许多事物相互之间在发展变化上常有类似之处。利用预测对象与其他事物的发展变化在时间上有前后不同，但在表现上有类似之处的特点，人们有可能根据已知事物的基本类似的结构和发展模式，通过类推的方法对后发展事物的前景做出预测。这种类推既适用于同类事物之间，又适用于非同类事物之间。之所以如此，是因为客观事物之间存在着某些类似性，这种类似性具体表现在事物之间结构、模式、性质、发展趋势等方面非常接近。与社会、企业乃至家庭经济活动都有一定的模式一样，市场经济活动也有自己的模式；竞争往往导致买方市场，垄断形成卖方市场；供过于求，价格下跌；供不应求，价格上涨。经济运动的模式是可以认识的，它有基本的规律性。观察某种现象（征兆），就可以根据以往的发展规律来预测将来会发生什么变化，并进一步预测未来的情况。

世界上存在着许多相似、类同的事物，掌握了其中一种事物的发展变化规律，就可以推测出其他类似事物的演变规律。人们常说的“举一反三”“以此类推”，说的就是这个道理。

【同步案例9-2】

### 日本尿布大王的市场预测

**背景与情境：**日本尼西奇公司原是一家生产雨伞的小企业。一次偶然的机会，董事长多博川看到了一份人口普查报告。从人口普查资料获悉，日本每年有250万名婴儿出生，他立即意识到尿布这个小商品有着巨大的潜在市场，按每个婴儿每年最低消费2条计算，一年就是500万条，再加上广阔的国际市场，潜力是巨大的。于是他立即决定转产大企业不屑一顾的尿布，结果畅销全国，走俏世界。如今该公司的尿布销售已占世界的1/3，多博川本人也因此成为享誉世界的“尿布大王”。

多博川从一份人口普查报告中看到了巨大商机，从而取得了巨大的成功，这得益于他对市场的敏锐观察力和及时出击的战略。获取情报重要，快速对情报做出反应更重要，这就要求商家善于根据新情况、新问题，及时调整原来的思路和方案，采取相应的对策，做到市场变我也变。

资料来源 佚名. 日本尿布大王的市场预测［EB/OL］.［2015-12-13］. http://news.idoican.com.cn/zhj2b/htm.

**问题：**我们还可以应用类推原则来进行哪些产品预测？

**分析提示：**类推原则也是建立在“分类”的思维高度上，关注事物之间的关联性。

（1）由小见大

由小见大即从某个现象推知事物发展的大趋势。例如，现在有人开始购买私家汽车，你预见到什么？运用这一思路要防止以点带面、以偏概全。

（2）由表及里

由表及里即从表面现象推实质。例如“统一食品”在昆山兴建，无锡的“中萃面”应意识到什么？“海利尔”洗衣粉到苏南大做促销，“加佳”洗衣粉意识到可能是来抢市场的。换个最简单的例子：一次性液体打火机的出现，真的就有火柴厂没有意识到这种威胁？

（3）由此及彼

引进国外先进的管理方法和技术也可以由这一思路解释。记住一句话：上海做的，四川人可能还没有想到。被发达地区淘汰的东西，在落后地区可能仍有市场。

（4）由过去、现在推断以后

历史对以后的发展是极有指导性的。30年以前，谁敢想自己有平板电脑、智能手机？现在，你能不能想到10年后你可能会拥有属于自己的家政机器人？这种推理对商家是颇具启发性的。你能总结一下中国家庭电视机的发展规律吗？也许，从中就能找到商机！

（5）由远及近

比如国外的产品、技术、管理模式、营销经验、方法，因为可能比较进步，就代表先进的方向，可能就是我们“明天要走的路”。

（6）自下而上

从典型的局部推知全局，一个规模适中的乡镇，需要3台收割机，这个县有50个类似的乡镇，可以初步估计这个县的收割机可能的市场容量为150台。

（7）自上而下

从全局高处向下细分，以便认识和推知某个局部。例如，我们想知道一个40万人口的城市女式自行车的市场容量：40万人口中约有20万女性，去掉12岁以下、50岁以上的女性则还有约10万；调查一下女性骑自行车的比率（假设为60%），则可能的市场容量为6万辆。这对大致了解一个市场是很有帮助的。

3）相关原则

世界上各种事物之间都存在着直接或间接的联系。事物之间或构成一种事物的诸多因素之间存在着或大或小的相互依存、相互制约的关系，要么相生，要么相克。任何事物的发展变化都不是孤立的，都是与其他事物的发展变化相互联系、相互影响的。市场需求量和供应量的变化，也存在着各种相关因素。如随着我国经济体制改革的深入发展，城乡人民收入增加，会引起消费水平的提高和消费结构的变化；商品价格的上涨，会刺激生产资料需求量的增加等。

【同步思考9-2】

**问题：**请回答进行生活消费品市场需求量预测时应考虑哪些相关因素。

**理解要点：**根据市场预测相关性原则，主要考虑以下因素：消费者的预期收入、购买习惯、文化层次以及商品的价格、需求弹性、质量等。

当人们知道影响市场需求量的某一个因素发生变化时，就可以预测出需求量的增减。一元线性回归和多元回归中的因果关系法，就是根据这一原则建立起来的。因果关系是相关性多种表现形式中最重要、应用最广的一种形式。同时，相关性包括表示为因果关系的某一事物伴随着其他事物变化而变化的相关现象，因此，相关性和因果性并不完全等同。因果关系，是指任何事物的发展变化都是有原因的，它的变化状况是原因作用的结果，人们可以从已知的原因推测所求知的结果。一般情况下，原因在前，结果在后，或者原因与结果几乎同时出现。但在一定条件下，原因和结果可以互相转化。此时此地是结果，在彼时彼地就成为原因。而且在事物的发展过程中，存在着一因多果、一果多因、互为因果等种种复杂情况。因此，在市场预测中，必须对客观事物的因果关系进行具体的、多面的分析，才能在事物发展的因果关系中正确揭示出对预测目标起作用的主要和次要、内部和外部原因，把握住影响预测目标的诸因素的不同作用，预测出事物发展的必然趋势和偶然因素可能产生的干扰。

相关原则常常是进行预测工作时首先要考虑的一个重要原则和方法。特别是对于定量分析方法，如果能找到一个或几个与预测对象密切相关的、可控的或可以预先知道其变化情况的经济变量，利用历史数据建立起它们与预测对象之间的数学模型，一般能收到较好的预测效果。具体内容在以后章节中叙述。

【同步思考9-3】

**问题：**我们经调查得知，职工家庭月收入只要达到5 000元以上，就有能力购买大屏幕电视，又大体上知道今后三年内将有多少户职工家庭月收入达到5 000元以上水平，是否可以预测出三年后的大屏幕电视需求量？

**理解要点：**人们有可能根据已知事物的基本类似的结构和发展模式，通过类推的方法对未知事物的前景做出预测。这种类推既适用于同类事物之间，也适用于非同类事物之间。例如，对未来空调器的家庭普及率趋向的预测，既可以参考国外或国内空调器普及较早地区的家庭普及率发展趋势加以类推，也可以参考同空调器需求相近的室内装修的家庭普及率发展趋势加以类推。

学习微平台

延伸阅读9-4

4）质、量分析结合原则

质、量分析结合原则，是指在市场预测中要把量的分析法（定量预测方法）与质的分析法（定性预测法）结合起来使用，才能取得预测的良好效果。质、量分析结合原则，是现代企业预测得以科学进行的一项重要原则。

5）可控制原则

**可控制原则**，是指企业对于所预测的客观社会经济事件的未来发展趋向和进程，在一定程度上是可以控制的。根据可知性原理，客观世界是可知的。客观事物的发展变化是有规律的，这种规律性是可以认识的。当人们认识了客观事物发展的规律性以后，就可以创造条件，使预测对象在企业自觉控制下朝着所希望的方向发展。在预测中，企业之所以利用可控制原则，对于本来属于不确定的未来事件，通过有意识的控制，预先较有把握地使其不确定性极小化，是因为依据唯物主义的认识论和反映论，世界是可知的，虽然物质决定意识，但意识对物质也有反作用。因此，人可以发挥主观能动性，在认识客观世界的基础上有意识地改造客观世界。反映到预测实践中，就是说在影响预测对象发展变化的诸因素中，有些是可控因素，有些是不可控因素，有些因素可以直接控制，有些因素则只能间接控制。具体到某一企业，如果预测其目标市场的发展变化趋势，那么在诸多的影响因素中如国际政治局势、经济形势、科技状况、竞争状况以及其他企业的发展情况等，都属于不可控因素；可控因素主要指本企业的人、财、物，有可能采取的改善经营管理的方法、措施及本企业经营战略的修正等。可控制原则，就是要利用可控性因素、研究不可控因素，以便尽量避免不可控因素对目标可能产生的干扰。因此，可控制原则的运用应当与以随机现象为研究对象的数理统计方法（如概率推断法）结合起来。

【课程思政9-1】

### 阿里巴巴将联合华为等海内外企业成立大数据打假联盟

**背景与情境：**据新华社报道，2017年1月17日，从阿里巴巴集团获悉，在阿里巴巴的倡议下，全球首个“大数据打假联盟”在杭州成立。该联盟致力于依托大数据和互联网技术，让打假更有力、更高效、更透明。

阿里巴巴首席平台治理官郑俊芳透露，成立联盟的初心就是贡献阿里巴巴10年打假的所有经验、能力、技术和资源，与全世界打假者一起战斗，优化产品质量环境，推动社会共治。

联盟在筹备之初就达成了共识——成员必须是真正有志于打假事业的团体或个人，而不能只是为了自身实际利益。在品牌权利人层面，联盟采取了定向邀约制，从阿里巴巴诚信投诉成员中严格筛选真正愿意投入打假资源、在国内有鉴定能力且愿意承担社会责任的品牌。

最终，经过审慎评估，华为、苏泊尔、九阳、LV、施华洛世奇、多乐士、三星、索尼、贝德玛、赫基集团、地素、资生堂、安利、玛氏、保乐力加、西部数据（西数及闪迪品牌）、佳能、福特等20个海内外品牌及企业成为联盟的首期成员。支持该联盟的部门则包括浙江省公安厅经侦总队、湖南省公安厅治安总队、山东省公安厅食药环侦总队、黑龙江省公安厅经保总队、重庆市公安局打假总队、义乌市公安局等。

阿里巴巴提供的数据显示，截至2016年年底，阿里巴巴已与苹果、Burberry、LV、Cartier、Nike等逾1.8万个国际品牌开展打假合作。仅在2015年9月至2016年8月，基于阿里巴巴大数据分析，执法部门就关闭了675家假货的生产、库存和销售点。

联盟成立后，不少品牌方通过各种途径找来，询问第二期开放报名时间以及加盟条件。对此，联盟表示，加入联盟并非通常意义上所理解的一种优先权利，而是真心投身打假事业，愿意履行知识产权保护义务并主动承担更大的社会责任，“创始成员”都是基于过去的合作记录严格挑选出来的，近期联盟需要先试运行一段时间，也会对“创始成员”进行定期评估。

资料来源 佚名．阿里巴巴发起成立大数据打假联盟［EB/OL］．［2017-01-18］．http：//qjwb.zjol.com.cn/html/2017-01/18/content_3469239.htm？div=-1.

**问题：**在阿里巴巴倡导下这些企业的联合打假遵循了什么样的商业伦理？

**研判提示：**在阿里巴巴倡议下成立的“大数据打假联盟”，依托大数据和互联网技术，使打假更有力、更高效、更透明，让商业伦理闪光，为营造良好的商业秩序奠定了雄厚的基础。塑造正确的企业价值观和企业文化是企业的立命之本，恪守“商业伦理”

正是这些优秀企业得以保持持久和强劲快速发展的巨大动力。

## 9.4 市场预测的一般步骤

市场预测活动有一定的程序。它由若干互相关联并相互牵制的预测活动所构成，预测中的前一项作业往往会给后一项作业以很大的影响，因此，弄清楚市场预测活动中每一项作业间的相互关系，有利于整个预测工作的顺利进行，有利于提高工作效率。市场预测的一般步骤如图9-2所示。

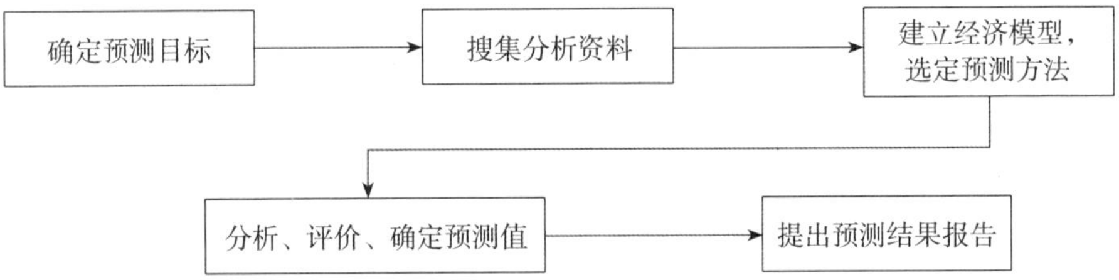


**图9-2 市场预测的一般步骤**

第一步，确定预测目标。市场预测要确定预测的主题，规定要达到的目的。预测的目标应尽量具体、详尽，不能含糊、抽象。它既关系到整个预测活动的成败，又关系到其他预测步骤的进行，如搜集什么样的资料、怎样搜集资料、采用什么样的预测方法，以及如何制订该次预测的具体工作计划和进度计划等。预测目标的确定，应包括预测的对象、预测的目的、预测的时间范围、预测的空间范围等内容。

第二步，搜集分析资料。根据预测目标，确定所应搜集的有关文件、数据等内容。通过市场调查去广泛、系统地搜集所需要的历史和现实的资料：既包括能够全面地反映预测目标的优缺点的资料，也包括企业内部资料——如企业自身生产经营情况的统计资料、市场动态分析、调查报告和其他外部资料等。其中，外部资料往往是企业的环境资料，能说明企业生产经营的背景，主要包括政府部门公布的统计资料、科研单位的研究报告、报刊发表的市场资料等。

在信息社会，能搜集到的有关资料很多，因此，必须根据预测目的筛选出最有价值的资料，把它缩减到最基本、最必要的限度。筛选的原则为：①相关性，即该资料是最直接有关的有用资料；②可靠性，即从资料来源等方面保留准确可靠的资料；③时效性，即保留下来的资料是最新、最有用的资料。对搜集到的、打算用来进行预测分析的资料，一定要认真审核，对不完整和不适用的资料，特别是历史统计资料，要做必要的推算、插补或删除，以保证该统计资料的完整性和可比性。在完成搜集整理工作之后，就应对资料进行科学的分析，辨别不同因素对市场需求变化的影响，以及它们之间的内在联系，从而找出市场发展变化的规律。这一步是市场预测的基础性工作，也是很重要的一步。

第三步，建立经济模型，选定预测方法。资料审查、整理后，即对其进行分析、绘制散点和推理判断，以揭示预测对象的结构特征和变化趋势。做出各种假设，搭建预测对象的结构和变化模型，也就是建立一个或一组数学方程式，用以描述经济现象之间的关系，这也被称为数学模型，一般称为经济模型。建立经济模型是搞好定量预测的重要一步。

市场预测模型有三大类：一是表示预测对象与时间之间的时间关系模型；二是表示预测对象与影响因素之间的相关关系模型；三是表示预测对象与另外的预测对象之间相互关系的结构关系模型。

数学模型建立之后，就要选定预测方法，主要是定量预测方法，用以估计预测模型中的各个参数值。预测方法多种多样，一种预测模型可以有几种不同的预测方法，一种预测方法可用于几种不同的预测模型。每种预测方法有各自的特点和适用条件，应根据预测对象的特征，具体选定合适的预测方法，并尽可能对同一预测对象采用不同的预测方法，以便比较分析。预测方法的选择是否适当将直接影响预测值的可靠性和精确性。

根据已掌握的数据资料，运用选定的预测方法，就可求出参数估计值，从而得到预测方程或预测公式。根据预测方程，输入有关资料、数据，经过运算，即可得到初步预测值。这一步是市场预测中关键的一步。如前所说，采用不同的预测方法确定的参数估计值是不同的，因而常常会得到不同的预测结果，所以应对不同的预测值进行检验、分析和比较。

第四步，分析、评价、确定预测值。这一步是对初步预测结果的可靠性和准确性进行验证，估计预测误差的大小。预测误差越大，预测准确度就越小，而误差过大，就失去了预测应有的作用。此时，应分析原因，修改预测模型。同时，进行统计检验，看预测对象的影响因素是否有了显著变化，看过去和现在的发展趋势和结构是否能延续到未来。如果判断是否定的，就应对预测模型做必要的修改。在分析、评价的基础上，修正初步预测值，得到最终的预测结果。通过预测能解决一些问题，但再好的预测也存在着不实情况，因而预测不是预言，预测值与实际值总会有一定的误差。

【补充阅读资料9-3】

预测总是存在一定的误差，预测结果要达到100%准确，完全符合未来实际是不大可能的。一般经济预测学认为，90%左右的准确程度就算相当成功了，也就是把误差控制在10%以内。当然，误差过大就丧失了预测意义。

第五步，提出预测结果报告。预测报告应概括预测的主要活动过程，列出预测目标、预测对象及有关因素的分析结论、主要资料和数据、预测方法的选择和模型的建立，以及预测值的评价和修正，取得预测结果的政策建议等内容。

【同步案例9-3】

### 权重的选择

**背景与情境：**某商场拟购置一辆小型运货车，有甲、乙、丙三种型号的运货车可供选购，即有A、B、C三种购车方案。根据小型运货车的经济效用特点和有关技术资料，从多项指标（因素）中确定几个重要的指标（因素）作为评价购车方案的主要依据。假设确定了其中以下五项指标（因素）：

（1）价格。三种型号的运货车价格均未超过预算限额。其中乙型车价格最低，丙型车价格最高。

（2）保养性能。要求易于保养，修理费用低。在三种型号的运货车中，乙型车保养性能差，丙型车保养性能最好。

（3）使用寿命。在三种车中，乙型车使用寿命最短，丙型车使用寿命最长。

（4）加速性能。这是反映运货车效能的重要指标，且与耗能关系密切。在三种车中，乙型车加速性能最差，丙型车性能最好。

（5）舒适度。在三种车中，乙型车舒适度最低，丙型车舒适度最高。

这样，就确定了在购车方案中可供选择的方案要受到五项主要因素的制约。而且，这五项因素对评价方案的重要性大小是不同的。因此，必须尽可能客观地根据其重要性大小，分别给予一定的权值。假定我们分别给予价格与保养性能0.3的权值，分别给予使用寿命与加速性能0.15的权值，给予舒适度0.1的权值。而不同的专家对不同型号运货车的关注与喜爱程度不同，因而会对不同购车方案的各项制约因素给予不同的评分。评分方法一般采用百分制。

资料来源 郁广健．市场调查与预测110方法和实例［M］．北京：中国国际广播出版社，1999.

**问题：**现将某位专家对三种车即三个购车方案各因素的评分与加权评分值列入表9-2。请问购买哪辆车好？

表9-2 **某专家对购车方案的评价**

| 各项因素 | 权值 | A方案 | | B方案 | | C方案 | |
|---|---|---|---|---|---|---|---|
| | | 评分 | 加权评分 | 评分 | 加权评分 | 评分 | 加权评分 |
| 价格 | 0.30 | 80 | 24 | 90 | 27 | 70 | 21 |
| 保养性能 | 0.30 | 60 | 18 | 50 | 15 | 70 | 21 |
| 使用寿命 | 0.15 | 60 | 9 | 40 | 6 | 80 | 12 |
| 加速性能 | 0.15 | 80 | 12 | 60 | 9 | 100 | 15 |
| 舒适度 | 0.10 | 70 | 7 | 60 | 6 | 90 | 9 |
| 总分 | 1.00 | — | 70 | — | 63 | — | 78 |

**分析提示：**从表中数据可知，该专家认为选择C购车方案，即购置丙型车为好。

## ■ 本章概要

□ 内容提要

●本章介绍了市场预测的含义、作用，以及市场预测的基本原理、原则、种类、内容和一般程序。

●进行市场预测，首先应以市场调查为基础，遵循预测的可知性、系统性、服务性原理，坚持连续性、类推以及相关分析、质和量分析相结合的原则；市场预测由于分类标志的不同表现为定性、定量等种类；一般市场预测是以市场需求、市场供给或市场营销环境为内容的；在进行市场预测时，应按照确定目标，搜集分析资料，依靠一定的经济模型或预测方法进行分析、评价、确定预测值的程序进行。

●市场预测是企业对未来经营状况进行预计、分析和推断的重要途径。

□ 主要概念和观念

▲ 主要概念

市场需求预测　社会购买力趋向预测　企业经济效果预测　可控制原则

▲ 主要观念

市场预测的含义和作用　市场预测的内容和种类　市场预测的基本原理与原则

□ 重点实务

市场预测所需的调查内容及方向　市场预测的几种方法　市场预测的程序

## ■ 基本训练

□ 知识训练

▲ 简答题

1）市场预测应遵循哪些原则？

2）简述市场预测的一般过程。

▲ 填空题

1）市场预测越________，企业决策越________，经营管理越________，创造财富也越________。

2）只要具备预测________（即预测者）及其预测________（即被预测对象）这两个基本组成部分，就可以进行预测并得到预测________。

3）预测的目标应尽量________，不能________、________。

▲ 单项选择题

1）进行市场预测时若召开专家会议，需要注意的问题是（　　）。

A.组织者要先做一些引导性发言

B.要先让专家中的权威发言

C.要尽可能多地邀请各个方面的专家到会发言

D.要让专家们自由发言

2）调查资料的定量分析是指（　　）。

A.对事物本质内在联系的系统化认识

B.对事物的相关程度进行相关和回归分析

C.确定研究对象具有某种性质的分析

D.运用数学知识对调查对象进行量化

3）加权平均法预测的关键是（　　）。

A.确定计算公式　　B.确定平均的项数

C.确定权数　　D.剔除一些特殊的影响因素

4）在社会调查研究中，当自变量的数值发生变动，因变量的数值随着发生大致均等的变动，这种相关关系是（　　）。

A.正相关　　B.负相关　　C.直线相关　　D.曲线相关

5）若物价上涨，商品的需求量相应减少，则物价与商品需求量之间的关系为（　　）。

A.不相关　　B.负相关　　C.正相关　　D.复相关

6）如果研究的因果关系只涉及一个因变量和一个自变量，这种回归分析法称为（　　）。

A.一元回归分析　　B.一元线性回归分析

C.二元回归分析　　D.二元线性回归分析

7）（　　）是利用直观的资料，依靠个人的经验做出预测的方法。

A.定量预测方法　　B.因素分析法

C.线性回归分析法　　D.定性预测方法

▲ 多项选择题

1）下列能作为定量预测方法的是（　　）。

A.指数平滑法　　B.回归分析法

C.季节指数法　　D.主观概率法

2）下列各项中不是市场预测程序的是（　　）。

A.明确目的、搜集资料、分析、预测

B.搜集资料、明确目的、分析、预测

C.分析、明确目的、搜集资料、预测

D.明确目的、搜集资料、预测、分析

3）下列关于市场预测作用说法正确的是（　　）。

A.市场预测是社会主义市场经济发展的要求

B.市场预测是企业营销活动的起点和经营决策的前提

C.市场预测有利于实现宏观调控

D.市场预测对企业全面了解市场概况起决定性作用

4）商品各生命周期在市场上表现出来的状况不一样，其中不是成长期的表现是（　　）。

A.量少，但缓慢增长　　B.量大，且增长较快

C.量大，但缓慢下降　　D.量少，且迅速下降

5）下列有关市场预测原理说法正确的是（　　）。

A.可知性　　B.系统性原理　　C.服务性原理　　D.经济性原理

6）下列对于在预测时对资料筛选的原则说法正确的有（　　）。

A.相关性　　B.可靠性　　C.最近性　　D.经济性

▲ 讨论题

1）商品市场供需平衡预测的内容包括哪些？

2）举例说明在日常生活中对哪些事物的判断是使用类推法的。

□ 能力训练

▲ 案例分析

### 泛美航空公司的没落

**背景与情境：**泛美航空公司曾经是美国一家航线最长、历史最悠久的航空企业巨头，也是美国国家航空业的象征。在60多年的发展过程中，泛美从一家全美第三大航空公司、职工人数多达3万余人、拥有130多架各种型号飞机、航线遍布50多个国家的航母级大型航空企业，落败到一蹶不振、最后竟然以宣布破产倒闭而告终，是什么导致了泛美航空公司的失败呢？

一个企业的兴衰成败，往往与决策者有着极为密切的关系。泛美航空公司的落败，在于当时的总裁艾克尔：他单凭直觉，无视市场需求及预测。这个错误，是从选择飞机机型开始的。

早在20世纪70年代，泛美航空公司就着手淘汰陈旧且耗油量大的波音707客机，而在当时，市场上并没有与波音707的载容量及续航能力等指标相当的机种。泛美的决策者们没有征询专家的意见，直观上做了一些粗略比较后，就选择了一家公司的L1105-500型飞机。然而，随后的事实表明，这是一个错误。该类飞机由于油耗大、单位飞行成本高，使泛美的竞争力大打折扣。此后不久，美国那家生产商便停止了这种飞机的生产，于是L1105-500型飞机的维修又成了问题，泛美只能在几年之后再次淘汰这种机型的飞机。

为了争夺国内航线，泛美又开始了新一轮的“大采购”，这次购入的是欧洲“空中客车”A300型飞机，同时交换了一批不同型号的飞机。这下可犯了行业大忌，因为繁杂的机种给航空人员的培训、机械故障的排除、平日的维修、机场的管理等都造成了很大压力，无形中增加了公司的支出。

更为严重的还是美国国内航空禁令的解除，使得更多航空公司有机会在美国国内航空市场上一展身手。此时的泛美公司早已失去了与对手竞争的能力，高成本经营使其不堪重负，而大量职员所享受的高薪与福利，愈发让泛美航空公司感到腹背受敌。

之后的又一次误飞事件，彻底地粉碎了泛美航空公司想要重振雄风的梦想。1991年，泛美航空公司无奈宣告破产。

市场需求是企业经营的指挥棒。忽视市场需求趋势，做出不正确的选择，必然导致企业误入歧途，迷失方向。对许多企业的管理者和营销人员而言，预测并把握市场需求，且将企业的营销活动与之关联，实则是知易行难。联想集团的柳传志曾说：“我的企业管理经验一方面来自实践，另一方面来自书本。”发展中市场的不完善和恶劣的竞争环境使得经营者们有很深的挫折感，曾认为管理理论、方法与模式救不了他们的企业。但无可否认的是，先行者胜、思考者胜、有“道”者胜。实践固然重要，学习与探求有效的方法最终为企业经营者们调查市场、掌握市场机会提供了理性支持。企业的竞争最终取决于人——管理者和员工的核心素质。

泛美航空公司的结局并非偶然。首先，它没有对相关市场做深入而全面的分析和预测，而市场预测恰恰是营销的基础。对于选择机型的重大决策，泛美公司只是“简单、粗略对比之后，就凭直觉做出了决定”，而对事后机型耗油、运营维护成本高昂，乃至厂商停产的情况未有预期，导致了无穷后患。

泛美公司对市场变动和环境变化（如政府的航空禁令解除）反应迟钝。在各大航空公司开始进入市场、关注市场波动并推出对策时，泛美仍然无动于衷。关于内部运营成本高昂的问题，无论是生产成本还是管理成本都没有得到及时有效的控制。优秀的营销人员必须眼睛向外：密切注视竞争对手的动态和环境变化，如行业政策、法规或相关事件（如电信拆分这种事件）。

企业的管理遵循“马太效应”，顺利的时候则凡事皆顺，出问题时困难便接踵而至，所谓内忧外患总是相伴而来，而此时管理者仿佛是“救火队员”，要处理的难题太多，几乎无从下手。处理这种危机必须具备两个要素：一个是有一位果敢的企业领袖、一个是拥有一个团结一致的管理团队。记得几年前英特尔芯片的浮点运算风波，当时公司总裁安迪·格鲁夫力挽狂澜，使英特尔从突发事件的困难中摆脱出来，并推出了一系列的补救措施，从研发、生产、战略合作伙伴关系到媒体关系管理，从而迅速将企业拉上正常运转的轨道。泛美公司的决策层则没有及时而有效地控制运营和管理成本，而又逢政策与环境的变化，真是雪上加霜。

企业的成败与其决策者密切相关，所谓“成也萧何，败也萧何”。不幸的是，许多企业没有制约机制。理想的状态是每个人都有老板：CEO的老板是董事会；董事会是一个团队，由不同权益份额的股东构成，大家相互支持、相互制约，形成一个决策机构，这样就会减少因管理者个人失误给企业带来的风险。

资料来源　根据百度文库《泛美航空公司的没落》改编得来。

**问题：**

1）在泛美航空公司的破产案例中，我们可以得到哪些启示？

2）泛美航空公司应该如何预测市场？

分析要求：同第1章“基本训练”中本题型的“分析要求”。

▲ 自主学习

【训练项目】

自主学习-Ⅴ。

【训练步骤】

1）将班级同学组成若干“自主学习”训练团队，每团队确定1人负责。

2）各团队根据训练项目需要进行角色分工。

3）通过院资料室、校图书馆和互联网，查阅“文献综述格式、范文及书写规范要求”和近3年关于“市场预测原则与程序”的学术文献资料。

4）综合和整理“市场预测原则与程序”最新学术文献资料，依照“文献综述格式、范文及书写规范要求”，撰写《“市场预测原则与程序”最新文献综述》。

5）在班级交流各团队的《“市场预测原则与程序”最新文献综述》。

6）在校园网的本课程平台上展示经过修订并附有教师点评的各团队《“市场预测原则与程序”最新文献综述》，供学生们相互借鉴。

□ 课程思政

## 市场调研中的品牌化黑匣子

**背景与情境：** 市场调研在20世纪80年代中期进入了品牌化阶段，在20世纪90年代得到快速发展，并延续至今。访问几乎任何一个大型市场调研公司的网站，你都会看到一系列有品牌的调研产品。这些产品涉及从市场细分到顾客价值分析的方方面面，都带有一个小型的标志SM、TM或®。

这些产品有一个共同点，那就是它们都被注册过。这意味着这些公司不会公开这些方法的具体实施步骤，这就是为什么它们被轻蔑地看成黑匣子。被称为黑匣子的方法都是注册过的，公司因此可以保护投入大量研发费用的产品（黑匣子和品牌名称不是同义词，几乎所有被注册的方法都有一个清晰的品牌名称，但是也有些具有品牌的方法并没有注册）。如果顾客在某种方法中得到了附加价值，服务的提供商便可以收取额外服务费。

至少有两个因素推动了市场调研品牌化的潮流：第一，竞争压力迫使组织寻找提供差异化产品的新方法；第二，很多大型的调研机构都向公众发行了股票，这些公司每个季度都承受着增加销售额和利润的持续性压力。其中一种方法就是提高服务的售价。如果一家公司有一个对市场细分情况进行调研的已注册方法，它很可能相对于那些使用常用软件，如SPSS或SAS，进行调研的公司收取更多的费用。具有讽刺意义的是，也许有些黑匣子就是一些极其标准化的软件，如SPSS和SAS。但是，如果它们的拥有者不公开它们的使用方法和其中包含的技术，那么这些方法将会一直放在黑匣子里。

资料来源 马尔霍特拉. 营销调研：应用导向［M］. 6版. 熊伟，郭晓凌，译. 北京：中国人民大学出版社，2020.10.

**问题：**

1）使用品牌化的黑匣子模型是否不道德？

2）企业应该遵循什么样的伦理与职业道德规范？

**研判要求：**同第1章“基本训练”中本题型的“研判要求”。

# 第10章 定性预测方法



## ◆ 学习目标

通过本章学习，应该达到以下目标：

**职业知识：**学习和把握“定性预测方法”的相关概念，定性预测法的优点与不足，产品类推法、地区类推法和局部总体类推法等对比类推法，集合意见法预测步骤，德尔菲法的运用与缺点，预购测算法、消费水平预测法等其他定性预测法，以及“补充阅读资料”和二维码资源等理论与实务知识；能用其指导“同步思考”、“教学互动”和“基本训练”中“知识训练”各题型的认知活动，正确解答其相关问题。

**职业能力：**运用本章知识研究相关案例，培养在“定性预测方法”特定情境中分析问题与决策设计能力；通过“‘定性预测方法’知识运用”实训，训练“定性预测”的专业技能，并兼顾“团队协作”“解决问题”等通用能力的培养。

**课程思政：**结合本章教学内容，依照“课程思政”的要求或标准，对相关案例中的企业及其从业人员行为进行思政研判，培养高尚的道德情操，树立社会主义核心价值观。

学习微平台

思维导图10-1

【引例】

**中国少儿图书市场预测**

**背景与情境：**我国一直有重视少儿读物出版的传统。历经中华人民共和国成立70多年尤其是改革开放40年来的发展，我国少儿出版呈现出欣欣向荣的景象，已迈入少儿图书出版大国的行列。当前的少儿图书出版正进入一个充分的市场竞争阶段，少儿出版已成为整个出版业可持续发展的推动力。

我国目前0~18岁的人口平均每人拥有1.25本图书，在全世界排第68位，是以色列的1/50，日本的1/40，美国的1/30，这还是在没有考虑库存和退货的基础上统计的。欧美儿童图书占整体图书市场的比例是20%，韩国是25%，我国在2014年才达到16%，所以我国少儿出版至少还有10%的增长空间。当前我国绝大部分省份已经开放“单独”家庭二孩生育政策，年均新婴童数将增加100万~200万人。这将会给图书增长带来“人口红利”，拉高少儿图书市场增速。

自2000年以来，少儿出版零售呈U形增长，2013—2014年进入调整期，增速跌破10%；从2014年开始爬升，2015年零售增速重新超过10%。估计少儿出版第二阶段的“黄金增长”就要到来，但是有别于第一阶段的“黄金增长”，目前少儿出版已经由外延式增长向内涵式增长转变。由于少儿出版已经逐渐成为我国整个出版行业中最具活力、最具潜力、发展最快、竞争最激烈的一个出版分支，所以除了专业少儿社外，非少儿类出版社和一些民营企业也纷纷涉足这一领域。在全国580多家出版社中，有530多家参与出版少儿图书。在市场结构方面我国少儿图书出版行业开始显示出“低集中寡占型”竞争特点。一些有实力的少儿图书出版企业占有相对较大份额，具有一定的市场影响力。

资料来源 博思数据研究中心. 2015—2020年中国少儿图书出版行业市场深度调研与投资前景研究报告［EB/OL］.［2015-05-27］. http：//www.cntrades.com/b2b/zhiyanabaogao/news/itemid-1244127.html.

对于市场调研者或决策者来说，操作简单、操作成本低的预测方法无疑是会被首先采用的，而这种方法就是定性预测方法，下面介绍几种定性预测方法。

## 10.1 定性预测方法的概念

学习微平台

延伸阅读10-1

定性预测方法可以对预测对象做出变动方向和性质上的推断，它是市场预测方法中常用的一种方法。**定性预测方法**是依赖预测人员丰富的经验和知识以及综合分析能力，对预测对象的未来发展前景做出性质和程度上的估计和推测的一种预测方法。该种方法不用或很少用数字模型，预测结果并没有经过量化或者定量分析，所以具有不确定性。

【补充阅读资料10-1】

**定性预测**

定性预测是指预测者依靠熟悉业务知识、具有丰富经验和综合分析能力的人员与专家，根据已掌握的历史资料和直观材料，运用个人的经验和分析判断能力，对事物的未来发展做出性质和程度上的判断，再通过一定形式综合各方面的意见，作为预测未来的主要依据。

定性预测在工程实践中被广泛使用，无论是有意还是无意的。定性预测特别适用于对预测对象的数据资料（包括历史的和现实的）掌握不充分，或影响因素复杂、难以用数字描述，或对主要影响因素难以进行数量分析等情况。

定性预测偏重对市场行情的发展方向和施工中各种影响施工项目成本因素的分析，能发挥专家经验和主观能动性，比较灵活，而且简便易行，可以较快地提出预测结果。但是在进行定性预测时，也要尽可能地收集数据，运用数学方法，其结果通常也是从数量上做出测算。

资料来源 根据互动百科整理得来。

【课程思政10-1】

### 从错误数据开始的问题

**背景与情境：**史蒂芬·布迪安斯基（Stephen Budiansky）曾撰写了一本书叫《布莱克特的战争》，它着重描述在第二次世界大战期间英国的科学家小组在击败德国潜艇事件中的赫赫战功。布迪安斯基将这个事例作为把数学知识和科学方法运用于管理领域——运筹学诞生的引证。运筹学是这本书读者所感兴趣的内容，因为他们认为，这是数据分析的先行者。事实上，研究过潜艇问题的科学家们具有各种各样不同背景（就像数据分析领域汇集了许多各种不同的学科），他们试图利用数据来解决管理问题。因此，虽然有时看起来好像数据分析是崭新的事物，但继续研究下去就会发现，许多年前所奠定的基础是非常有用的。

布迪安斯基的书中有两个例子讲述了错误数据、错误假设以及偏见是如何导致错误决策的。

这本书的第一个事例讲述了当年为保卫伦敦，英国安装了许多雷达和高射炮。原来的高射炮瞄准不佳，为了提高命中率，科学家们给高射炮连接了雷达数据。初步实验表明，这种方法提高了高射炮击落轰炸机的概率。

为了保护像伦敦这样的大城市，在城市周边和海岸线附近都有高射炮。初期报告表明，海岸线附近的高射炮击落的轰炸机数量是城市周边高射炮的两倍。由于使用的高射炮是一样的，而雷达则刚投入使用，因此科学家们推测，雷达放在海面上更有用。如果这个推测被证实，他们应该将所有高射炮从城市转移到海岸以发挥更大的作用。然而，在此之前，他们想要更好地认识理解数据。

经过进一步调查研究之后，科学家团队发现了问题的真正根源。被击落的轰炸机的残骸数量在城市周边容易被验证，而在海岸附近，残骸大多数沉入大海，不容易验证具体数量，所以才会出现那样的数据。深入研究后可以发现，城市附近和海岸附近的高射炮实际的杀敌数量是差不多的。通过认识证实性偏差，科学家团队阻止了高射炮从城市向海边移动。依据布莱克特的战争观点，阻止了错误的行动。

第二个例子是测量盟军的远程轰炸机在德国境内击中目标的有效性。这种测量的目的是确认轰炸战役是否成功，这是战争策略的一个重要组成部分。轰炸机操作员亲自报告是否击中目标。（这告诉我们，我们需要一开始就警惕证实性偏差）但由于缺乏数据，军队领导无法选择，只能依靠人员（此处指轰炸机操作人员）在现场的报告。从某天起，他们能够获得炸弹爆炸后的空中拍摄照片了，他们于是从这些报告中发现了严重的证实性偏差：他们选择了那些上报击中目标的轰炸机的情况进行分析。他们的研究结果表明，80%的轰炸机的轰炸点甚至在目标的5英里之外。大概只有20%的轰炸机的轰炸点在目标5英里内，但这些也不可能都击中目标。这是非常糟糕的，但并没有令人感到惊讶。不过，千万不要把这个分析当成错误数据的例子。它同样影响了策略。他们开展了一场关于如何分配远程轰炸机的军事辩论。是应该把精力集中在打击德国的目标上（摧毁生产能力和削弱战斗力），还是将一些飞机转移到反潜活动呢？（摆脱潜艇的威胁，潜艇是使得许多货船无法从美国到英国运送给盟军足够的人员和物资，导致盟军不得不推迟进攻的重要原因）

这个事例很好地强调了实施数据分析解决方案在组织层面遇到的挑战。军队领导不愿意受到数据的影响，推进数据分析就变成了平民科学家的工作（和军队一起工作且成为团队的组成部分，但不是官方领导）。这也表明，当推动数据分析解决方案时，人们需要留心组织因素。这两个事例表明，当人们所利用的数据受限于证实性偏差时，就应该停止使用数据。

资料来源　沃森，内尔森．管理数据分析原理、方法、工具及实践［M］．王忠玉，王琼，译．北京：机械工业出版社，2017.

**问题：**进行数据分析时，如何正确对待数据中的偏差？

**研判提示：**数据清理过程中要注意什么样的数据适用于分析。从数据研究方面可以遵循80/20原则，从投入的20%中得到了80%的值，应当关注并仅对20%的数据加以清理，运用这20%的数据会得出你想要的结果。在运用数据做不太完美的决策与不用数据做决策之间进行权衡。

### 10.1.1　定性预测法的优点

从上述案例中我们可以看到，在现实与定性预测方法的预测结果之间有一定的差距，但是在实践中，定性预测不断普及的势头一直不减，其原因在于以下几个方面：第一，定性预测通常比定量预测操作简单，且操作成本低；第二，定性预测收集的资料大部分来源于消费现场，可以了解到消费者的动机及感觉，这是定量预测无法做到的；第三，定性预测方法往往是定量调查的前提，对于市场调研者或决策者来说，往往是综合使用这两种预测方法。所以，当这两种方法被有效地结合起来后，可以更透彻地了解消费者的要求。

### 10.1.2　定性预测法的不足

定性预测法有很多的优点，但也有其不足的地方，其表现在：第一，定性预测法只能预测一些简单的事件，对一些技术要求比较高的决策事件无法提供准确的预测。第二，定性预测法的主观性较强，往往由于个人主观的错误而导致整个预测结果的偏差。第三，由于个人之间的意见有时偏差较大，所以一般不易得出综合意见。

【同步案例10-1】

话语分析

**背景与情境：**很多方法可以对定性数据进行分析和解读，话语分析是其中的一种方法。20世纪70年代，心理语言学引进了话语分析的方法。随着定性研究方法的发展，话语分析作为定性研究方法的一种也蓬勃发展起来。这一方法的特点在于对“语言的敏感性”和它面对调查对象时“语言的开放性”。

资料来源 根据百度百科《话语分析》整理得来。

**问题：**你意识到语言交流在平时生活和工作中的作用了吗?

**分析提示：**平时关注语言本身在构建社会现实过程中的角色和作用，是一种很好的了解、分析事物的方法。俗话说：“听话听声，锣鼓听音”。在分析中，语 言不是被动的认知产物，而是活跃在话语场景中积极主动地表达和解释人们的思想的工具。

【教学互动10-1】

**问题：**定性预测法在什么情况下不太适用？会有什么不好的后果呢？

**要求：**同“教学互动1-1”的“要求”。

## 10.2 对比类推法

世界上许多事物的发展规律带有某种相似性，尤其是同类事物之间。所谓**对比类推法**，是指利用事物之间具有共性的特点，把已发生事物的表现过程类推到后发生或将发生的事物上去，从而对后继事物的发展前景做出预测的一种方法。对比类推法，依据类推目标，可以分为产品类推法、地区类推法、行业类推法和局部总体类推法。

### 10.2.1 产品类推法

许多产品在功能、构造技术等方面具有相似性，因而这些产品的市场发展规律往往会呈现某种相似性。人们可以利用产品之间的这种相似性进行类推。

【补充阅读资料10-2】

**如何估计平板大屏幕电视机的市场需求**

彩色电视机与平板大屏幕电视机的功能是相似的，因此可以根据彩色电视机市场的发展过程类推平板大屏幕电视机的市场需求变化趋势。电视机与其他家电产品的发展过程都遵循“萌芽—成长—成熟—衰退”的生命周期演变过程，不同阶段其市场需求特征是不同的。据调查，彩色电视机产品在不到5%的家庭使用时，尚处萌芽期；有15%家庭使用时，属成长期；有30%家庭使用时，就进入成熟期；有70%家庭使用时，就属衰退期。所以通过对彩色电视机发展过程进行分析，掌握彩色电视机各个阶段市场需求特征及发生转折的时机，就可以对平板大屏幕电视机市场需求进行估计。

### 10.2.2 地区类推法

地区类推法是依据其他地区（或国家）曾经发生过的事件进行类推。这种方法是把所要预测的产品同其他地区（或国家）同类产品的发展过程或变动趋向相比较，找出某些相似的规律性，用来推测目标的未来变化趋势。

### 10.2.3 行业类推法

这种对比类推往往用于新产品开发预测，以相近行业的相近产品的发展变化情况类比某种新产品的发展方向和变化趋势。

### 10.2.4　局部总体类推法

局部总体类推法是指以某一个企业的普查资料或某一个地区的抽样调查资料为基础，进行分析、判断、预测和类推。在市场预测中，某一行业或整个市场的市场量，通过普查方式固然可以获得全面系统的资料，但由于主客观条件的限制，如不可能对所有市场进行全面普查，则只能进行局部普查或抽样调查。因此，在许多情况下，运用局部普查资料或抽样调查资料，预测和类推全面或大范围的市场变化，就成为客观需要。

事实上，事物发生的时间、地点、范围等许多条件的不同，常会使对比的事物在发展变化上有一定差异。如空调的市场需求量受多种因素影响。就空调来讲，它不仅直接受消费者家庭收入水平的影响，而且受消费者的购买动机、购买习惯、兴趣爱好、品牌偏好以及供求情况和价格水平的影响，还受其他耐用家电消费的供求情况和价格的影响。因此，以某一个市场的资料预测其他市场的需求量，显然会发生误差。然而在实践中，空调作为一种正在进入成熟期的家电产品，销售量基本上是稳定的，起伏波动较小，因而实际销售量的差异又可以近似地综合反映各地市场需求状况的多种差异。所以可简化运算，不再另外引入消除其影响的变数。同时由表10-1可看到，各地市场实际销售量的差异是很大的，除需求量的差异外，显然家庭户数也有很大的差异。这样预测时，要根据这些差异进行一定的修正，以提高局部总体类推法的精度。例如，为消除家庭户数对需求量的影响可以引入销售率：

$$销售率=实际销售量\div家庭户数\times100\% \tag{10.1}$$

销售率反映各地市场的消费水平。各地市场销售率的差异可以近似地反映各市场之间需求水平的差异。这样，就可以以各市场销售率的差异为基准，预测其他各市场的需求量。下面我们以表10-1中的数据为预测样本，试对空调在这5个城市今年的销售情况做预测。

首先设：Y代表实际销售量；$mx_i$代表各市场需求率；N代表家庭户数；$ax_i$代表各市场销售率（i=1，2，…，5）。

具体步骤为：

（1）计算各市场销售率，公式为：

$$ax_i=Y\div N \tag{10.2}$$

（2）以$x_1$市场的销售率为基准，计算各市场的销售率比。销售率比是指以$x_1$的市场销售为基准的销售率指数，如$x_2$市场的销售率比为$ax_1\div ax_2$，其含义为当$x_1$市场量为100时，$x_2$市场的销售量即为100×销售率比。

（3）计算需求率。$x_i$市场的销售率比为$ax_i\div ax_1$，需求率比则为$mx_i\div mx_1$，销售率比约等于需求率比，所以$x_i$市场的需求率$mx_i\approx mx_1$。经计算，$x_1$市场的需求率为0.04，表明$x_1$市场的需求率为1时，每百户需空调4台，其他市场的需求率可能高于1或低于1，每百户的需要量则可利用上述公式得出。

（4）根据各市场的需求率和家庭户数，计算需求量。如$x_2$市场的需求量=家庭户数×需求率。

（5）将各市场的需求量相加即得到整个市场的预测需求量。

【同步案例 10-2】

### 空调市场预测

**背景与情境：** 某家电用品公司打算开拓5个城市的空调市场从而进行调查，获得了去年的空调市场销售量，见表10-1。

表 10-1　　5个城市上一年空调器市场销售量

| 市场 | $x_1$ | $x_2$ | $x_3$ | $x_4$ | $x_5$ |
| --- | --- | --- | --- | --- | --- |
| 实际销售量（台） | 19 000 | 3 600 | 2 800 | 7 800 | 4 000 |
| 家庭户数（万户） | 200 | 180 | 130 | 490 | 210 |

**问题：** 请预测今年需求量。

**分析提示：** 经过对 $x_1$ 市场200万户家庭住户的抽样调查，今年对空调的购买量为每百户4台，即需求率为0.04，得出 $x_1$ 市场预测值为8万台，但这仅是对一个城市的抽样调查，其他四个城市需求量如何，就要采用局部总体类推法，以一个市场资料为基础，来类推其他四个市场的需求量，最后加以综合。在应用局部总体类推法进行预测时，应注意，该方法建立在事物发展变化的相似性基础上，相似性并不等于相同。

【同步思考 10-1】

**问题：** 本节介绍的对比类推法有哪几种？

**理解要点：** 产品类推法、地区类推法、行业类推法和局部总体类推法。

## 10.3　集合意见法

学习微平台

延伸阅读10-2

1）集合意见法的概念

**集合意见法**，又称集体经验判断法，它是利用集体的经验、智慧，通过思考分析、判断综合，对事物未来的发展变化趋势做出估计。由于企业内的经营管理人员、业务人员等比较熟悉市场需求及其变化动向，他们的判断往往能反映市场的真实趋势，因此它是进行短期、近期预测的常用方法。

【补充阅读资料 10-3】

### 集合意见法的用途

集合意见法一般用于对重大事件进行长期预测。苏联1975—1976年在进行科技发展预测时，就约请不同学科的23位著名专家，组成专家小组进行充分集体讨论，通过集合众位专家的意见来获取预测结果。我国在1956年制定第一个科学技术发展纲要时，周恩来总理亲自主持并邀请了不同领域的数百位专家进行讨论，集合他们的意见。

资料来源　根据百度文库资料整理得来。

2）集合意见法的预测步骤

集合意见法预测的步骤如下：

第一步：由若干个熟悉预测对象的人员组成一个预测小组，向小组人员提出预测项目和预测的期限要求，并尽可能地向他们提供有关资料。

第二步：小组人员根据预测要求，凭其个人经验和分析判断能力提出各自的预测方案，同时每个人说明其分析理由，并允许大家在经过充分讨论后，重新调整其预测方案，力求在方案中既有质的分析，又有量的分析；既有充分的定性分析，又有较准确的定量描述。在方案中要确定三个重点：①确定未来市场的可能状况。②确定各种可能状态出现的概率（主观概率）。③确定每种状态下市场销售可能达到的水平（状态值）。

第三步：预测组织者计算有关人员的预测方案的方案期望值，即各项主观概率与状态值乘积之和。

第四步：对参与预测的有关人员进行分类。由于预测参加者对市场了解的程度以及经验等因素不同，因而他们每个人的预测结果对最终预测结果的影响有可能不同，所以要对每个人的预测结果分别给予不同的权数来表示这种差异，最后采用加权平均法获得最终结果。若给每个预测者的结果以相同的权数，则表示各预测者的预测结果重要性相同，那么最后结果可直接采用算术平均法获得，也可用中位数统计法获得。

第五步：确定最终预测值。应用集合意见法，最明显的优点是可以集思广益，避免个人独立分析判断的片面性，但它同样也存在着不足。例如，许多企业都把完成销售计划的情况作为考核销售人员业绩的主要依据，故销售人员一般都希望尽量把计划目标压低，从而超计划部分可获得更多的奖励。这样在预测时，销售人员就不愿把那些有可能争取到的销售数字估计进去，最终结果就是降低了销售预测的准确性。因此，在使用销售人员预测时，可采取一定的措施加以限制，如把预测结果同评定销售业绩分开。国外用得比较多的方法是用一个经验系数去修正每个销售人员的原预测结果，具体做法是统计每个销售人员历年的预测值与实际销售额的差距，并计算出这一差距的百分比（与实际销售额比）作为调整系数，用调整系数来修订预测值。如某销售人员预测下一年度企业的销售额为2 200万元，依据以往资料分析，实际值总是比该销售员的预测值高5%，因此预测的修正值为2 200×（1+5%）=2 310（万元），最后由每个销售人员的预测修正值得到最终销售预测值。

【教学互动10-2】

**问题：**为什么使用集合意见法时要尽可能地让利益不同的人参加？

**要求：**同“教学互动1-1”的“要求”。

【同步思考10-2】

某企业为使下一年度的销售计划制订得更为科学，组织了一次销售预测，由经理主持，参与预测的有销售科、财务科、计划科、信息科的科长，他们的预测估计见表10-2。

表10-2　**某企业年度销售额预测估计值表**　金额单位：万元

| 预测人员 | 销售额估计值 | | | | | | 预测期望值 |
|---|---|---|---|---|---|---|---|
| | 最高销售额 | 概率 | 最可能销售额 | 概率 | 最低销售额 | 概率 | |
| 销售科长 | 4 000 | 0.3 | 3 600 | 0.6 | 3 200 | 0.1 | 3 680 |
| 财务科长 | 4 200 | 0.2 | 3 700 | 0.7 | 3 200 | 0.1 | 3 750 |
| 计划科长 | 3 900 | 0.1 | 3 500 | 0.7 | 3 000 | 0.2 | 3 440 |
| 信息科长 | 4 100 | 0.2 | 3 600 | 0.6 | 3 100 | 0.2 | 3 600 |

表 10–2 内预测期望值栏的数据为各种情形下的销售额估计值与概率乘积之和。例如对销售科长而言，其预测期望值为 4 000×0.3+3 600×0.6+3 200×0.1=3 680（万元）。其他各位预测者的预测期望值计算方法同上，其结果列于表 10–2。

资料来源　根据百度文库资料整理得来。

**问题：**为什么参加预测的人在同样的市场条件下会有不同的预测估计值？

**理解要点：**由于预测者对市场的了解程度以及经验等因素不同，他们每个人的预测结果对最终预测结果的影响及作用有可能不同；可分别给予不同的权数来表示差异，最后采用加权平均法。若各位预测者的重要性相等，则可用算术平均法。在此例中，调查预测人员从各方面因素考虑，给各人的权数分别为销售科长 6、财务科长 5、计划科长 5、信息科长 7。

## 10.4　德尔菲法

### 10.4.1　德尔菲法的概念

**德尔菲法**是 1960 年由美国兰德公司（Rand Corporation）的海默（Olaf Helmer）等人发明的长期预测方法。运用德尔菲法的第一步是组成专家小组，然后以一系列的问卷向专家小组的每一成员分别询问；依据专家们对前一个问卷的答复拟下一个问卷，直到获得一个比较一致的预测值为止，利用德尔菲法进行预测时需要有一位协调者居中策划协调、拟定问卷、整理并综合专家们对未来的估计。此方法可以降低多数意见造成的晕轮效应或称见风转舵效应。

【补充阅读资料 10–4】

**德尔菲法与专家会议法的联系与区别**

德尔菲法同常见的召集专家开会，通过集体讨论得出一致预测意见的专家会议法既有联系又有区别。德尔菲法能发挥专家会议法的优点，即能充分发挥各位专家的作用，集思广益，准确性高；能把各位专家意见的分歧点找出来，取各家之长，避各家之短。同时，德尔菲法能避免专家会议法的缺点：权威人士的意见影响他人的意见；有些专家碍于情面，不愿意发表与其他人不同的意见；有些专家出于自尊心而不愿意修改自己原来不全面的意见。

### 10.4.2　德尔菲法的运用

学习微平台

延伸阅读 10–3

由于德尔菲法应用日益广泛，所以有进一步说明的必要。在高科技日新月异的情况下，预测工作更显不易，长期预测更难。在足够的时间和资源条件下，德尔菲法无论在方法预测还是销售预测方面，都极具效力。

1）德尔菲法的运用步骤

第一步：选出讨论会的会员。研究结果指出，讨论会若由 10～15 位专家组成，得到的结果就很可靠。

第二步：将一份开放式问卷（或称最初阶段问卷）分送给讨论会成员，请他们描述在某一领域中可能发生的特殊事件。将问卷收回并整理汇总，得出一份包括所有事件的清单，然后用更明晰的文字表示，作为第二阶段问卷的内容。

第三步：请这批专家就问卷内的问题（即事件），预测其将在何时发生，并说明理由。主持人收回问卷后，将资料统计出来，并汇总不同答案所根据的理由，编成第三阶段问卷。

第四步：在第三阶段问卷中，除包括相同事件外，还包括第二阶段估计事件发生的时间的中位数及其上、下四分位数，以及各种理由。再将这份问卷送给讨论会的成员，请他们考虑这些统计数字及理由，然后重新决定是否修正原来的估计数字及修正的理由。

如果对某一事件的新的预测数据超出原来统计的四分位数范围，则须提出新的理由来解释，并说明与原有看法不同的地方。收回这份问卷后，主持人将资料汇总，编列统计数字、理由及评论文字，再加上事件清单，编成第四阶段问卷。

这个程序背后所根据的理论在于每经过一次新的问卷，所得的答案就渐次缩小范围。因为成员从他人的意见中获取新知识，进而修正了自己的看法。至少，即使答案所列的时间仍有很大的差距，成员彼此也能了解不同意见背后的假设及理由。理论上，这个程序可以一直延续下去。但根据以往有关研究来看，在第四阶段后，再将问卷送出去已没有多大用处，可以告一段落。

2）德尔菲法专家的选择

第一步：应先决定成员全部由公司内部人员组成还是需要聘请外界专家。其决定应考虑下列两点：

（1）本次专案所得预测结果，必须严格保密，才能产生利益。

（2）本企业内是否有足够的专家，这些专家是否都具有广泛的知识。

第二步：确定一份专家名单，然后分别派人接洽，主要的目标在于选出具有各种不同背景和职位的专家。

德尔菲法能否成功，要看这些专家是否全心全意且不断地参与。因此，在发出最初阶段问卷之前，必须先获得对方的承诺。在获得专家成员承诺时，应向专家说明下列事项：

（1）解说德尔菲法的程序，包括为何使用、过程如何以及成员们大约需要投入多少时间与精力等。

（2）本次德尔菲法研究的目的，包括为何要进行此次研究、如何进行以及对进行研究的公司有何益处等。

（3）参加的成员将得到哪些利益。唯有给予相当的益处，成员才愿意花费时间和精力做真正的承诺。激励的方法很多，视成员的工作及本次研究的主题而定，如：①成员可以学习德尔菲法，以后自己做预测时可以运用。②由于德尔菲法程序是以回归及交互影响为基础，因此成员和进行研究的公司一样，可以学习到许多新的知识。成员所提出的概念都会获得回馈，而同一领域中其他专家的情报，以及对未来的预测结果，都可借助程序的进行而获悉。这些情报，若是由每个人自己来汇集，所花的时间精力，势必将数倍于此。③如果该次德尔菲法研究所得的情报，对成员而言没有多大用处，则最好赠送礼物或支付酬金给成员。将成员视同公司的顾问，以其投入的时间及精力获得金钱上的报酬。

3）德尔菲法运用时的注意事项

要做一次成功的德尔菲法研究，过程相当不容易，有若干作业上的易犯错误应予避免：

（1）第二阶段开始的问卷，事件描述文字必须清楚明确，使每位成员对文字的解释一致。如果答案的差异是由于对问题的解释不同造成的，汇总答案就没有意义。因此，诸如“一般”“显著”“广泛使用”“常态”等模棱两可的字眼，最好不要使用。在寄出前，应先由专人查阅一遍问题及提示，并预先试行作答，以防出现意义混淆之处。

（2）每个问题只可包括一个事件，不得出现重复的事件。否则，成员对问题的一部分有一种看法，对另一部分又有不同的看法，就无法得到正确的情报。

例如：“你认为足球与篮球运动将更普及、更不普及或不变”或是“由人驾驶的核动力火箭将在哪一年到达火星？”等问题，很可能造成混淆，产生错误的答案。就第二个问题而言，什么才是问题的核心？是人类到达火星还是核动力火箭到达火星？

（3）问卷形式必须易于填答。也就是说，问题须编排得容易阅读；答案应该为选择式或填空式；希望另有评论时应留出足够的空白；回件的信封及邮票须一并备妥等。

（4）无论在何种情况下，主持人都必须避免将自己的看法暴露给成员。因为这些人都是挑选来的专家，不需要别人的忠告，这会使他们对主持人的意见产生偏见，而使研究本身发生偏差。如果主持人发现成员忽略了某些要点，也必须承认自己在选择成员时已经失败，必须重新选择新的成员，或选择新成员加入原有的成员中。

（5）任何成员均不应该知道其他成员的名字。这种不具名方式才能确保对概念及意见的判断公正。

（6）要使成员有充足的时间回答问卷。

（7）要有足够的人员处理问卷。如果只有一个讨论会，则一位职员加上一名秘书就已足够。但若不止一个，则应增加人手。

4）德尔菲法成功的条件

德尔法菲在下列情况下特别有效：

（1）成员来自许多行业。其职务背景不同，有些成员还可以请教他们公司的其他同事来回答不熟悉的问题。因此，最后得到的情报数量多，种类有差异，远非其他方法可以比拟。

（2）意见趋于一致。研究人员所面临的问题之一，是从各种不同的意见来源产生的数据中做出单一的预测。理论上，德尔菲法可使成员的意见趋于一致，事实上也是如此。在研究实例中，80%的问题从一开始或经过随后三个阶段的再访后，都取得相当高的一致性，而在一开始及第三阶段的答案差异，还不到2%。

（3）对理由的评论。使成员的意见趋于一致的有两种主要力量：一种是统计数字，另一种是解释的理由。当某一成员发现自己的答案居于少数，而又不太肯定自己的立场时，会改变答案。但若有理论根据，就会更坚持己见，而这正是“少数”答案（可能就是正确答案）成为一致答案的唯一方法。每项答案背后的理由及评论，在使成员的意见趋于一致上非常有效。因此，最后的一致答案不一定就是原来的多数答案，有时也会趋于少数的那端。

（4）成员高度参与。参加成员不仅对研究有兴趣，而且充分投入。这可以从实证研究的事实显示出来：每位成员平均投入7个小时；大约有90%的成员自始至终都参与研究，没有中途退出。

### 10.4.3 德尔菲法的缺点

德尔菲法的缺点如下：

（1）研究时间不易预估。拖延时间的主要原因是问卷回收时间的延迟。

（2）叙述问题的文字力求明确，但仍不免有歧义发生，或可做不同解释。

（3）参与成员对问卷不明确的提示易产生误解。

（4）第二阶段以后的问卷所包括的问题数目太多。理想的德尔菲法应该只包括25个左右的问题。

【同步案例10-3】

**德尔菲法的使用**

**背景与情境：** 某书刊经销商采用德尔菲法对某一专著销售量进行预测。该经销商首先选择若干书店经理、书评家、读者、编审、销售代表和海外公司经理组成专家小组。将该专著和一些相应的背景材料发给各位专家，要求大家给出该专著最低销售量、最可能销售量和最高销售量三个数字，同时说明自己做出判断的主要理由。将专家们的意见收集起来，归纳整理后返回给各位专家，然后要求专家们参考他人的意见对自己的预测重新考虑。专家们完成第一次预测并得到第一次预测的汇总结果以后，除书店经理B外，其他专家在第二次预测中都做了不同程度的修正。重复进行，在第三次预测中，大多数专家又一次修改了自己的看法。第四次预测时，所有专家都不再修改自己的意见。因此，专家意见收集过程在第四次预测以后停止。最终预测结果为最低销售量26万册，最高销售量60万册，最可能销售量46万册。

**问题：** 该书商是如何使用德尔菲法来预测书刊销售量的？

**分析提示：** 德尔菲法作为一种主观、定性的方法，不仅可以用于预测领域，而且可以广泛应用于各种评价指标体系的建立和具体指标的确定过程。例如，我们在考虑一个投资项目时，需要对该项目的市场吸引力做出评价。我们可以列出同市场吸引力有关的若干因素，包括整体市场规模、年市场增长率、历史毛利率、竞争强度、对技术的要求、对能源的要求、对环境的影响等。市场吸引力的这一综合指标就等于上述因素加权求和。每一个因素在构成市场吸引力时的重要性即权重和该因素的得分，需要由管理人员的主观判断来确定。这时，我们同样可以采用德尔菲法。

【同步思考10-3】

**问题：** 德尔菲法的缺点产生的原因是什么？

**理解要点：** 由于专家们的意见取舍取决于预测的组织人员，所以是否客观、真实，直接影响专家们的判断结果。

学习微平台

延伸阅读10-4

## 10.5 其他定性预测法

在市场预测过程中要对产品生产、销售前景做出定性预测，下列几种方法是专门针对消费倾向的定性预测法。

### 10.5.1 购买意见预测法

购买意见预测法是指通过一定的调查方法（如抽样调查、典型调查等）选择一部分或全部潜在购买者，直接向他们了解预测期购买商品的意向，并在此基础上对商品需求或销售做出估计的方法。在缺乏历史统计数据的情况下，运用这种方法可以取得数据，做出推断。因而，这种方法在市场调查预测中得到广泛的应用，特别是对高档耐用消费品比较适用，能使供应商向市场提供适销对路的产品。但该预测方法的缺点是只能预测一些具有共同特征的产品，而对某种具体品牌的产品缺乏指导意义。

### 10.5.2 预购测算法

预购测算法是根据顾客的预购订单和预购合同，来推测估计产品的需求量。这种方法主要运用于一些生产企业和批发企业的微观预测。对生产企业来说，宜用这种方法测算新产品、特需商品和价格高的商品的需求量，这样可以避免由于产品和资金的积压而给企业带来损失。商业企业，特别是商业批发企业，则常用此法来估计销售额，用此法可以避免在数量和品种上造成的销不对路。

预购测算法是一种比较简单有效的方法，在使用过程中应该注意两点：一是要考虑订货单和购货合同的履约率。因为签订了订货单和购货合同并不等于商品已售出。由于市场的宏观和微观环境无时不在变化，变更订货单和合同的情况是客观存在的，预测人员可根据多年来合同的执行情况，估计一个履约率。二是要考虑订单和合同的追加率，同样出于对合同履约率产生原因的考虑，常会发生签约后临时追加订货的情况。因此预测人员在采用预购测算法预测需求时，应根据合同订单的履约率和追加率，对订货数进行修正、调整。

### 10.5.3 消费水平预测法

**消费水平预测法**主要是利用对消费水平和消费人数（或户数）这两个基本量的直观分析判断，并辅以简单推算来预测消费品需求量。根据消费品的消费特点不同，一般可分为非耐用消费品、一般耐用消费品两种不同的形式，下面分别阐述：

1）非耐用消费品的消费水平预测法

非耐用消费品主要是指那些被消费使用后，商品实体随之消失，或虽然实体尚在，但其价值较低，使用期较短的商品。一些日用品、食品、燃料等易耗品，均属于非耐用消费品。用消费水平预测法预测非耐用消费品，主要是利用一定时期内某种消费品需求量等于人口数（户数）乘以消费水平这个关系式来预测需求量，估计公式为：

$$S=j\times g \tag{10.3}$$

式中：S为预测期非耐用消费品的需求量；j为预测期某个市场范围的平均人数（户数）；g为消费水平，也即一定时期内每人（每户）平均需求量或消费量，也称人均（户均）需求量。

上述估计式预测需求量的关键是估算出人数（户数）和消费水平。人数（户数）的测算一般可直接从统计资料中得到。需要注意的是，人数（户数）的范围应与预测地区一致。若是预测某些特定消费对象需用的消费品，如儿童用品、妇女用品等，则可以按该类特定消费者人数核算。

采用消费水平预测的关键在于能正确估算预测期的消费水平。消费水平的估算主要有以下几种途径：

（1）利用历史数据，在分析历年的消费水平基础上，估计预测期的消费水平。如历史消费水平变化平缓，可取历年消费水平的平均值为预测期的消费水平。

（2）利用相关因素分析法，估计预测期的消费水平，即在预测前期的消费水平基础上，分析各种影响消费水平变化的因素，并进一步分析哪些因素促使消费水平提高或下降，最后对消费水平发展变化趋势做出推断。

（3）利用调查资料得到，如可直接利用某些消费者购买力调查估算平均水平，也可利用我国各级城乡经济调查队的有关调查资料，掌握不同收入水平的家庭对某种消费品的人均（户均）需求量数据，从而推算出预测期的消费水平。上述各种方法可同时使用并相互印证。

【同步思考10-4】

**资料：**某市本年度水果的社会销售量为1.22万吨，全市年初人口数为60万人，年末人口数为61.2万人。据有关部门预测，下一年度末人口数为比年初将增加2.1%。根据历史消费水平状况估计，下一年度消费水平可比上一年度提高6%左右。另有统计调查资料显示，下一年度人均消费量为1.8千克，由此推算消费水平预测值为9.6千克。

**问题：**根据上述资料预测下一年度该市水果需求量。

**理解要点：**

①估算消费水平预测值g：

方法一：1 220÷（60+61.2）÷2×（1+6%）=21.3（千克/人）

方法二（直接从调查资料得到）：g=21.6千克/人

两种途径得到的消费水平预测值较为接近，这里取两者的算术平均值作为最终的消费水平预测值，即：

g=（21.3+21.6）÷2=21.45（千克/人）

②估算预测期人数j：

j=（61.2+61.2×1.021）÷2=61.84（万人）

③估计水果消费量S：

S=j·g=618 400×21.45=13 264 680（千克）≈1.33（万吨）

2）一般耐用消费品的消费水平预测法

一般耐用消费品主要是指那些价格较低，但使用期限较长的商品。这类消费品需求的特点是：由于价格较低，一般家庭或个人都已拥有，因此对这类商品的需求主要来源于对原有消费品的更新，即更新量；这类消费品的需求不仅与原拥有量有关，还与商品的年更新率，即年更新系数有关。年更新系数大，相对需求量大，反之相对需求量就小。故此类消费品的需求量可用下式表示：

$$S=j\cdot g\cdot i \tag{10.4}$$

式中：S为预测期的需求量；j为人数（户数）；g为消费水平，指每人（每户）的消费量；i为年更新系数。

上式中j、g的估算前面已介绍，与非耐用消费品类似。这里主要介绍年更新系数的估算。

年更新系数是指现有保有量中每年废弃部分需要更新补充的比例系数，通常以百分率表示。耐用消费品被废弃有两种情况：一是完全失去使用价值，不能修理使用，只能废弃；二是本身商品有一定的使用价值，因花色款式等陈旧而废弃不再使用。前者的年更新系数，可根据耐用消费品的平均使用年限估计。平均使用年限，也可以通过典型调查获得，或者根据前几年的销售资料推算。后者的年更新系数可以通过抽样调查获得。若两种情况同时存在，可以一并通过抽样调查获得总的年更新系数；若两者的年更新系数都已分别得到，总的更新系数可通过直接把两者相加得到。

## ■ 本章概要

□ 内容提要

●全面了解和掌握定性预测的概念，掌握定性预测的几种方法，了解定性预测方法的优点及局限性，会有助于更深刻地认识和理解定性预测的理论和实践。

●市场很大，在商品交换的过程中要对各种信息进行收集、整理和分析：消费者购买及使用的动机、企业营销及营销状况等。供应商要把握市场动态，就要对市场进行定性预测。

□ 主要概念和观念

▲ 主要概念

定性预测方法　对比类推法　集合意见法　德尔菲法　消费水平预测法

▲ 主要观念

定性预测

□ 重点实务

定性预测方法　德尔菲法　其他预测方法

## ■ 基本训练

□ 知识训练

▲ 简答题

1）什么是集合用户意见预测法？如何应用？

2）什么是对比类推法？如何应用？

3）如何应用消费水平预测法进行预测？

▲ 填空题

1）对比类推法常用于潜在________和________的预测及新产品________预测等。

2）集合业务人员意见法的________往往偏低。

3）依据预测者的________能力，借助于________和________对市场未来表现进行________和________，叫专家预测法。

4）对比类推法是指利用事物之间具有________的特点，把已发生事物的表现过程类推到________或________的事物上去，从而对后继事物的________做出预测的一种方法。

▲ 单项选择题

1）对于市场预测中难以量化的因素，或无历史数据的现象进行市场预测，最适宜的预测方法是（　　）。

A.抽样法　　B.定量分析法　　C.定性预测法　　D.不存在的

2）集合业务人员意见法中的业务人员（　　）。

A.只是企业外部的业务人员

B.只是企业内部的业务人员

C.是全部业务人员

D.既有企业内部人员，也有企业外部人员

3）应用对比类推法进行预测，选择若干子市场，这些子市场的有关标志（　　）。

A.应存在明显差异　　B.应大致相同

C.可以相同也可以不同　　D.与关联市场无关

4）在专家意见法中所包括的专家（　　）。

A.仅指技术工作专家　　B.仅指市场预测专家

C.仅指理论专家　　D.是各方面的专家

5）购买意见预测法和对比类推法的共同之处在于所用的资料都是（　　）。

A.直接资料　　B.间接资料

C.无法收集的　　D.直接和间接资料

6）定性预测法与定量预测法的根本区别在于进行预测时（　　）。

A.是否用数学模型　　B.是否用表格

C.依据不同　　D.是否有预测值

▲ 多项选择题

1）应用购买意见预测法进行预测，不具有普查或抽样调查资料的是（　　）。

A.子市场之一　　B.全部子市场

C.无关的其他市场　　D.不可能的

2）德尔菲法具有（　　）的特点。

A.匿名性　　B.统计性　　C.推断性　　D.反馈性

3）下列对于定性预测法的优点说法正确的是（　　）。

A.定性预测通常比定量预测操作简单，且操作成本低

B.可以了解到消费者的动机及感觉

C.定性预测方法往往是定量调查的前提

D.预测的准确性高

4）对比类推法包括下列具体方法中的（　　）。

A.产品类推法　　B.地区类推法

C.行业类推法　　D.局部总体类推法

▲ 讨论题

1）什么是定性预测法？与定量预测法相比，定性预测法有哪些特点？

2）简述集合企业经营管理人员意见法和集合业务人员意见法的预测程序及特点。

3）什么是德尔菲法？它的预测步骤是什么？

4）什么是定性预测法？它有哪些不足？

□ 能力训练

▲ 案例分析

## 某地彩电市场需求预测分析

**背景与情境：**设某地有关液晶电视机市场需求的有关资料如下，要求先对明年液晶电视机的市场需求进行预测分析，然后编写一篇有关液晶电视机市场需求的预测报告。

1.去年年末城乡居民家庭单位分别为23.8万户和98.8万户；近5年年均增长率分别为2.8‰和3.2‰。

2.近8年城乡居民家庭液晶电视机拥有量见表10-3。

表10-3 **近8年城乡居民家庭液晶电视机拥有量** 单位：台/百户

| | | | | | | | | |
|---|---|---|---|---|---|---|---|---|
| 城镇 | 65.6 | 69.7 | 73.2 | 75.5 | 77.6 | 79.4 | 81.2 | 82.8 |
| 农村 | 3.23 | 6.82 | 9.10 | 11.2 | 14.4 | 17.6 | 20.9 | 24.7 |

3.据统计，居民液晶电视机需求占社会总需求的80%。

4.据问卷调查，城乡居民购买彩电的规格选择分布见表10-4。

表10-4 **城乡居民购买彩电的规格选择分布**

| 规格（寸） | 20以下 | 21 | 25 | 29 | 34 | 38 | 43 | 50 |
|---|---|---|---|---|---|---|---|---|
| 城镇（%） | 0.0 | 10.0 | 17.8 | 25.4 | 36.6 | 10.2 | 6.4 | 3.8 |
| 农村（%） | 18.2 | 23.6 | 38.8 | 10.2 | 6.8 | 2.4 | 0.0 | 0.0 |

5.据问卷调查，城乡居民购买液晶电视机品牌选择分布见表10-5。

表10-5 **城乡居民购买液晶电视机品牌选择分布**

| 品牌 | TCL | LG | 海尔 | 康佳 | 创维 | 其他 | 进口牌 |
|---|---|---|---|---|---|---|---|
| 城镇（%） | 23.6 | 8.4 | 24.1 | 16.2 | 7.7 | 8.6 | 11.4 |
| 农村（%） | 28.3 | 8.4 | 32.2 | 14.8 | 8.2 | 8.1 | 0.0 |

6.据问卷调查，城乡居民购买液晶电视机价格选择分布见表10-6。

表10-6 **城乡居民购买液晶电视机价格选择分布**

| 价格 | 1 000元以下 | 1 000~1 999元 | 2 000~2 999元 | 3 000~4 999元 | 5 000元及以上 |
|---|---|---|---|---|---|
| 城镇（%） | 5.7 | 21.8 | 43.5 | 18.6 | 10.4 |
| 农村（%） | 9.8 | 48.6 | 32.8 | 8.8 | 0.0 |

7.据问卷调查，城乡居民购买彩电关注的因素分布见表10-7。

表10-7 **城乡居民购买彩电关注的因素分布**

| 因素 | 质量 | 服务 | 价格 | 功能 | 其他 |
|---|---|---|---|---|---|
| 城镇（%） | 38.6 | 43.4 | 8.3 | 5.4 | 4.3 |
| 农村（%） | 32.4 | 35.8 | 20.4 | 8.6 | 2.8 |

**问题：**

1）明年液晶电视机需求扩大的主要原因有哪些？

2）这则案例给我们什么启示？

**分析要求：**同第1章“基本训练”中本题型的“分析要求”。

▲ 实训操练

【训练项目】

“定性预测方法”知识运用。

【情境设计】

将班级学生分成若干实训团队，每个团队确定1人负责，根据项目需要进行角色划分与协作，分别选择不同企业，运用相应“定性预测方法”知识，就特定预测目标进行项目操练。

【训练步骤】

1）将班级学生分成若干实训团队，每个团队确定1人负责，根据项目需要进行角色划分与协作。

2）各组分别选择某一企业，就其特定预测目标，运用相应“定性预测方法”知识进行实训，重点体验针对特定预测目标的“定性预测”运作过程。

3）各团队学生记录本次模拟实训的成功经验、存在问题、解决办法。

4）各团队整理实训记录，在此基础上撰写《“×企业关于×目标的定性预测”实训报告》。

5）在班级讨论交流、相互点评与修订各团队的《“×企业关于×目标的定性预测”实训报告》。

6）在校园网的本课程平台上展示经过修订和任课教师点评的各团队《“×企业关于×目标的定性预测”实训报告》，供学生们借鉴。

□ 课程思政

## 从葛兰素史克案看进口药价如何翻跟斗

**背景与情境：**记者涂端玉2014年5月15日报道，14日从湖南省长沙市公安局获悉，历经10个多月的侦办，葛兰素史克（中国）投资有限公司（以下简称GSKCI）涉嫌对非国家工作人员行贿、单位行贿等案已侦查终结，于日前依法移送检察机关审查起诉。

牟取非法所得数十亿元

2009年1月，马克锐就任GSKCI处方药事业部总经理后，为了完成GSK总部下达的高额销售增长指标，在张国维等人支持下，全面倡导“以销售产品为导向”的经营理念，强调“没有费用，就没有销量”的销售手段，先后组建和扩充了多个销售部门，将贿赂成本预先摊入药品成本，并组织各部门在虚高药价条件下，通过大肆贿赂医院、医生、医疗机构、医药相关协会组织等医药销售相关部门及其所属人员推销药品，牟取非法所得数十亿元。

GSKCI在中国销售的药品大多冠以海外原研药名义，在药品进口前通过转移定价的方式，提高药品报关价格，在将巨额利润预提于境外的基础上，设定高额销售成本用于支撑贿赂资金。GSKCI药品的价格远高于在其他国家的价格，最高的达到其他国家的7倍。通过贿赂销售，GSKCI的主营业务收入逐年攀升，从2009年的39亿余元，增长至

2012年的69亿余元。在此期间，马克锐等犯罪嫌疑人组织其财务部门，采取在GSKCI内部虚假交易的手段，将在中国境内的绝大部分违法所得作为采购成本转移到境外预设的公司结算。其巨额贿赂成本及违法所得，实际上都将虚高的药价转嫁给中国的病患人员和国家财政承担。

为了刺激增加销售额，GSKCI采取多种方式鼓动销售员工"轻合规，重销售"，不但向员工提供高额销售费用，还制定了奖惩制度，完成销售指标的可以获得高额奖金，完不成者则面临被解雇或无法升迁的命运。在这种畸形的考核目标和制度导向下，GSKCI下属销售员工采用各种方法大肆进行贿赂活动。马克锐等公司高管人员组织各部门，在各种公开场合和行政执法部门检查中，极力回避和掩护贿赂销售行为，努力维护行贿费用的资金输出渠道。

通过贿赂设排他性障碍

为抢占市场份额，GSKCI通过贿赂设置排他性障碍，提高药品市场销量。2010年以来，因肝炎药"贺普丁"专利药资格到期，大量国内仿制药即将大量上市，GSKCI先后实施所谓"长城计划""龙腾计划"，行贿数千万元，并明确要求不得采用国产同类药品。实施"长城计划"后，不少医院不再采购贺普丁国内同类药品。

打开中国市场的五条"贿赂链"：

（1）自营药品销售贿赂链。医药代表贿赂医生，地区经理贿赂大客户，大区经理贿赂VIP客户。

（2）外包药品销售贿赂链。将药品外包给本地多家公司代销，通过其对医生行贿。

（3）"冷链"（疫苗）销售贿赂链。出资采购汽车、电视机、电动车、摄影摄像器材等非医疗设备，向疾控中心和疫苗接种点客户行贿。

（4）大客户团队销售贿赂链。大客户部贿赂机构，对一些部门拉关系、搞贿赂，确保药品高价销售。

（5）危机公关贿赂链。组织人员成立危机应对小组，先后向多地工商行政执法人员和关系人行贿，意图阻止工商部门进行查处。

此外，在GSKCI近年来贿赂销售过程中，全国多地工商部门不断接到该公司涉嫌商业贿赂的举报并立案调查。2012年，马克锐、张国维、赵虹燕组织人员成立危机应对小组，先后向北京、上海等地工商行政执法人员和关系人行贿，意图阻止工商部门对其查处，直至2013年6月被查获。

逐步翻番的药价

以贺普丁为例，经核查，2012年，贺普丁真实成本为15.7元，转移定价后到中国工厂的口岸价是73元，GSKCI出厂价（不含税）为142元，经物价部门核准的最高零售价为207元。

畸形的价格反差

以知名药品贺普丁为例，在中国的出厂价是142元，而在韩国只有18元，在加拿大不到26元，在英国不到30元，在德国、日本等国家，其出厂价也远远低于中国。也就是说，购买一盒贺普丁，中国的患者要比其他国家付出高出数倍的价格。

GSKCI的药品价格为何如此之高？价格又是如何确定的？

多名涉案的GSKCI高管供述，新药进口到中国前，公司便会启动"倒推计算"价格过程，这一过程也叫转移定价。原GSKCI副总裁兼疫苗部总经理陈洪波说，这是跨国公司实现利润最大化的一种主要方法。在原产国分公司把要赚的利润确定好，把确定后的（原产国）零售价作为销往另一个国家分公司的成本价。在这个基础上，再实行一套价格策略，确保在另一个国家能够盈利。

巨额利润实则已留境外

“除了进口成品药，还有一种方式是进口原料再加工。”陈洪波供述。西力欣（头孢呋辛酯片）的原料由GSKCI在塞浦路斯的分公司提供，装瓶是在意大利分公司，从塞浦路斯到意大利进行一次价格转移；从意大利分公司到中国贴标签，再进行一次价格转移。多次价格转移之后，每个分公司都赚钱，总利润相当可观。

GSKCI副总裁兼运营总经理梁宏供述，GSKCI的这种做法不仅大幅提高了进口药品价格，获取了巨额利润，而且将应当在中国境内产生的大部分利润留在境外，达到少缴税的目的。

因此，GSKCI财务报表上的数据也就不难理解，2009—2012年公司主营业务收入分别约39.78亿元、48.62亿元、55.29亿元、69.75亿元；而同期的营业利润约为1.10亿元、-0.47亿元、0.60亿元、-1.88亿元。

“值得注意的还有主营业务成本，与主营业务收入一样，也呈逐年猛增之势。”侦办GSKCI案件的专案组民警介绍。2009—2012年，公司主营业务成本（进货成本）分别约为30.39亿元、37.13亿元、43.16亿元和50.30亿元，其中就包含通过转移定价预留在境外的利润。

微利或亏损只是表面

据介绍，除了通过“转移定价”把利润留在国外之外，GSKCI还在国内进行了另一次“价格转移”，其报关进口虚高价格的药品后，通过设在中国的工厂加工包装出售。在这部分“价格转移”中，不仅实现了其中国工厂的利润，也通过GSKCI药品出厂价与其中国工厂出厂价中间的差价，预提了在中国的贿赂销售费用和目标利润。

由此可见，把高价药品卖出去是葛兰素史克中国公司的最大目标，表面上看是微利或亏损，实际上卖得越多赚得越多。

资料来源　广州日报. 葛兰素史克贿赂案终结进品药价如何翻跟斗［EB/OL］.［2022-08-01］. http://finance.sina.com.cn/chanjing/gsnews/20140515/071919113728.shtml

**问题：**

1）结合案例，试用商业伦理观点说明你对GSKCI高价药事件的看法，并说明理由。

2）试结合案例分析该公司行为的影响，你认为应如何加强商业伦理体系建设？

**研判要求：**同第1章“基本训练”中本题型的“研判要求”。

# 第11章 时间序列预测法



## ◆ 学习目标

通过本章学习，应该达到以下目标：

职业知识：学习和把握“时间序列预测法”的相关概念和特点，算术平均法、增长量平均法、发展速度平均法等平均预测法，一次与二次指数平滑预测法，直线与曲线趋势延伸预测法，季节指数预测法，以及“补充阅读资料”和二维码资源等理论与实务知识；能用其指导“同步思考”、“教学互动”和“基本训练”中“知识训练”各题型的认知活动，正确解答相关问题。

职业能力：运用本章知识研究相关案例，培养在“时间序列预测法”特定情境中分析问题与决策设计能力；通过收集、整理与综合“时间序列预测法”的前沿知识，撰写、讨论与交流《“时间序列预测法”最新文献综述》，培养“时间序列预测法”中“自主学习”、“团队协作”和“与人交流”等的通用能力。

课程思政：结合本章教学内容，依照“课程思政”的要求或标准，对相关案例中的企业及其从业人员行为进行思政研判，培养高尚的道德情操，树立社会主义核心价值观。

学习微平台

思维导图11-1

【引例】

### 人数预测

**背景与情境：**某旅游公司近几年接待游客人数资料见表11-1的第2列。试用发展速度平均法预测2022—2024年可能接待的游客人数。

表11-1　　2015—2021年接待游客人数资料

| 年份 | 游客人数（人） | 环比发展速度（%） | 趋势值 |
|---|---|---|---|
| 2015 | 4 820 | — | — |
| 2016 | 5 400 | 112.03 | 5 396 |
| 2017 | 6 030 | 111.67 | 6 041 |
| 2018 | 6 750 | 111.94 | 6 763 |
| 2019 | 7 570 | 112.15 | 7 571 |
| 2020 | 8 480 | 112.02 | 8 476 |
| 2021 | 9 490 | 111.91 | 9 488 |

这一案例要求首先计算各期环比发展速度：如2018年应为$Y_{2018}/Y_{2017}$=111.94%，依此类推，填入表第3列。从表中可见各期环比发展速度较接近，可用发展速度平均预测法。

其次，计算环比发展速度的几何平均数$\overline{G}_t$：

$$\overline{G}_t=\sqrt[n-1]{\frac{Y_t}{Y_1}}=\sqrt[6]{\frac{9490}{4820}}=111.95\%$$

再次，建立预测模型：

$$\hat{Y}_t=Y_t\cdot\overline{G}_t^{T}=9\,490\times1.1195^{T}$$

最后，进行预测：

2022—2024年的T分别为1、2、3。预测值为：

$\hat{Y}_{2022年}$=9 490×1.11951=10 624（人）

$\hat{Y}_{2023年}$=9 490×1.11952=11 894（人）

$\hat{Y}_{2024年}$=9 490×1.11953=13 315（人）

以上案例证明，在掌握了一定数据后就可利用数学方法来进行市场预测。本章介绍了时间序列预测法，包括平均预测法、指数平滑预测法、趋势延伸法和季节指数预测法；重点介绍了这几种方法的原理及其应用。

## 11.1　时间序列预测法概述

在经济生活中，有时候我们需要对未来的经济现象进行预测，而预测的依据就是已经发生的经济现象。我们可以把历史数据按照时间顺序排列并进行分析、归纳、总结，从中得到一些经济规律，并利用这些规律进行预测。这种预测方法是一种非常重要的方法。

### 11.1.1 时间序列预测法的概念

时间序列又称动态序列，它是将某个经济变量的观测值，按时间先后顺序排列所形成的数列。时间可以是周、月、季度或年等。如商场计算销售额是按月排列数据的，国家计算国内生产总值是按年度来排列数据的。

**时间序列预测法**是将历史资料和数据，按照时间顺序排列成一个序列，根据时间序列所反映的经济现象的发展过程、方向和趋势，将时间序列外推或延伸，以预测经济现象未来可能达到的水平。

### 11.1.2 时间序列预测法的特点

学习微平台

延伸阅读11-1

人类社会的各种政治、经济现象，其发展总是依据一定的规律，沿着一个特定的轨迹，从历史到现在直到将来。虽然事物的发展具有很大的不确定性，但我们根据事物发展已经表现出并且被我们总结出来的规律，可以在一定程度上预测事物的未来发展趋势。

【补充阅读资料11-1】

**预测与时间序列预测**

预测是一门科学，《软科学大辞典》将其定义为：是对未来的行为与状态做出科学描述的理论与方法论。

时间序列预测法是世界各国普遍采用的经济预测的基本方法。

在时间序列中，数据的大小受到各种因素的影响，数据的变化趋势也就表现出各种性状，通常根据这些影响因素将数据的变化趋势分为四大类：长期趋势、季节变动、循环变动和不规则变动。对于前三种数据趋势预测问题，由于数据均呈现出某种规律性，因此我们能够将数据进行简化、分析，从而使预测成为可能；而不规则变动是指由某种偶然因素引起的突然变动，如战争的发生、政权的更迭、重大自然灾害的发生等，不规则变动没有规律性。

【教学互动11-1】

**问题：**时间序列预测所需的资料主要有哪些？

**要求：**同“教学互动1-1”的“要求”。

【课程思政11-1】

**数据失真的主要原因**

**背景与情境：**

（1）调查者——统计部门。统计部门及统计工作者作为统计数据的调查、整理、提供者，是统计数据质量的第一责任人。它对统计数据真实性的影响主要表现在：①统计人员业务水平。如果统计人员的业务水平较低，统计设计、调查、整理、分析的科学性较差，甚至发生重大失误，或统计工作过程控制不严谨、不合理，必将造成统计数据不同程度的失真。②统计工作者的事业心和责任感。如果统计工作者缺乏事业心和责任感，缺乏敬业精神，必然会降低统计工作的质量，也很难排除外界的各种干扰，最终必然影响统计数据的准确性。③统计工作者的思想觉悟和法治观念。统计工作者如果没有较高的思想觉悟和较强的法治观念，就无法抵御长官意志的非正常干预，无法抗拒个人利益的诱惑，从而会默许、纵容甚至协助作假。

（2）统计数据的原始提供者。他们对统计数据的真实性具有决定性的影响。试想，如果每个单位、个人都故意提供虚假数据，真实的统计数据将从何而来？被调查者对统计数据真实性的影响主要表现在：①思想觉悟。这是影响其所提供数据可靠性的关键因素。如果被调查者思想觉悟很低，出于个人或集团私利的考虑，很可能会故意编造虚假的数据，歪曲事实真相，使所提供的数据与真实情况差之千里。②道德和诚信水平。在一个社会中，如果普遍存在道德失衡、诚信失范的现象，人们普遍认为说实话会吃亏，会对自己造成某种威胁，那么尽管提供数据和个人或集团利益并没有直接的利害关系，也会故意进行一定程度的隐瞒、虚夸或歪曲。③文化及能力素质。在被调查者缺乏必要的文化及能力素质的情况下，非主观原因，如记忆、记录或估计不准，也会使所提供的数据产生一定的误差，但这种误差一般不会造成普遍的系统性偏差，故对总体数据的准确性、可靠性影响不大。

（3）政府、部门、单位的领导者。政府及各部门、单位领导者对统计数据真实性的影响主要表现在：①出于地方、部门、个人利益的考虑，对统计部门授意或通过间接施加影响，使之按其意志编造或瞒报、虚报统计数据。②由于个人思想觉悟、业务能力较低，向统计部门所提供的一些数据不是经过科学调查得到的，而是仅凭个人臆断，拍脑袋拍出来的。当然这样产生的数据不会有多大的可靠性和准确性。

资料来源　佚名. 浅谈统计数据失真的原因及解决途径［EB/OL］.（2012-06-24）［2018-12-02］. http：//www.doc88.com/p-407269506388.html.

**问题：**数据失真的深层原因是什么？

**研判提示：**在上述所有可能的原因中，本书认为其深层根源在于四个方面：①法治意识淡薄；②执法不力、干部管理机制不完善、道德失衡；③诚信严重失范；④统计部门自律制度不完善。

【同步案例11-1】

### 罗伯特·福格尔对未来中国经济规模的预测

**背景与情境：**2010年，美国《外交政策》杂志刊登了美国芝加哥大学教授、诺贝尔经济学奖得主罗伯特·福格尔的一篇文章。他认为，到2040年，中国经济规模将达到123万亿美元，是2000年全球经济产出的将近3倍。中国的人均收入估计将达到8.5万美元，比欧盟高出1倍多，远远高于日本和印度的水平——中国从2000年的穷国变为2040年的超级富国。到底是什么独特条件能使中国取得如此优异的成就，福格尔做了视角独到的阐述。

（1）中国正在大规模进行教育投资。文章指出，随着工人受教育水平的提高，劳动生产率也会显著提高。1998年，中国提出大量扩大高校招生，此后4年，高校入学人数增加了165%，海外留学生增加了大约152%。福格尔预测，未来20年左右，中国中学入学率将提高近1倍，大学入学率将提高大约50%，仅此一点就能使中国的经济年增长率提高6个百分点以上。

（2）农业持续发挥作用。在分析经济增长的原因时，最好将经济分为3个部门：农业、服务业和工业。在1978—2003年这1/4个世纪中，中国的劳动生产率在所有这3个部门都一直很高，平均每年增长大约6%。2009年，大约55%的中国人口，也就是7亿人从事农业，今天中国的经济增长1/3归功于这一规模巨大的农业部门。

（3）统计者可能低估了经济的进步。文章认为在服务行业尤其如此，因为小公司经常不向政府报告其产出数据，而且政府官员常常不能如实地报告产出质量的提高。其他国家也有类似的统计问题，但中国服务部门的迅速增长使这种低估更为严重。

（4）没有充分认识中国长期受到抑制的消费趋势的作用。在中国的大城市，生活标准处于与世界银行所认为的“中高收入”国家的同等水平。尽管中国人喜存钱，但正在形成一种明显的而且越来越强烈的购置衣物、电子产品、快餐和汽车的风尚——中国的未来由此可见一斑。

资料来源　赵铁．市场调查与预测［M］．3版．北京：清华大学出版社，2015：204-205.

**问题：**罗伯特·福格尔依据什么方法来预测未来中国经济规模?

**分析提示：**定量预测必须建立在大量占有数据资料的基础之上，根据历史数据和资料，应用数理统计方法来预测事物的未来，或者利用事物发展的因果关系来预测事物的未来。

## 11.2　平均预测法

时间序列中各时点的指标值有多种表现形式，可以是水平量（总量），也可以是差量、对比量、平均量。直接计算一定时期内各时间指标值的平均数，以此为基础确定未来期预测值的方法称为**平均预测法**。这种方法简便易行，不用建立复杂的预测模型，也不用进行复杂的运算，在短期预测中常用。

【同步思考11-1】

**问题：**时间序列预测法有什么特点?

**理解要点：**时间序列预测法是一种定量预测方法，具有费用省、计算简便、适应性强等特点。

### 11.2.1　算术平均法

算术平均法适用于市场现象的各期变化不大、变动趋势呈水平直线状态、各观察值错落于某一直线上下的情况预测。该法主要对未来市场的水平量进行估计。根据计算平均数的要求不同，分为简单算术平均法和加权算术平均法。

1）简单算术平均法

设时间序列的各期观察值为$Y_1$，$Y_2$，…，$Y_t$，各期观察值的简单算术平均数$\overline{Y}$的计算公式为：

$$\overline{Y}=\frac{\sum_{t=1}^{n} Y_t}{n} \tag{11.1}$$

市场现象的预测值$\overline{Y}$，就用简单的序时平均值$\overline{Y}$代替。该法预测十分简便，但是仅适用于只受个别偶然因素影响下出现轻微波动的市场现象预测。

【教学互动11-2】

**资料：**某百货公司一柜台2021年下半年各月的销售额分别为18万元、17万元、19

万元、20万元、17万元、19万元。

**问题：**试利用公式（11.1）来预测2022年1月份该柜台的销售额。

**要求：**同“教学互动1-1”的“要求”。

2）加权算术平均法

简单算术平均数只反映一般的平均状态，由于它对各个单位的权数同等看待，因而不能反映出各个单位的不同权数。而权数不同，各个单位的变量对算术平均数的影响也就不一样。权数对于各个单位变量来说，具有权衡轻重的作用，即在实际预测中，近期观察值对预测值的影响要比远期观察值大。因此，我们引入加权算术平均法，以各期不同的权数 $W_t$ 来表示不同期观察值对预测值的不同影响程度。时间序列的加权算术平均数 $\overline{Y}$ 的计算公式则为：

$$\overline{Y}=\frac{\sum_{t=1}^{n}W_tY_t}{\sum_{t=1}^{n}W_t} \tag{11.2}$$

权数 $W_t$ 可以用绝对数表示，也可以用相对数表示。公式（11.2）的转化形式如下：

$$\overline{Y}=\frac{\sum_{t=1}^{n}W_tY_t}{\sum_{t=1}^{n}W_t}=\sum_{t=1}^{n}(Y_tW_t/\sum_{t=1}^{n}W_t)=\sum_{t=1}^{n}(Y_tW'_t) \tag{11.3}$$

$W'_t$ 为某期权数占各期权数总和的比重，也称权数系数。

【同步思考11-2】

**资料：**采用教学互动11-2的资料，设2021年7—12月的权数分别为0.5、1.0、1.5、2.5、3.5、5.0。

**问题：**运用公式（11.2）求其加权平均值。

**理解要点：**运用公式（11.2）将各月数据及权数代入即可。

$$\overline{Y}=\frac{\sum_{t=1}^{n}W_tY_t}{\sum_{t=1}^{n}W_t}=\frac{18\times0.5+17\times1.0+19\times1.5+20\times2.5+17\times3.5+19\times5.0}{0.5+1.0+1.5+2.5+3.5+5.0}$$

$=18.5$（万元）

### 11.2.2 增长量平均法

时间序列中各期的近期增长量如果大体相等，则说明该市场现象呈直线上升或直线下降趋势，即为线性增长趋势。如果采用算术平均法预测此类现象，预测结果必然出现滞后性。趋势上升的，预测结果偏低；趋势下降的，预测结果偏高。使用增长量平均法则可以纠正滞后偏差。

设时间序列各期水平为 $Y_1$，$Y_2$，…，$Y_t$，从第二期起各期逐期增长量为 $\Delta Y_t$（$Y_t-Y_{t-1}$），各期增长量的平均值为 $\overline{\Delta Y_t}$，计算公式为：

$$\overline{\Delta Y_t}=\frac{\sum_{t=2}^{n}[(Y_t-Y_{t-1})+(Y_{t-1}-Y_{t-2})+\cdots+(Y_2-Y_1)]}{n-1}=\frac{\sum_{t=2}^{n}\Delta Y_t}{n-1} \tag{11.4}$$

预测模型为：

$$\hat{Y}_{t+1}=Yt+\overline{\Delta Y}_t \qquad (11.5)$$

【同步案例 11-2】

### 2022 年某企业的销售利润预测

**背景与情境：**某企业近几年销售利润表见表 11-2。

表 11-2 **某企业近几年销售利润表** 单位：万元

| 年份 | 年销售利润 | 逐期增长量 | 趋势值 $\hat{Y}_{t+1}$ |
|---|---|---|---|
| 2015 | 410 | — | — |
| 2016 | 470 | 60 | 475.83 |
| 2017 | 535 | 65 | 541.67 |
| 2018 | 600 | 65 | 607.50 |
| 2019 | 670 | 70 | 673.33 |
| 2020 | 735 | 65 | 739.17 |
| 2021 | 805 | 70 | 805.00 |

**问题：**试用增长量平均法预测 2022 年企业的销售利润。

**分析提示：**表中第 2 列所示的为某企业的已知年销售利润。

首先，计算各期逐期增长量 $\Delta Y_t$：

$$\Delta Y_t=Y_t-Y_{t-1}$$

例如：

$$\Delta Y_4-Y_4-Y_3-600-535-65 \text{（万元）}$$

计算各期逐期增长量，见表 11-2 第 3 列。从表可见各期增长量接近。

其次，计算各期增长量平均值 $\overline{\Delta Y}_t$：

$$\overline{\Delta Y}_t=\frac{\sum_{t=2}^{n}\Delta Y_t}{n-1}=\frac{60+65+65+70+65+70}{7-1}=65.83 \text{（万元）}$$

最后，用预测模型计算各期趋势值（理论值），见表 11-2 的第 4 列。预测 2022 年的销售利润为：

$$\hat{Y}_{2022}=Y_{2021}+\overline{\Delta Y}_t=805+65.83=870.83 \text{（万元）}$$

### 11.2.3 发展速度平均法

时间序列中各期（第一期除外）的环比发展速度如果接近，说明该市场现象呈指数曲线的变化趋势，可采用发展速度平均法进行预测。发展速度的平均数多采用几何平均法计算，故此法也称几何平均法。

时间序列的各期发展水平为 $Y_1$，$Y_2$，…，$Y_t$。

观察期各期的环比发展速度 $G_t$ 为：

$$G_t=\frac{Y_t}{Y_{t-1}}\times 100\%$$

观察期各期环比发展速度的平均数$\overline{G}_t$为：

$$\overline{G}_t=\sqrt[n-1]{G_2 \cdot G_3 \cdots G_n}=\sqrt[n-1]{\prod G_n} \tag{11.6}$$

亦即：

$$\overline{G}_t=\sqrt[n-1]{\frac{Y_t}{Y_1}} \tag{11.7}$$

近期的预测模型为：

$$\hat{Y}_t=Y_t \cdot \overline{G}_t^{T} \tag{11.8}$$

T是观察期末期为T=0期的预测期时期序号。

### 11.2.4 移动平均预测法

时间序列由n期观察值$Y_n$，$Y_{n-1}$，$Y_{n-2}$，$Y_{n-3}\cdots Y_1$组成。对连续N（N<n）期的观察值进行算术平均，可得其平均数$M_t$，称移动平均数。由于N<n，故一个时间序列有若干移动平均数，即：

$$M_n=\frac{1}{N}（Y_n+Y_{n-1}+\cdots+Y_{n-N+1}） \tag{11.9}$$

$$M_t=\frac{1}{N}（Y_t+Y_{t-1}+\cdots+Y_{t-N+1}） \tag{11.10}$$

$$\vdots$$

$$M_{n-N+1}=\frac{1}{N}（Y_N+Y_{N-1}+\cdots+Y_1） \tag{11.11}$$

该法只适用于没有明显的升降趋势和循环变动的时间序列，否则会出现预测值的滞后偏差。移动平均预测法之所以简单，是因为它用移动平均值$M_t$取代了预测值$\hat{Y}_{t+1}$。预测模型为：

$$\hat{Y}_{t+1} = M_t \tag{11.12}$$

【补充阅读资料11-2】

#### 移动平均预测法的使用

某市2012—2021年的人均粮食需求量资料见表11-3的第2列，试用移动平均预测法预测2022年的人均粮食需求量。

表11-3　　某市2012—2021年的人均粮食需求量资料　　单位：千克

| 年份 | 粮食需求量$Y_t$ | 移动平均数（N=3） | 移动平均数（N=5） |
|---|---|---|---|
| 2012 | 206 | — | — |
| 2013 | 214 | — | — |
| 2014 | 208 | 209.33 | — |
| 2015 | 220 | 214.00 | — |
| 2016 | 230 | 219.33 | 215.6 |
| 2017 | 212 | 220.67 | 216.8 |
| 2018 | 202 | 214.67 | 214.4 |
| 2019 | 210 | 208.00 | 214.8 |
| 2020 | 218 | 210.00 | 214.4 |
| 2021 | 206 | 211.33 | 209.6 |

从表 11-3 第 2 列资料可见，该市人均粮食需求量在 10 年中变动幅度最大的为 11.7%（（230-206）÷206×100%），标准差系数仅为 3.7%，升降趋势不明显，可用移动平均预测法预测。

分别取 N=3 和 N=5，计算移动平均数，见表 11-3 的第 3 列和第 4 列。

据 $\hat{Y}_{t+1} = M_t$ 的模型预测：

当 N=3 时，2022 年人均粮食需求量为 211.33 千克；

当 N=5 时，2022 年人均粮食需求量为 209.6 千克。

应该取哪个值呢？一般选取标准差较小的对应预测值。

经计算，当 N=3 时，

$\sigma=4.31\%$

当 N=5 时，

$\sigma=3.65\%$

所以预测值取 N=5 时的 209.6 千克为宜。

移动平均预测法表面上看与简单算术平均法的意义相同，其实不然，因为它有一系列平均值，能显示出市场现象的长期趋势。

移动平均预测法是一种重要的时间序列预测方法，它可以运用非常小的样本量，来提供一个有解释力的结果，只要移动平均序列的期限有足够长。但是多长才算足够长？移动平均预测法必须需要多少个时间单位？

上述问题的答案主要由几个因素决定，包括数据自身的变动（对任何一组数据来说，有许多复杂的技术可以对此进行计算）。数据自身的变动越大，所需的期限往往越长。概括来说，应用跟踪数据会表明一条规则，在大多数情况下应用这条规则后，采用移动平均序列的效果会很好。这条规则就是：在使用移动平均预测法这一方法时，每组样本数越多，采用的移动平均期限就越短。移动平均期限越短，数据的时效性表现得越明显。而移动平均期限越长，滞后性就越突出。时效性越明显，就表明在较短的期限内数据变化越剧烈。如果将自变量与因变量的关系描绘成一条曲线，我们会发现此时的曲线有更大的斜率（绝对值），我们看到的上升或下降趋势更为明显。如果这种上升或下降趋势是加速的，那么在这个移动平均数序列中较短期间体现出来的结果，在另一个序列中要等更长的期间之后才能体现出来。此时虽然同样的趋势也会显现出来，但到这时候所有得到的信息已经过时了。所以我们可以这样说，移动平均序列的期限越短，我们越能够迅速地看出问题，如广告和价格变动对商品销售量的影响。所以，在使用移动平均预测法时，我们应该尽量使每组样本数据的个数增多而缩短移动平均的期限，这样可以更及时地反映数据间的关系，从而为管理决策者提供有力、有效的数据支持。

## 11.3 指数平滑预测法

移动平均预测法比简单平均法预测结果的精度更高，但移动平均预测法有这样一些缺点：①必须依据近 n 期的数据才可计算一个移动平均预测值；②对最近 n 期的实际值同等看待，并对 t-n 期以前的数据完全不予考虑，因而容易引起误差。**指数平滑预测法**是一种通过对预测目标历史统计序列进行逐层的平滑计算，消除随机因素造成的影响，找出预测目标的基本变化趋势，并以此预测未来的方法。这种方法的预测效果比移动平均预测法要好，因而应用范围也更广泛。指数平滑预测法按平滑次数的不同又分为一次指数平滑法、二次指数平滑法和三次指数平滑法。本书将介绍一次指数平滑法、二次指数平滑法。

【补充阅读资料 11-3】

### 指数平滑预测法简介

为了改进移动平均预测法，1959年美国学者布朗在《库存管理的统计预测》一书中提出了指数平滑预测法。指数平滑预测法是生产预测中常用的一种方法，也用于中短期经济发展趋势预测，在所有预测方法中，指数平滑预测法是用得最多的一种。简单的全期平均法是对时间序列的历史数据一个不漏地全部加以同等利用；移动平均预测法则不考虑较远期的数据，并在加权移动平均预测法中给予近期资料更大的权重；而指数平滑预测法则兼容了全期平均和移动平均所长，不舍弃过去的数据，但是仅给予其逐渐减弱的影响程度，即随着数据的远离，赋予逐渐收敛为零的权数。也就是说，指数平滑预测法是在移动平均预测法基础上发展起来的一种时间序列分析预测法，它是通过计算指数平滑值，配合一定的时间序列预测模型对现象的未来进行预测。其原理是任一期的指数平滑值都是本期实际观察值与前一期指数平滑值的加权平均。

资料来源　张蔚虹，刘立. 指数平滑法在销售预算中的应用［J］. 中国管理信息化，2008（2）.

### 11.3.1　一次指数平滑法

一次指数平滑法是根据对权数递增快慢的要求，选择权数 $\alpha$（指数平，又称平滑系数），对本期的实际值 $y_t$ 加权平均来推算下一期的预测值 $\hat{y}_{t+1}$ 的一种预测方法，因此又称指数加权平均法。计算公式为：

$$\hat{y}_{t+1}=\alpha y_t+(1-\alpha)\hat{y}_t \tag{11.13}$$

上式也可表示为：

$$\hat{y}_{t+1}=\hat{y}_t+\alpha(y_t-\hat{y}_t) \tag{11.14}$$

该式的意义是下一期预测值是本期预测值加上 $\alpha$ 乘以本期的预测误差 $(y_t-\hat{y}_t)$。$\alpha$ 值反映并确定了预测误差中需要调查的比例大小。这种预测方法称为一次指数平滑法。

（1）平滑系数 $\alpha$ 的选择。在应用指数平滑法进行预测时，平滑系数 $\alpha$ 的选择是非常重要的。平滑系数 $\alpha$ 值的大小直接影响权数按指数规律递减的速度，而且决定了预测模型修匀误差（$\alpha(y_t-\hat{y}_t)$）的能力。

从理论上讲，$\alpha$ 取 0~1 之间的任意数值均可以。具体选择使用时，应先分析时间序列的变化趋势：

当时间序列呈稳定的水平趋势时，$\alpha$ 应取较小值，如 0.1~0.3；

当时间序列呈较大的波动趋势时，$\alpha$ 应取居中值，如 0.3~0.5；

当时间序列波动呈明显的上升或下降的斜坡趋势时，$\alpha$ 应取值较大些，如 0.6~0.8，以使预测的灵敏度增强。

在实际应用中，可取若干个 $\alpha$ 值进行试算比较，选择预测误差最小的 $\alpha$ 值。

（2）$\hat{y}_1$ 的确定。根据公式（11.13）可知，当 t=1 时，有 $\hat{y}_2=\alpha y_1+(1-\alpha)\hat{y}_1$，这里

的$\hat{y}_1$不能通过运算得出。因此，初始值$\hat{y}_1$的选择可以按资料的项数多少来确定。当资料项数很多时（一般指超过20项），初始值对预测结果影响较小，可以选择第一期的实际值作为初始值，即：$y_1 = \hat{y}_1$；当资料项数较少时（一般指少于20项），初始值对预测结果影响较大，可选择研究时间以前一段时间数据的平均值作为初始值。

### 11.3.2 二次指数平滑法

一次指数平滑法只适用于时间序列有一定波动但不明显的递增或递减的短期预测，若进行中长期预测，则会造成显著的时间滞后，产生较大的预测误差。为弥补这一缺陷，可采用二次指数平滑法。

二次指数平滑法是在一次指数平滑的基础上再进行一次平滑，利用两次平滑值建立的线性趋势模型进行预测。计算公式为：

$$S_t^{(2)}=\alpha S_t^{(1)}+(1-\alpha)S_{t-1}^{(2)} \tag{11.15}$$

式中：$S_t^{(1)}$为一次指数平滑值，即$\hat{y}_{t+1}$；$S_t^{(2)}$为二次指数平滑值；α为平滑指数。当时间序列$\{y_t\}$从第t期开始以后具有直线变化趋势时，可建立如下线性趋势模型：

$$\hat{y}_{t+T}=a_t+b_tT \quad (T=1,2,\cdots) \tag{11.16}$$

式中：

$$\begin{cases} a_t = 2S_t^{(1)} - S_t^{(2)} \\ b_t = \dfrac{\alpha}{1-\alpha}(S_t^{(1)} - S_t^{(2)}) \end{cases} \tag{11.17}$$

需注意的是：二次指数平滑法适合用于具有线性趋势数据的处理分析。若时间序列呈非线性变化趋势，则可用三次指数平滑法。

【教学互动 11-3】

**问题**：指数平滑法的主要缺点是什么？

**要求**：同“教学互动1-1”的“要求”。

## 11.4 趋势延伸预测法

**趋势延伸预测法**又称数学模型法，就是通过建立一定的数学模型，对时间序列拟合恰当的趋势线，将其外推或延伸，用以预测经济现象未来可能达到的水平。趋势延伸预测法又可以分为直线（线性）趋势延伸预测法和曲线（非线性）趋势延伸预测法。

学习微平台

延伸阅读11-2

如果一个时间序列的各期指标数值大体呈曲线趋势变动，我们就可用相应的曲线方程来描述这种变动，并估算出方程中的待定参数，建立预测模型，然后应用这个预测进行外推预测。

### 11.4.1 直线趋势延伸预测法

当时间序列的每期数据按大致相同的数量增加或减少，即逐期增减量（一次差）大体相同时，则可配以直线方程并利用最小二乘法进行预测。直线趋势预测模型为：

$$y_c=a+bt \tag{11.18}$$

式中：$y_c$为预测值；a、b为方程式的参数；t为时间（一般用序号表示）。

根据最小二乘法的原理：$\sum(y-y_c)^2$=最小值，y为实际值，可以推导出两个标准方程式：

$$\begin{cases}\sum y = na + b\sum t \\ \sum ty = a\sum t + b\sum t^2\end{cases} \text{（n为时间序列的项数）} \tag{11.19}$$

解标准方程式，得：

$$\begin{cases}a = \frac{1}{n}\sum y - \frac{b}{n}\sum t = \bar{y} - b\bar{t} \\ b = \frac{n\sum ty - \sum t\sum y}{n\sum t^2 - (\sum t)^2}\end{cases} \tag{11.20}$$

在运用过程中，a、b的计算公式很复杂，为方便a、b的计算，可采用一定的技巧将其简化，设法使$\sum t = 0$。如果n为奇数，则令中间一项的t=0，上面的记为-1，-2，-3，…，下面的记为1，2，3，…，这样$\sum t = 0$；若n为偶数，则令中间两项分别为-1和1，上面的记为-1，-3，-5，-7，…，下面的记为1，3，5，7，…。同样$\sum t = 0$，则a、b的计算公式可简化为：

$$\begin{cases}b = \frac{\sum ty}{\sum t^2} \\ a = \frac{\sum y}{n}\end{cases} \tag{11.21}$$

【同步案例11-3】

直线趋势延伸法的使用

**背景与情境：**某企业2010—2019年的商品销售额的资料见表11-4。

表11-4 **某企业2010—2019年的商品销售额资料** 金额单位：万元

| 年份 | 商品销售额y | 按一般顺序排序的t | | | 简化计算排序的t′ | | | 趋势值$y_c$ |
|---|---|---|---|---|---|---|---|---|
| | | 时间序号t | $t^2$ | ty | 时间序号t′ | $t'^2$ | t′y | |
| 2010 | 7 | 1 | 1 | 7 | -9 | 81 | -63 | 8.8 |
| 2011 | 12 | 2 | 4 | 24 | -7 | 49 | -84 | 12.2 |
| 2012 | 17 | 3 | 9 | 51 | -5 | 25 | -85 | 15.6 |
| 2013 | 20 | 4 | 16 | 80 | -3 | 9 | -60 | 19 |
| 2014 | 23 | 5 | 25 | 115 | -1 | 1 | -23 | 22.4 |
| 2015 | 26 | 6 | 36 | 156 | 1 | 1 | 26 | 25.8 |
| 2016 | 29 | 7 | 49 | 203 | 3 | 9 | 87 | 29.2 |
| 2017 | 32 | 8 | 64 | 256 | 5 | 25 | 160 | 32.6 |
| 2018 | 35 | 9 | 81 | 315 | 7 | 49 | 245 | 36 |
| 2019 | 40 | 10 | 100 | 400 | 9 | 81 | 360 | 39.4 |
| 合计 | 241 | 55 | 385 | 1 607 | — | 330 | 563 | 241 |

**问题**：用直线趋势方程$y_c=a+bt$，预测某企业2022年的商品销售额。

**分析提示**：观察资料我们可发现，商品销售额按大致相同的数额增加，因此拟定直线趋势方程$y_c=a+bt$，根据表中资料，按一般序号计算，可导出：

$$\begin{cases} b = \dfrac{n\sum ty - \sum t\sum y}{n\sum t^2 - (\sum t)^2} = \dfrac{10 \times 1607 - 55 \times 241}{10 \times 385 - 55^2} = 3.4 \\ a = \bar{y} - b\bar{t} = \dfrac{241}{10} - 3.4 \times \dfrac{55}{10} = 5.4 \end{cases}$$

则直线趋势方程为：

$y_c=5.4+3.4t$

将代表各年度的t值代入方程即可计算出各年的预测值。如预测2022年的商品销售额，相对应的t=13，$y_c=5.4+3.4\times13=49.6$（万元）。

若用简化法计算（见表中后半部分）：

$$\begin{cases} a = \dfrac{\sum y}{n} = \dfrac{241}{10} = 24.1 \\ b = \dfrac{\sum t'y}{\sum t'^2} = \dfrac{563}{330} = 1.7 \end{cases}$$

代入方程，得：

$y_c = 24.1 + 1.7t'$

也将代表各年度的t′值代入方程，则可发现与上一种方法计算的预测值相同，且$\sum y_c = \sum y$。仍预测2022年的商品销售额，相对应的t′=15，$y_c=24.1+1.7\times15=49.6$（万元）。

【同步思考11-3】

**问题**：直线趋势延伸预测法与指数平滑预测法有何区别？

**理解要点**：直线趋势延伸预测法是利用最小平方法，即通过求$\sum(y-y_c)^2$的最小值，对未来进行预测；指数平滑预测法是利用平滑计算消除随机因素而进行的推算。

### 11.4.2 曲线趋势延伸预测法

在市场预测中，经常会遇到经济现象的发展呈非线性变化的情况，其发展趋势表现为各种不同形态的曲线。此时可以用相应的曲线趋势方程进行拟合，用以描述其发展的长期趋势。下面介绍二次曲线趋势延伸预测法。

如果时间序列各期水平的二级增减量大致相同（即二次差近似相同），则其发展趋势描绘近似一条二次曲线，可以配合相应的趋势方程：

$$y_c=a+bt+ct^2 \tag{11.22}$$

式中：a、b、c三个待定参数同样可使用最小平方法求得。因为有三个待定参数。根据最小平方法可推导出三个标准方程：

$$\begin{cases} \sum y = na + b\sum t + c\sum t^2 \\ \sum ty = a\sum t + b\sum t^2 + c\sum t^3 \\ \sum t^2y = a\sum t^2 + b\sum t^3 + c\sum t^4 \end{cases} \tag{11.23}$$

依照直线趋势延伸预测法中的简化计算原理，使得$\sum t = 0$，$\sum t^3 = 0$，所以上面的标准方程可简化为：

$$\begin{cases}\sum y = na + c\sum t^2 \\ \sum ty = b\sum t^2 \\ \sum t^2y = a\sum t^2 + c\sum t^4\end{cases} \tag{11.24}$$

由此可以推出：

$$\begin{cases}b = \dfrac{\sum ty}{\sum t^2} \\ c = \dfrac{n\sum t^2y - \sum t^2\sum y}{n\sum t^4 - (\sum t^2)^2} \\ a = \dfrac{\sum y - c\sum t^2}{n}\end{cases} \tag{11.25}$$

【同步思考 11-4】

用二次曲线趋势延伸预测法进行发展趋势预测

**背景与情境：**根据资料，某煤矿2011—2019年原煤产量见表11-5。

表11-5　**某煤矿2011—2019年原煤产量表**　产量单位：万吨

| 年份 | 产量（y） | 序号（t） | $t^2$ | $t^4$ | ty | $t^2y$ |
|---|---|---|---|---|---|---|
| 2011 | 158 | -4 | 16 | 256 | -632 | 2 528 |
| 2012 | 171 | -3 | 9 | 81 | -513 | 1 539 |
| 2013 | 187 | -2 | 4 | 16 | -374 | 748 |
| 2014 | 206 | -1 | 1 | 1 | -206 | 206 |
| 2015 | 228 | — | — | — | — | — |
| 2016 | 253 | 1 | 1 | 1 | 253 | 253 |
| 2017 | 281 | 2 | 4 | 16 | 562 | 1 124 |
| 2018 | 312 | 3 | 9 | 81 | 936 | 2 808 |
| 2019 | 346 | 4 | 16 | 256 | 1 384 | 5 536 |
| 合计 | 2 142 | — | 60 | 708 | 1 410 | 14 742 |

**问题：**用二次曲线趋势延伸预测法预测2022年的原煤产量。

**分析提示：**该企业的产量的二级增减量大体相同，其发展趋势应属二次曲线类型，模型为：

$$y_c=a+bt+ct^2 \tag{11.26}$$

根据表11-5中计算资料，运用最小平方法可导出：

$$\begin{cases}b = \dfrac{\sum ty}{\sum t^2} = \dfrac{1\,410}{60} = 23.5 \\ c = \dfrac{n\sum t^2y - \sum t^2\sum y}{n\sum t^4 - (\sum t^2)^2} = \dfrac{9 \times 14\,742 - 60 \times 2\,142}{9 \times 708 - 60^2} = 1.5 \\ a = \dfrac{\sum y - c\sum t^2}{n} = \dfrac{2\,142 - 1.5 \times 60}{9} = 228\end{cases}$$

将a、b、c值代入抛物线方程，即得：

$y_c=228+23.5t+1.5t^2$

若要预测2022年的产量，则将对应的t=6代入上述方程：

$y_c=228+23.5\times6+1.5\times36=423$（万吨）

即预测2022年该煤矿的原煤产量为423万吨。

## 11.5 季节指数预测法

**季节变动**是指某些经济变量的变化是随时间的推移、季节的不同而呈现出周期性变化，每年都会出现相似的周期曲线。有些经济变量的季节性变动较强，如夏令商品、冬季商品的需求与供给量。而另一些经济变量的季节性变动则相对较弱，如酒类、肉制品及文具等商品的需求与供给量。因此，在进行市场预测时，我们应考虑到经济变量的季节变化，以便更好地为市场决策、资金流通服务。

进行季节变动趋势预测的目的主要是分析季节变动因素对于趋势发展的影响，并由此预测未来趋势。一般应具备3年以上连续的各月或各季资料，否则会因资料过少而无法准确反映季节变动规律。

季节指数预测的一般步骤为：

第一步，收集3年以上各年的月或季资料$Y_t$，形成时间序列。

第二步，计算各年同季或同月的平均值$\overline{Y}_i$：

$$\overline{Y}_i=\sum_{i=1}^{n}\overline{Y}_i/n \tag{11.27}$$

式中：$Y_i$为各年同月或同季观察值；n为年数。

第三步，计算所有年度所有季或月的平均值$\overline{Y}$：

$$\overline{Y}=\sum_{i=1}^{n}\overline{Y}_i/n \tag{11.28}$$

式中：n为一年季数或月数。

第四步，计算各季或各月的季节比率$f_i$（即季节指数）：

$$f_i=\overline{Y}_i/\overline{Y} \tag{11.29}$$

第五步，计算预测期趋势值$\hat{X}_t$。

趋势值是不考虑季节变动影响的市场预测趋势估计值。其计算方法有多种：①以观察年的年均值除以一年月数或季数；②观察年年末的值乘以预测年的年发展速度；③直接以观察年年末的值除以一年月数或季数。如果预测年数值变化不大，可用上述第三种方法。

第六，建立季节指数预测模型，进行预测，即：

$$\hat{Y}_t=\hat{X}_t\cdot f_i \tag{11.30}$$

【同步案例11-4】

熟悉季节指数预测的一般操作步骤

**背景与情境：**某地区的棉衣、毛衣、皮衣2018—2021年各季销售额资料见表11-6。

表 11-6　　**某地区棉衣、毛衣、皮衣2018—2021年各季销售额资料**　　金额单位：万元

| 季 | 各季销售额 | | | | 季平均销售额 $\overline{Y}_t$ | 季节比率 $f_t$（%） | 2022年各季预测值 $\hat{Y}_t$ |
|---|---|---|---|---|---|---|---|
| | 2018年 | 2019年 | 2020年 | 2021年 | | | |
| 第一季 | 148 | 138 | 150 | 145 | 145.25 | 127.27 | 147.00 |
| 第二季 | 62 | 64 | 58 | 66 | 62.50 | 54.76 | 63.26 |
| 第三季 | 76 | 80 | 72 | 78 | 76.50 | 67.03 | 77.42 |
| 第四季 | 164 | 172 | 180 | 173 | 172.25 | 150.93 | 174.32 |

**问题**：运用季节指数预测的一般操作步骤，利用表11-6中的数据，试预测2022年各季销售额。

**分析提示**：

（1）计算各年同季的季平均销售额，见表11-6第3列。

如第一季为：$Y_1=\dfrac{148+138+150+145}{4}=145.25$（万元）

（2）计算所有年所有季的季平均销售额。

$\overline{Y}=\dfrac{145.25+62.5+76.5+172.25}{4}=114.125$（万元）

（3）计算各季节比率，见表11-6第4列。

如第二季为：$f_2=62.50\div114.125\times100\%=54.76\%$

（4）预测年的季趋势值 $\hat{X}_t$。

$\hat{X}_{2022}=\dfrac{145+66+78+173}{4}=115.5$（万元）

（5）2022年各季预测值 $\hat{Y}_t$，见表11-6第5列。

如第三季为：$\hat{Y}_3=115.5\times0.6703=77.42$（万元）

## ■ 本章概要

□ 内容提要

●本章介绍了时间序列预测法的概念、特点及常用的三种预测法。时间序列预测法利用时间序列进行外推或延伸，以预测未来水平。

●预测中常用的三种方法分别是指数平滑预测法、趋势延伸预测法及季节指数预测法。这三种方法适用的环境各不相同。本章对此进行了详细分析及说明，读者在学习时应注意区别应用。

□ 主要概念和观念

▲ 主要概念

时间序列预测法　平均预测法　指数平滑预测法　趋势延伸预测法　季节变动

▲ 主要观念

时间序列预测法　时间序列预测法的特点　常用的三种预测法

□ 重点实务

指数平滑预测法的使用　趋势延伸预测法预测要点　季节预测法的步骤

## ■ 基本训练

□ 知识训练

▲ 填空题

1）平均增长速度是________增长速度的________值，它是根据各个________速度直接计算的。

2）时间序列又称________序列，它是将某个经济变量的________，按时间先后顺序排列所形成的________。

3）平均预测法不建立复杂的预测模型，也不进行复杂的运算，在________中常用。

▲ 单项选择题

1）通常经济变量数据的变化趋势有（　　）。

A.长期趋势　　B.季节变动　　C.循环变动　　D.不规则变动

2）当数据按照时间呈递增或递减时，应采取（　　）中的平均预测法。

A.简单算术平均法　　B.加权算术平均法

C.增长量平均法　　D.发展速度平均法

▲ 多项选择题

1）运用指数平滑法进行预测时，平滑系数α的选择是非常重要的，当时间序列呈稳定的水平趋势时，α不应取（　　）。

A.较小值，如0.1~0.3　　B.居中值，如0.3~0.5

C.较大值，如0.6~0.8　　D.0~1之间随意取值

2）趋势延伸预测法又可以分为（　　）。

A.直线（线性）趋势预测法　　B.递增趋势预测法

C.曲线（非线性）趋势预测法　　D.递减趋势预测法

▲ 讨论题

1）什么是时间序列预测法？它有什么特点？

2）什么是指数平滑预测法？它有什么特点？

3）什么是趋势延伸预测法？

4）季节预测法在使用时，应按哪些步骤进行？

□ 能力训练

▲ 计算题

1）西部某地区2015—2021年的棉花产量见表11-7：

表11-7　西部某地区2015—2021年的棉花产量　单位：万吨

| 年份 | 2015 | 2016 | 2017 | 2018 | 2019 | 2020 | 2021 |
|---|---|---|---|---|---|---|---|
| 棉花产量 | 161 | 172 | 166 | 175 | 181 | 178 | 192 |

试用指数平滑预测法预测2022年的棉花产量（分别取α=0.1和α=0.6进行预测，取预测误差较小者为正式预测用平滑系数，以第一期水平为初始值）。

2）某粮库历年收购的粮食入库量见表11-8：

表11-8　**某粮库历年收购的粮食入库量**　单位：百万吨

| 年份 | 2014 | 2015 | 2016 | 2017 | 2018 | 2019 |
|---|---|---|---|---|---|---|
| 入库量 | 9.5 | 12.5 | 14 | 16 | 18 | 21 |

试用直线趋势预测法预测2022年的粮食入库量。

3）某国历年进出口总额见表11-9：

表11-9　**某国历年进出口总额**　单位：百亿美元

| 年份 | 2014 | 2015 | 2016 | 2017 | 2018 | 2019 | 2020 |
|---|---|---|---|---|---|---|---|
| 总额 | 32 | 35 | 40 | 47 | 57 | 69 | 83 |

试用二次曲线趋势延伸预测法预测2022年的进出口总额。

▲ 案例分析

## 某省专用汽车保有量预测

**背景与情境：**表11-10给出了2013—2021年某省专用汽车保有量实际数。

表11-10　**专用汽车保有量**　单位：万辆

| 年份 | 2013 | 2014 | 2015 | 2016 | 2017 | 2018 | 2019 | 2020 | 2021 |
|---|---|---|---|---|---|---|---|---|---|
| 保有量 | 16.5 | 18.0 | 20.0 | 22.5 | 26.0 | 30.0 | 34.0 | 40.0 | 46.0 |

根据表11-10数据，绘制散点图可知该时间序列呈指数曲线趋势变化，其环比发展速度基本稳定在1.15，故可采用指数曲线模型预测。

**问题：**

1）假设指数曲线模型为y=ab，请列出计算表。

2）预测2022年、2023年的汽车保有量各是多少？可靠程度有多少？

**分析要求：**同第1章“基本训练”中本题型的“分析要求”。

▲ 自主学习

【训练项目】

自主学习-Ⅵ。

【训练步骤】

1）将班级同学组成若干“自主学习”训练团队，每队确定1人负责。

2）各团队根据训练项目需要进行角色分工与协作。

3）各团队通过院资料室、校图书馆和互联网，查阅“文献综述格式、范文及书写规范要求”和近3年关于“时间序列预测法”的学术文献资料。

4）各团队综合和整理“时间序列预测法”最新学术文献资料，依照“文献综述格式、范文及书写规范要求”，撰写《“时间序列预测法”最新文献综述》。

5）在班级交流各团队的《“时间序列预测法”最新文献综述》。

6）在校园网的本课程平台上展出经过修订并附有教师点评的各团队《“时间序列预测法”最新文献综述》，供学生们相互借鉴。

□ 课程思政

## 大数据时代的“个人隐私”，如何正确使用？

**背景与情境：**近年来，随着互联网技术在全球的飞速发展，人类社会已被裹挟进“大数据”时代，个人隐私问题也正日益困扰着我国。早前，顺丰斗菜鸟，华为搏腾讯，行业巨头纷纷陷入用户数据之争的新闻亦曾引爆舆论圈。

岁末之际，“支付宝”年度账单查看被指侵犯用户隐私一事余波未平，又有网友反映今日头条用麦克风窃取用户隐私，称“和朋友聊天讨论西餐厅，今日头条马上给你推送西餐相关的广告和资讯”。大数据时代，人工智能（AI）正以肉眼可见的速度向人类日常生活迫近，人们的购买偏好、习惯、欲望、抱负甚至政治观点等都可能因为触摸屏幕和键盘操作由算法公之于众。通过数据挖掘和机器学习，一只只看不见的手正在海量获取人们大量有价值的信息，也正因为此，时下各类数据隐私侵权的新闻层出不穷，俨然已进入了“隐私裸奔”时代。

2018年3月17日，媒体曝光脸书（Facebook）上超5 000万用户的信息被数据分析公司“剑桥分析”（Cambridge Analytica）获取并利用，向用户精准投放广告内容，帮助2016年特朗普（Donald Trump）团队参选美国总统。该事件曝光后引发了国际社会的广泛关注，Facebook和其创始人、首席执行官扎克伯格（Mark Zuckerberg）由此陷入前所未有的危机，并开始向用户道歉！

当下，全球科技巨头以至传统企业等都在使出浑身解数以谋求获得更多的用户数据。谷歌、Facebook、亚马逊、腾讯、百度、阿里、华为等海内外互联网巨头均拥有着海量用户数据，而这些数据都会被尽可能多地收集，并被用于改进用户的登录体验。

以亚马逊为例，其大数据分析系统在电子商务领域首屈一指，用户在亚马逊电商网站和App上的一切行为，其数据都会被尽可能多地收集，并被用于用户的下一次登录体验。再次登录时，用户会发现主页上有针对自己的个性化购物体验，“愿望清单”“为您推荐”“您最近查看的商品和相关推荐”“购买此商品的用户也买了”等一一展现眼前。

眼下，个人数据的网络化和透明化已经成为不可阻挡的大趋势，对于“隐私”这个词，科学研究上普遍接受的定义是“单个用户的某些属性”，只要符合这一定义的都可以被看作隐私。对于网购的单个用户而言，“购买偏好”和“居住地址”等就是隐私。

当下，人们已在多个层面享受着推荐算法、语音识别、图像识别、无人驾驶等人工智能技术带来的便利，而与此同时，在科学研究、产品开发等过程中，算法需要收集、使用用户数据，此过程中用户数据隐私便或多或少被暴露了。

为隐私偷窥辩护的声音称，有些人一边享受着大数据、人工智能带来的便捷与效率，一边却痛骂着平台读取了自己的上网隐私。所有事情都是自己权衡利弊之后的选择，要绝对保护自己的隐私就不要用互联网。

数字时代如何既避免因噎废食，为了安全和隐私放弃技术进步的探索，阻碍社会的进步，又能使用户权利得以更好保护，尽量做到获取和利用数据与安全的平衡，已然成为当下急需解决的一个时代命题，也是一个世纪难题。

资料来源　九头鸟自媒．脸书道歉了！大数据时代的“个人隐私”，如何正确使用？[EB/OL]．[2022-08-01] http：//baijiahao.baidu.com/s?id=1596150209077106662&wfr=spider&for=pc.

**问题：**

1）互联网时代，企业在掌握大量用户个人数据的同时，除了遵循商业伦理，又该如何保护用户信息不外泄？

2）国家如何建立法规保护公民信息安全？

**研判要求：**同第1章“基本训练”中本题型的“研判要求”。

# 第12章 回归分析预测法



## ◆ 学习目标

通过本章学习，应该达到以下目标：

**职业知识：** 学习和把握“回归分析预测法”的相关概念，回归分析预测法的具体步骤，一元和多元线性回归分析预测法的使用，指数曲线模型、幂函数模型、对数模型、多项式模型等非线性回归分析预测法，以及“补充阅读资料”和二维码资源等理论与实务知识；能用其指导“同步思考”、“教学互动”和“基本训练”中“知识训练”各题型的认知活动，正确解答其相关问题。

**职业能力：** 运用本章知识研究相关案例，培养在“回归分析预测法”特定情境中分析问题与决策设计的能力；通过“回归分析预测法知识运用”实训，训练相应的专业技能，并兼顾“团队协作”“解决问题”等通用能力的培养。

**课程思政：** 结合本章教学内容，依照“课程思政”的要求或标准，对相关案例中的企业及其从业人员行为进行思政研判，培养高尚的道德情操，树立社会主义核心价值观。

学习微平台

思维导图12-1

【引例】

**一位营销调研人员对多元回归分析的评论**

**背景与情境：**营销调研人员有两项基本任务：描述市场现状；预测市场对现有产品的变化或新产品的发布将如何反应。相对而言，预测更加困难，因为变量太多。例如，当企业推出一种新的酸奶时，要预测其在酸奶定期购买者中的销售额，需要先测算新产品的认知度、消费者对不同产品属性（比如口味、热量、功效和包装尺寸）的重视程度、相对价格和获取便利性等。在这些产品属性中，有些可能是预测销售额的重要指标，有些可能不是。不过很显然，依据任何一个单独的属性都不足以预测销售额。要建立能被认可的销售额预测模型，需要使用一组指标。

处理这种复杂预测的最佳工具之一就是线性回归。正确地进行回归分析，可以帮助你了解所测量的变量是否有助于预测销售额（或购买意愿，或选择该商品的可能性）。线性回归是营销调研人员使用的最重要的基本工具之一。

当我在研究生院学习回归方面的知识时，我需要人工进行分析，使用的是简单的计算器。这为我提供了丰富的经验，教会我如何分析残差，以便确定数据是否真的是线性的，以及数据与我所建立的模型是否拟合良好。现在，我们可以利用功能强大的计算机和尖端软件进行分析。不过，在这些新式工具问世以后，我曾多次目睹对回归分析缺乏深入理解的调研人员将自己建立的回归模型当作充分的预测依据（事实上它们不是），结果导致他们得到错误的结论。因此，必须谨记：检验、检验、再检验。

威廉·尼尔（William D.Neal）

SDR Consulting创始人兼高级合伙人

资料来源　伯恩斯，布什. 营销调研［M］. 于洪彦，金钰，译. 7版. 北京：中国人民大学出版社，2015.

阅读上面的案例，你就可以猜出本章的主题是多元回归分析。毫无疑问，读完威廉·尼尔的评论，你会提出更多问题。例如，什么是残差？什么是真正的线性？这些问题都在提醒你，我们将介绍的是一种复杂的分析方法。

市场定量预测包括时间趋势预测和回归分析预测等。时间趋势预测以时间趋势的外推为主进行预测，而回归分析预测则依据变量之间的回归关系进行预测。我们知道，市场的发展与变化是由多种因素决定的，它们之间存在一定的相互依存关系。例如，销售额、价格、成本、销售量及收入等变量，这些变量中的一个或几个发生变化时，会引起其他变量的变化，但是引起变化的具体数值无法简单确定，即一个（或几个）变量变化后，其他变量增加或减少的数值无法简单确定，这时只能利用统计方法找出它们之间的回归关系。

## 12.1　回归分析预测法概述

【补充阅读资料12-1】

**回归的来历**

“回归”是由英国著名生物学家、统计学家高尔顿在研究人类遗传问题时提出来的。为了研究父代与子代身高的关系，高尔顿收集了1 078对父子的身高数据。他发现这些数据的散点图大致呈直线形状，也就是说，总的趋势是父亲的身高增加时，儿子的身高也增加。但是，高尔顿对实验数据进行了深入的分析后，发现一个很有趣的现象：当父亲高于平均身高时，他们的儿子的身高比他们更高的概率要小于比他们更矮的概率；当父亲矮于平均身高时，他们的儿子的身高比他们更矮的概率要小于比他们更高的概率。它反映了一个规律：在这两种情况下，儿子的身高有向他们父辈的平均身高回归的趋势。对于这个结论的解释是，大自然具有一种约束力，使人类身高的分布相对稳定而不产生两极分化，这就是所谓的回归效应。高尔顿根据实验数据还推算出儿子的身高（y）与父亲的身高（x）的关系式为：y =a+bx。它代表的是一条直线，被称为回归直线，相应的统计分析被称为回归分析。

### 12.1.1 回归分析预测法概念

**回归分析预测法**是预测学的基本方法，它是在分析因变量与自变量之间的相互关系、建立变量间的数量关系近似表达的函数方程，并进行参数估计和显著性检验以后，运用回归方程式预测因变量数值变化的方法。其中，表达经济变量间关系的数学表达式被称为回归方程。在预测过程中，当回归方程表述为曲线型时，称其为非线性回归。

### 12.1.2 回归分析预测法的具体步骤

回归分析预测法的具体步骤是：

1）确定预测目标和影响因素

通常情况下，市场预测的目标必定是因变量，研究者可根据研究预测的目的确定。

【教学互动 12-1】

**问题：**如何预测未来五年内小家电需求的市场情况？

**要求：**同“教学互动1-1”的“要求”。

确定自变量时，预测者既要对历史资料和现实调查资料进行分析，又要根据自己的理论水平、专业知识和实践经验进行科学分析，必要时还可以运用假设技术，先进行假设再进行检验，以确定主要的影响因素。

2）进行相关分析

所谓相关分析，就是对变量间的相关关系进行分析和研究。这一过程主要包括两个方面：一是确定变量间有无相关关系，即确定变量间是否存在不具有数值对应关系的非确定性依存关系。换句话说，当自变量的确定值为x时，与其具有相关关系的对应值y并不确定。这是相关分析也是回归分析的前提。二是确定相关关系的密切程度，这是相关分析的主要目的和主要内容。相关关系的密切程度通常用相关系数或相关指数来衡量。

相关系数的计算公式为：

$$r = \frac{\sum(x-\bar{x})(y-\bar{y})}{\sqrt{\sum(x-\bar{x})^2\sum(y-\bar{y})^2}} \tag{12.1}$$

式中：r为相关系数；x为自变量的值；$\bar{x}$为自变量的平均数；y为因变量的值；$\bar{y}$为因变量的平均数。

相关系数 $-1 \leq r \leq 1$，即 $|r| \leq 1$。当变量 x 与 y 呈线性相关时，$|r|$越接近于 1，表明变量间的线性相关程度愈高；$|r|$越接近于 0，表明变量间的线性相关程度愈低。$r>0$ 为正相关，$r<0$ 为负相关。当现象呈较强的非线性相关时，$|r|$或许趋近于 0，或许很大，并不确定。

3）建立回归预测模型

建立回归预测模型，就是建立回归方程，依据变量之间的相关关系，用恰当的数学表达式来表示。

线性回归方程的一般表达式为：

$$y=a+b_1x_1+b_2x_2+\cdots+b_nx_n \tag{12.2}$$

只有一个自变量与一个因变量间的回归，称为一元线性回归或简单线性回归、直线回归。它可简写为：

$$y=a+bx \tag{12.3}$$

其他形式的线性回归则称为多元线性回归。

当变量间不呈线性关系时，则需根据曲线的形状建立相应的非线性回归方程。方程的参数通常使用最小平方法计算求得，然后代回方程用于预测。

4）回归预测模型的检验

建立回归方程的根本目的在于预测，将方程用于预测之前需要检验回归方程的拟合优度和回归参数的显著性。只有通过了有关的检验，回归方程方可用于经济预测。常用的检验方法有相关系数检验、F 检验、t 检验和 D-W 检验等。

5）进行实际预测

运用通过检验的回归方程，将需要预测的自变量 x 代入方程并计算，即可取得所求的预测值。

【同步思考 12-1】

**问题：**在预测时通常可采用哪两种数据采集方式？

**理解要点：**预测通常有两种情况：一是点预测，就是所求的预测值为一个数值；二是区间预测，即所求的预测值有一个数值范围。通常用正态分布原理测算其估计标准误差，求得预测值的置信区间。

## 12.2 一元线性回归分析预测法

一元线性回归预测法是回归分析预测中最基本的方法。

### 12.2.1 一元线性回归预测法的概念

**一元线性回归预测法**是指影响经济变化的众多因素中有一个起决定作用的因素，且自变量与因变量的分布呈线性趋势的回归，用这种回归分析来进行预测的方法。一般情况下，一元线性回归方程为：

$$y=a+bx \tag{12.4}$$

式中：y 为因变量；x 为自变量；a、b 为参数。b 又称回归系数，用以说明 x 每增加一个单位所引起的 y 的增加值。

学习微平台

延伸阅读 12-1

【补充阅读资料 12-2】

## 自变量的选用

利用回归方程进行预测时，选用的自变量一般都属于可控制的普通变量，或者由我们直接给定其数值，这样，应用回归分析预测就比较简便。

### 12.2.2 一元线性回归分析预测法的使用

我们通过举例来说明一元线性回归分析预测法的使用。

【同步案例 12-1】

## 一元线性回归分析预测法的使用

**背景与情境：**根据经验，企业的商品销售额同广告费支出之间具有相关关系。某企业2010—2019年的商品销售额和广告费支出的资料见表12-1。

表 12-1　**某企业2010—2019年商品销售额与广告费支出表**

| 年份 | 广告费支出 $x_i$（万元） | 商品销售额 $y_i$（百万元） | xy | $x^2$ | $y^2$ |
|---|---|---|---|---|---|
| 2010 | 4 | 7 | 28 | 16 | 49 |
| 2011 | 7 | 12 | 84 | 49 | 144 |
| 2012 | 9 | 17 | 153 | 81 | 289 |
| 2013 | 12 | 20 | 240 | 144 | 400 |
| 2014 | 14 | 23 | 322 | 196 | 529 |
| 2015 | 17 | 26 | 442 | 289 | 676 |
| 2016 | 20 | 29 | 580 | 400 | 841 |
| 2017 | 22 | 32 | 704 | 484 | 1 024 |
| 2018 | 25 | 35 | 875 | 625 | 1 225 |
| 2019 | 27 | 40 | 1 080 | 729 | 1 600 |
| 合计 | 157 | 241 | 4 508 | 3 013 | 6 777 |

**问题：**在预测该企业2022年的广告费支出为35万元的前提下，要求在95%的概率下预测该年的商品销售额。

**分析提示：**

1）进行相关分析

在坐标系上将广告费支出和商品销售额的数据标出，形成散点图，可以发现其呈直线趋势，从而判定二者呈一元线性回归。

2）建立回归方程

回归方程为：$y_c=a+bx$，关键是求参数a、b的值。

根据表12-1计算的有关数据（见表12-2），利用最小平方法可以求出：

表 12-2 **计算表（一）**

| 时间 | x | y | $y_c$ | $(y-y_c)^2$ | $(y_c-\bar{y})^2$ | $(y-\bar{y})^2$ | $(x-\bar{x})^2$ |
|---|---|---|---|---|---|---|---|
| 1 | 4 | 7 | 8.644 | 2.703 | 238.888 | 292.41 | 136.89 |
| 2 | 7 | 12 | 12.607 | 0.368 | 132.089 | 146.41 | 75.69 |
| 3 | 9 | 17 | 15.249 | 3.066 | 78.340 | 50.41 | 44.89 |
| 4 | 12 | 20 | 19.212 | 0.621 | 23.893 | 16.81 | 13.69 |
| 5 | 14 | 23 | 21.854 | 1.313 | 5.045 | 1.21 | 2.89 |
| 6 | 17 | 26 | 25.817 | 0.033 | 2.948 | 3.61 | 1.69 |
| 7 | 20 | 29 | 29.78 | 0.608 | 32.262 | 24.01 | 18.49 |
| 8 | 22 | 32 | 32.422 | 0.178 | 69.256 | 62.41 | 39.69 |
| 9 | 25 | 35 | 36.385 | 1.918 | 150.921 | 118.81 | 86.49 |
| 10 | 27 | 40 | 39.027 | 0.947 | 222.815 | 252.81 | 127.69 |
| 合计 | 157 | 241 | 240.997 | 11.755 | 956.457 | 968.90 | 548.10 |

$$b = \frac{n\sum xy - \sum x\sum y}{n\sum x^2 - (\sum x)^2} = \frac{10 \times 4\,508 - 157 \times 241}{10 \times 3\,013 - (157)^2} = 1.321$$

$$a = \bar{y} - b\bar{x} = \frac{\sum y}{n} - b \times \frac{\sum x}{n} = \frac{241}{10} - 1.321 \times \frac{157}{10} = 3.36$$

所求回归方程是：$y_c$=3.36+1.321x

3）进行检验

（1）进行相关系数检验

$$r = \frac{n\sum xy - \sum x\sum y}{\sqrt{n\sum x^2 - (\sum x)^2}\cdot\sqrt{n\sum y^2 - (\sum y)^2}}$$

$$= \frac{10 \times 4\,508 - 157 \times 241}{\sqrt{10 \times 3\,013 - (157)^2} \times \sqrt{10 \times 6\,777 - (241)^2}}$$

$$= 0.9939$$

取显著性水平 α=0.05，df=n−2=8。查相关系数临界值表得：

$r_{0.05(8)}=0.632$

因为 $r>r_\alpha$，说明广告费支出与商品销售额存在很强的正相关关系。

（2）进行决定系数 $r^2$ 检验和 F 检验

决定系数 $r^2$ 检验和 F 检验都是用来检验回归方程线性关系的显著性的，二者的检验原理大体相同，均借助了方差分析。

$$\sum(y - \bar{y})^2 = \sum(y - y_c)^2 + \sum(y_c - \bar{y})^2$$

式中：$\sum(y - \bar{y})^2$ 为总变差；$\sum(y - y_c)^2$ 为剩余变差；$\sum(y_c - \bar{y})^2$ 为回归变差。

决定系数 $r^2$ 利用回归变差、剩余变差、总变差的比重说明回归直线的代表性。这个比例越大，则 x 与 y 之间的关系越密切，回归直线代表性越好。一般 $r^2$ 的取值在 0~1

之间。

$$r^2=\frac{\sum(y_c-\bar{y})^2}{\sum(y-\bar{y})^2}=\frac{956.457}{968.9}\times 100\%=98.7\%$$

F检验法将自变量作为一个整体来检验与因变量之间的线性关系是否显著。其计算式为：

$$F=\frac{\sum(y_c-\bar{y})^2}{\sum(y-y_c)^2/(n-2)}=\frac{956.457}{11.755\div 8}=650.928$$

取显著性水平$\alpha=0.05$，$df_1=1$，$df_2=n-2=8$，查F分布表得：

$F_{0.05(1,8)}=5.32$

因为$F>F_\alpha$，说明广告费支出与商品销售额线性关系显著。这与决定系数$r^2$检验结论一致。

4）进行预测

（1）点预测

2022年的广告费支出预计为35万元。

将$x_0=35$代入回归方程：

$y_c=3.36+1.321\times 35$

$=49.595$（百万元）

2022年的商品销售额可望达到49.595百万元。

（2）区间预测

①计算估计标准误差：

$$S_y=\sqrt{\frac{\sum(y-y_c)^2}{n-2}}=\sqrt{\frac{11.755}{8}}=1.212$$

因为，$\alpha=0.05$，$df=8$，查t分布表，得：

$t_{\frac{\alpha}{2},n-2}=t0.025，8=2.036$

②当广告费支出达到35万元时，商品销售额的预测区间为：

$$y_c\pm t_{\frac{\alpha}{2},n-2}\cdot S_y\sqrt{1+\frac{1}{n}+\frac{(x_0-(y-\bar{y})^2)^2}{\sum(x-\bar{x})^2}}=49.595\pm 2.306\times 1.212\times\sqrt{1+\frac{1}{10}+\frac{(35-15.7)^2}{548.1}}$$

$$=49.595\pm 3.728$$

若以95%的把握程度预测，当广告费支出达到35万元时，商品的销售额在45.867百万~53.323百万元之间。

【同步思考12-2】

**问题：**一元线性回归分析预测法与上一章中介绍的趋势延伸预测法有什么区别？

**理解要点：**回归分析预测是基于时间的内在因素进行的远期预测，而趋势延伸预测是基于时间的动态预测。

【课程思政12-1】

### 树立正确的统计数据质量观念

**背景与情境：**正确的管理观念是一切生产经营活动的理论导向，是行为合理化的指南，是管理者素质高低的体现。从质量管理的角度来看，可将统计数据看作统计工作的产品。与其他行业的产品一样，统计数据也应该注重质量。要全面提高统计数据的质量，必须建立关于统计数据产品质量的观念，使调查者与被调查者之间有合作意识。

首先，调查者在统计工作中要树立“用户第一”和“预防为主”的观念，这是提高统计产品质量的基本出发点。一切为用户着想，一切用数据说话，一切按科学程序办事，这可以说是关于统计数据质量管理的主要原理。具体来说，包括：重视用户对统计信息质量的意见反馈；实行有效的质量目标管理；建立健全工作质量保证体系；培养和激励统计工作人员的四个意识，即质量意识、问题意识、改善意识、创新意识。

其次，正确理解统计产品应具备的基本特征：准确性、时效性；多样化、集约化；经济性、实用性。

最后，应用现代企业经营管理理念，建立健全完善的统计数据产品质量管理体系，明确统计工作质量是统计产品质量的根本保证。

**问题：**为什么调查者在统计工作中要树立“用户第一”和“预防为主”的观念？

**研判提示：**应用现代企业经营管理理念，建立健全统计数据生产全过程的质量标准、技术标准、工作标准、管理标准，指导数据产品的生产活动，并进行全程动态管理，保证质量，满足客户需要，以获取良好的社会效益和经济效益。

【同步思考 12-3】

**问题：**什么是一元线性回归模型？

**理解要点：**一元线性回归模型是将影响因变量的原因归结到一个主要因素上。当影响因变量的因素有多个时，一元线性回归模型就无法准确地判断多个变量之间的关系。

## 12.3 多元线性回归分析预测法

在进行市场预测时，我们常常遇到变量的变化并非一个因素变化的结果，而是几个因素共同发生作用的情形，用一元线性回归分析已不能进行预测，这时可以使用多元线性回归分析进行预测。

### 12.3.1 多元线性回归分析预测法的概念

*影响因变量的因素有两个或两个以上，且自变量与因变量的分布呈线性趋势回归，用这种回归分析来进行预测的方法，就是***多元线性回归分析预测法**。例如，影响商品销售额的因素除广告费外，价格、销售网点和居民收入等因素均发挥作用，这时就需要建立多元回归分析预测模型。

### 12.3.2 多元线性回归分析预测法的使用

具体的回归方程的一般式是：

$$y_c=a+b_1x_1+b_2x_2+\cdots+b_nx_n \tag{12.5}$$

式中：$x_1$，$x_2$，…，$x_n$为n个影响y的自变量；a，$b_1$，$b_2$，…，$b_n$为回归参数。

存在两个自变量的多元线性回归方程称为二元回归方程，即：

$$y_c=a+b_1x_1+b_2x_2 \tag{12.6}$$

它是多元线性回归方程的特例。

【同步案例12-2】

## 多元线性回归分析预测法的使用

**背景与情境：**在进行市场预测时，几个因素共同发生作用，用一元线性回归分析法已不能进行预测，这时可以使用多元线性回归分析进行预测。

**问题：**如何使用多元（以二元为例）线性回归分析来选择预测区间？

**分析提示：**多元（以二元为例）线性回归分析的步骤如下：

1）建立线性方程

$y=a+b_1x_1+b_2x_2$

参数a、$b_1$、$b_2$仍使用最小平方法推算，得到：

$$\begin{cases}\sum y = na + b_1\sum x_1 + b_2\sum x_2 \\ \sum x_1 y = a\sum x_1 + b_1\sum x_1^2 + b_2\sum x_1 x_2 \\ \sum x_2 y = a\sum x_2 + b_1\sum x_1 x_2 + b_2\sum x_2^2\end{cases} \tag{12.7}$$

将相关数据代入上述方程组，得到系数：a、$b_1$、$b_2$。

所以，二元线性回归方程为：

$y_c=a+b_1x_1+b_2x_2$

2）检验

利用复相关系数检验回归方程整体显著性。

$$R = \sqrt{1 - \frac{\sum(y - y_c)^2}{\sum(y - \bar{y})^2}} \tag{12.8}$$

简化公式为：

$$R = \sqrt{1 - \frac{\sum y^2 - a\sum y - b_1\sum x_1 y - b_2\sum x_2 y}{\sum y^2 - n\bar{y}^2}} \tag{12.9}$$

取一个特定的α值并计算出df=n-k-1（k为自变量个数），查相关系数临界值表得到：$R_{\alpha,\ df}$。如果$R>R_\alpha$，说明$x_1$、$x_2$与y线性关系显著。

3）预测

（1）点预测。将$x_1$、$x_2$代入公式（12.6）得到预测值$y_c$。

（2）区间预测。计算估计标准误差：

$$S = \sqrt{\frac{\sum(y - y_c)^2}{n - 3}}$$

取α，df=n-3，查t分布表：得到$t_{\alpha/2,\ df}$。

所以，预测区间为：$y_c \pm t_{\alpha/2} \cdot S$。

【教学互动12-2】

**问题：**如果有三个自变量$x_1$、$x_2$、$x_3$与一个因变量y线性相关，请列出三元线性回归方程。

**要求：**同“教学互动1-1”的“要求”。

# 12.4 非线性回归分析预测法（选修）

在许多社会经济现象中，变量间呈非线性关系。对非线性回归变量的分析，可以采取曲线方程来进行。非线性回归分析预测是指用于预测的回归方程是非线性的，但非线性回归方程的求解方法是比较困难的，我们需要将非线性关系进行线性化处理，这可以使研究的问题简化。这样，我们就可以使用线性回归方程求解非线性问题了。

【补充阅读资料 12-3】

**可在计算机上操作的回归分析**

用手工方法进行定量分析有很大的局限性，当变量较多、数据量较大的时候，无法进行分析，电子计算机的应用与发展为我们进行回归分析提供了优越条件。筛选变量拟合模型、求解参数、测定相关系数、检验显著水平、计算估计标准误差、分析预测因变量的置信区间均可以在计算机上进行操作。

通常可线性化的非线性回归模型有以下这些：

### 12.4.1 指数曲线模型

指数曲线模型如图 12-1 所示。

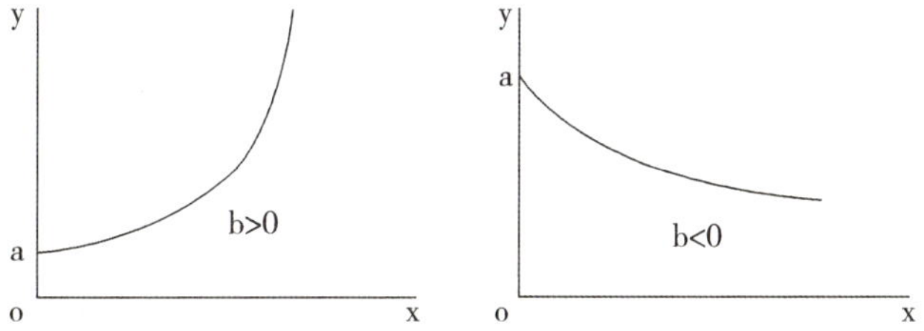


**图12-1 指数曲线模型**

指数曲线方程为：

$$y_c=ae^{bx} \tag{12.10}$$

公式两边分别取对数 $\ln y_c=\ln a+bx$，令 $y'=\ln y$，$a'=\ln a$，则得：$y'=a'+bx$。按一元线性回归方程求解参数 $a'$ 和 $b'$，则 $a=e^{a'}$。

### 12.4.2 幂函数模型

幂函数模型如图 12-2 所示。

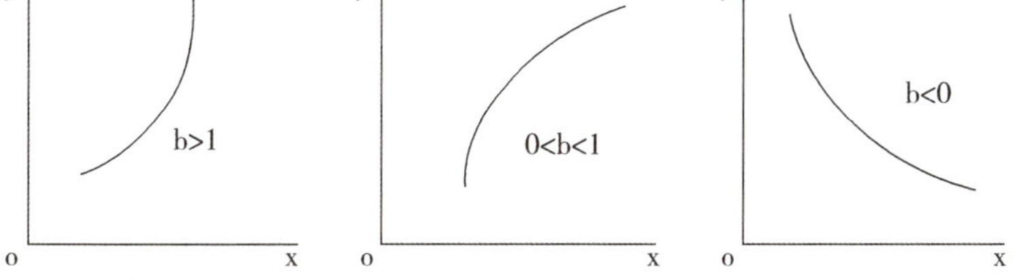


**图12-2 幂函数模型**

对于幂函数 $y=ax^b$ 型曲线，可以令 $y'=\lg y$，$x'=\lg x$，$a'=\lg a$，则得：$y'=a'+bx'$。

### 12.4.3 双曲线模型

双曲线模型如图 12-3 所示。

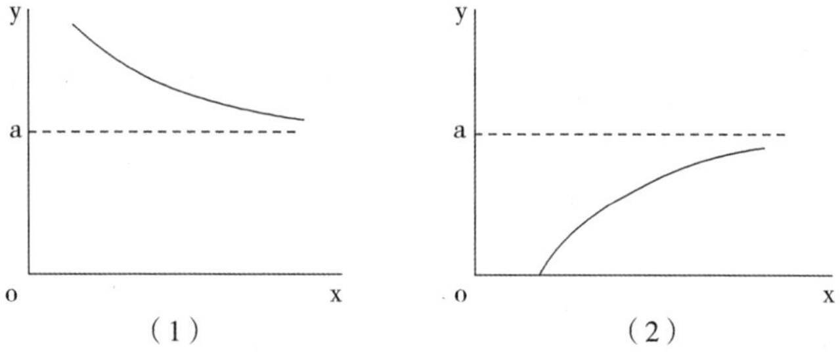


**图12-3 双曲线模型**

(1) $y=a+\frac{b}{x}$ 型曲线。令 $x'=\frac{1}{x}$，则得：$y=a+bx'$。

(2) $\frac{1}{y}=a+\frac{b}{x}$ 型曲线。令 $y'=\frac{1}{y}$，$x'=\frac{1}{x}$，则得：$y'=a+bx'$。

### 12.4.4 对数模型

对数模型如图 12-4 所示。

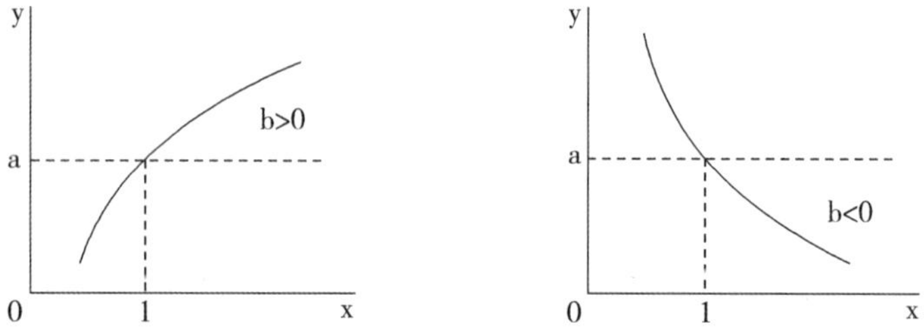


**图12-4 对数模型**

对于对数 $y=a+b\lg x$ 型曲线，令 $x'=\lg x$，则得：$y=a+bx'$。

【同步思考 12-4】

**问题：**在回归分析预测法中，为什么要进行检验，以测定变量间的相关关系？

**理解要点：**相关关系的大小直接反映了变量的关系密切程度，从而说明二者进行回归分析更可信。

### 12.4.5 多项式模型

$$y=a_0+a_1x_1+a_2x_2+\cdots+a_nx_n \tag{12.11}$$

令 $x_1=x$，$x_2=x^2$，$x_3=x^3$，…，$x_n=x^n$，则可化为多元线性回归方程：

$$y=a_0+a_1x+a_2x^2+\cdots+a_nx^n$$

比较常用的多项式模型有：

(1) 二次模型：

$$y=a_0+a_1x+a_2x^2$$

(2) 三次模型：

$$y=a_0+a_1x+a_2x^2+a_3x^3$$

【同步案例12-3】

## 二元回归预测法的使用

**背景与情境：**某公司业务逐年扩大，但其投入与产出是否有关系呢？分析人员进行了多元回归分析。

资料见表12-3。

表12-3　**商品销售额与广告费支出、营业网点数的关系**

| 年份 | 广告费支出 $x_1$（万元） | 营业网点数 $x_2$（个） | 商品销售额 $y_i$（百万元） |
|---|---|---|---|
| 2010 | 4 | 1 | 7 |
| 2011 | 7 | 2 | 12 |
| 2012 | 9 | 5 | 17 |
| 2013 | 12 | 8 | 20 |
| 2014 | 14 | 10 | 23 |
| 2015 | 17 | 12 | 26 |
| 2016 | 20 | 15 | 29 |
| 2017 | 22 | 18 | 32 |
| 2018 | 25 | 22 | 35 |
| 2019 | 27 | 28 | 40 |
| 合计 | 157 | 121 | 241 |

**问题：**

（1）商品销售额除了同广告费支出相关外，是否同营业网点数有一定的相关关系？

（2）如果2022年该企业的广告费支出为35万元，营业网点数为34个，要求以95%的概率预测该企业2022年的商品销售额。

**分析提示：**解决问题的步骤如下：

（1）建立线性方程

从表12-3可以看出，商品销售额与广告费支出、营业网点数两个因素均存在相关关系，所以拟合二元线性回归方程：

$y=a+b_1x_1+b_2x_2$

参数a、$b_1$、$b_2$仍使用最小平方法推算，得到：

$$\begin{cases}\sum y = na + b_1\sum x_1 + b_2\sum x_2 \\ \sum x_1 y = a\sum x_1 + b_1\sum x_1^2 + b_2\sum x_1 x_2 \\ \sum x_2 y = a\sum x_2 + b_1\sum x_1 x_2 + b_2\sum x_2^2\end{cases} \tag{12.12}$$

列表进行有关数据的计算，见表12-4。

表 12-4 **计算表（二）**

| 时间年份 | $x_1$ | $x_2$ | $y$ | $x_1y$ | $x_2y$ | $x_1^2$ | $x_2^2$ | $x_1x_2$ |
|---|---|---|---|---|---|---|---|---|
| 2010 | 4 | 1 | 7 | 28 | 7 | 16 | 1 | 4 |
| 2011 | 7 | 2 | 12 | 84 | 24 | 49 | 4 | 14 |
| 2012 | 9 | 5 | 17 | 153 | 85 | 81 | 25 | 45 |
| 2013 | 12 | 8 | 20 | 240 | 160 | 144 | 64 | 96 |
| 2014 | 14 | 10 | 23 | 322 | 230 | 196 | 100 | 140 |
| 2015 | 17 | 12 | 26 | 442 | 312 | 289 | 144 | 204 |
| 2016 | 20 | 15 | 29 | 580 | 435 | 400 | 225 | 300 |
| 2017 | 22 | 18 | 32 | 704 | 576 | 484 | 324 | 396 |
| 2018 | 25 | 22 | 35 | 875 | 770 | 625 | 484 | 550 |
| 2019 | 27 | 26 | 40 | 1 080 | 1 040 | 729 | 676 | 702 |
| 合计 | 157 | 121 | 241 | 4 508 | 3 639 | 3 013 | 2 047 | 2 451 |

将相关数据代入上述方程组，得到：

$$241 = 10a + 157b_1 + 121b_2$$
$$4\,508 = 157a + 3\,013b_1 + 2\,451b_2$$
$$3\,639 = 121a + 2\,451b_1 + 2\,047b_2$$

解方程组，得到：

$$\begin{cases} a = 6.9285 \\ b_1 = 0.3500 \\ b_2 = 0.9650 \end{cases}$$

所以，二元线性回归方程为：

$$y_c = 6.9285 + 0.35x_1 + 0.965x_2$$

（2）检验

利用复相关系数检验回归方程整体显著性。

$$R = \sqrt{1 - \frac{\sum(y - y_c)^2}{\sum(y - \bar{y})^2}}$$

简化公式为：

$$R = \sqrt{1 - \frac{\sum y^2 - a\sum y - b_1\sum x_1y - b_2\sum x_2y}{\sum y^2 - n\bar{y}^2}}$$

$$= \sqrt{1 - \frac{6\,777 - 6.9285 \times 241 - 0.35 \times 4\,508 - 0.965 \times 3\,639}{6\,777 - 10 \times (24.1)^2}}$$

$$= 0.9907$$

取 $\alpha=0.05$，$df=n-k-1=7$（k 为自变量个数），查相关系数临界值表得到：$R_{0.05,\ 7}=0.758$。

因为 $R>R_\alpha$，说明 $x_1$、$x_2$ 与 y 线性关系显著。

(3) 预测

①点预测。当广告费支出 $x_{10}$=35 万元、营业网点数 $x_{20}$=34 个时：

$y_c$=6.9285+0.35×35+0.965×34=51.9885（百万元）

②区间预测。计算估计标准误差：

$$S=\sqrt{\frac{\sum(y-y_c)^2}{n-3}}=\sqrt{\frac{17.7965}{7}}=1.5945$$

取 α=0.05，df=n−3=7，查 t 分布表：

$t_{\alpha/2,\ 7}$=2.365

所以，预测区间为：

$y_c \pm t_{\alpha/2} \cdot S$=51.9885±2.365×1.5945=51.9885±3.7710

在 95% 的把握程度下，如果 2022 年广告费支出达到 35 万元，营业网点有 34 个，销售额为 51.99 百万元，则商品销售额的置信区间为［48.22，55.76］百万元。

学习微平台

延伸阅读12-2

## ■ 本章概要

☐ 内容提要

●本章介绍了回归分析预测的基本步骤：确定目标及影响因素，进行相关分析，建立回归模型，检验回归模型，最后进行实际预测。

●本章通过案例详细介绍了一元线性回归预测和多元线性回归预测。在预测过程中，关键是回归模型的检验及估计标准误差的计算。

☐ 主要概念和观念

▲ 主要概念

回归分析预测法　一元线性回归预测法　多元线性回归预测法

▲ 主要观念

回归分析预测　一元回归分析预测　多元回归分析预测

☐ 重点实务

掌握回归分析预测的基本步骤　建立、检验回归模型　回归模型的检验及估计标准误差的计算

## ■ 基本训练

☐ 知识训练

▲ 简答题

1）应用回归分析进行预测的前提条件是什么？

2）对一元线性回归方程进行检验时，可用决定系数来检验回归直线的代表性，其判别标准范围为多少？

▲ 填空题

1）依据数字资料，运用________和________建立模型并得出预测值的方法称为________分析预测法。

2）在多元回归分析中，筛选自变量时不能________有显著________的因素。

3）在一元线性回归分析预测中，________检验和________检验是等价的。

▲ 单项选择题

1）相关系数-1≤r≤1，当（　　）时，表明变量间的线性相关程度越高。

A.|r|越接近于1　　B.|r|越接近于0

C.r>0　　D.r<0

2）y=a+bx，其中y为因变量，x为自变量，a、b为参数，（　　）又称回归系数。

A.y　　B.x　　C.a　　D.b

▲ 多项选择题

1）若影响事物变化的有几个变量，已知其中一个变量发生变化后，其他变量的增减无法简单确定，这时不能用的方法是（　　）。

A.定性预测　　B.简单计算　　C.线性计算　　D.数理统计

2）一元线性回归预测的步骤是（　　）。

A.进行相关分析　　B.建立回归方程　　C.进行检验　　D.进行预测

▲ 讨论题

1）什么是非线性回归预测？它与线性回归预测有什么区别？

2）t分布表和F分布表应如何使用？

□ 能力训练

▲ 案例分析

## 企业2022年产量与生产费用的预测

**背景与情境：**某企业历年产量与生产费用的资料见表12-5。

表12-5　**某企业历年产量与生产费用的资料**

| 年　份 | 产　量（百吨） | 生产费用（百万元） | 年　份 | 产　量（百吨） | 生产费用（百万元） |
|---|---|---|---|---|---|
| 2012 | 10.0 | 2.0 | 2017 | 21.4 | 7.4 |
| 2013 | 12.4 | 2.8 | 2018 | 23.1 | 8.9 |
| 2014 | 14.5 | 3.6 | 2019 | 26.0 | 10.0 |
| 2015 | 16.0 | 4.3 | 2020 | 27.9 | 11.2 |
| 2016 | 19.5 | 6.0 | 2021 | 30.0 | 13.0 |

**问题：**

1）以产量为自变量，求生产费用的一元线性回归方程。

2）为产量拟合一直线趋势方程，并预测2022年的产量。

3）根据1）和2）的结果，在95%的把握程度下预测2022年的生产费用。

**分析要求：**同第1章“基本训练”中本题型的“分析要求”。

▲ 实训操练

【训练项目】

“回归分析预测法”知识运用。

【情境设计】

将班级学生分成若干实训团队，每个团队确定1人负责，根据项目需要进行角色分工与协作，分别选择不同企业，运用某一“回归分析预测方法”知识，就特定预测目标进行项目操练。

【训练步骤】

1）将班级学生分成若干实训团队，每个团队确定1人负责，根据项目需要进行角色分工与协作。

2）各团队分别选择某一企业，就其特定预测目标，运用某一“回归分析预测方法”知识进行实训，重点体验针对特定预测目标的“回归分析预测”运作过程。

3）各团队学生记录本次模拟实训的成功经验、存在的问题、解决办法。

4）各团队整理实训记录，在此基础上撰写《“×企业关于×目标的回归分析预测”实训报告》。

5）在班级讨论交流、相互点评与修订各团队的《“×企业关于×目标的回归分析预测”实训报告》。

6）在校园网的本课程平台上展出经过修订和任课教师点评的各团队《“×企业关于×目标的回归分析预测”实训报告》，供学生们借鉴。

□ 课程思政

麦肯锡工作理念的亮点

**背景与情境：**虽然麦肯锡咨询在中国兵败实达之后，洋咨询在中国悄然沉寂，但对于管理界来说，麦肯锡就像服装界的名牌范思哲一样，仍然是一个遐迩闻名的企业。很长时间以来，麦肯锡就像披了一层神秘的面纱，人们对它的管理和工作知之甚少。

埃森·拉塞尔所著的《麦肯锡方法》通过对自己的工作经验的总结，从一个非常自然和轻松的视角将我们带入了麦肯锡的天地——麦肯锡思考企业问题的方法、解决问题的工作法以及推销解决方案的方法。下面就笔者读完此书后的感受，介绍一些优秀的麦肯锡工作理念。

1）用事实说话——麦肯锡思考企业问题的前提

在麦肯锡，解决问题是从事实入手的。麦肯锡人解决所有问题的思路都遵循“以事实为基础、严格的结构化、以假设为导向”三个特征。在实施项目的第一天，他们要做的就是收集和整理所有关于项目的信息，得到足够的事实。“当你开始在麦肯锡工作的时候，收集和分析事实就是你存在的理由”，一位麦肯锡的资深项目经理说。麦肯锡人认为躲避事实是不对的，不要害怕事实，必须去捕捉、利用事实。在处理每一件事情的过程中，都要用事实去对最初定义的假设进行检验。即使你是最有经验的人，也许你会在很短的时间内找出问题的解决办法，但麦肯锡认为必须先看事实，因为他们相信“事实是友善的”。

2）寻找关键驱动因素——麦肯锡解决商业问题的指导原则

麦肯锡人显然非常明白，有了解决问题的思路是远远不够的，因为没有哪个商业问题是完全相同的，所以接下来应该仔细琢磨如何处理每一个问题，寻找解决问题的关键驱动因素。麦肯锡人根据他们的经验总结了很多有用的规则，比如“80/20原则”“别想把整个海洋煮沸”“电梯测验”“先摘好摘的果子”“一个垒一个垒地打”“要关注大画面”等。对企业来讲，使企业出现问题的因素很多，麦肯锡认为解决问题时应把精力放在最重要的因素，也就是关键驱动因素上。如此做的目的是直接转向问题的核心，以避免在进行大量问题信息分析时走入死胡同。通过寻找关键驱动因素来处理问题，就可以避免“将整个大海煮沸”，就可以如“电梯测验”一样，把握解决方案的关键点，在很短的时间内对问题的解决方案进行阐述。

3）良好的内部沟通——麦肯锡团队运作成功的关键因素

麦肯锡认为，信息对于一个团队就像汽油对于汽车引擎一样，如果阻碍了流动，运转就会停滞不前。麦肯锡人将内部沟通的方法分为两种：会议和四处走动。对于会议，麦肯锡认为一次会议（不论大小）成功的关键因素有三点：首先是确保应参加会议的人都到场；其次是议程；然后是主持人。一个好的议程会让到会的每一个人都能掌握重要事件、议题和问题的最新动向。作为主持人，应注意把握会议的节奏，对会议的进程进行控制，尽可能高效。

内部沟通的另一个方法是通过四处走动来了解情况。麦肯锡认为，最有价值的谈话是跟人随便碰上时的结果——在走廊里、在饮水机旁、吃午饭时或者在客户那里。只要四处走动，与人一聊，就会获得许多有用的信息，同时进行了彼此信息的交流。所以，对于以团队为基础的工作来讲，不要低估随机事实的价值。

4）学习型组织——麦肯锡成长的动力来源

在麦肯锡工作过的人普遍认为，麦肯锡是一个学习型组织，它有一种学院式的氛围。在麦肯锡，任何一名员工都可以就某一个有意思的话题在适当的时间组织大家讨论，他们把这个时间称作“信息共享时间”。麦肯锡人在一起谈论的内容有关于行业的、有关于自己企业的、有关于其他行业的，他们觉得这些信息会对他们以后的工作有所帮助。麦肯锡会对所有员工进行公司经营、工作理念、项目操作和工作方式方面的培训，这确实让在麦肯锡工作的人获益匪浅。外界对麦肯锡的评价是褒贬不一的，但不管怎么说，麦肯锡仍然继续着自己的工作理念，其中有很多东西是值得我们思考和学习的。

资料来源　齐斌. 麦肯锡理念的亮点［J］. 职业，2012（19）.

**问题：**

1）麦肯锡解决企业问题是从什么地方入手的？它如何处理繁杂众多的信息？

2）麦肯锡作为一个咨询公司，在为企业服务方面应遵循哪些企业伦理与职业道德规范？

**研判要求：**同第1章“基本训练”中本题型的“研判要求”。

# 综合案例

## 案例综-1

### 中国奢侈品市场的调查报告（结论）

**背景与情境：**2010年11月，全球知名战略咨询公司——贝恩公司发布了一项针对中国奢侈品市场的调查报告。该报告指出，内地奢侈品市场增势持续强劲，各大品牌在中国的工作重点从开设新店逐步转向提升客户体验。报告主要从以下几方面做了阐述并得出相应的分析结论：

1）消费概况

2009年，中国奢侈品消费总额已近1 560亿元人民币，2010年内地奢侈品市场的增长中约有67%来自新增消费者，这说明新富阶层的崛起和消费需求的升级是驱动中国奢侈品销售增长的主要因素。

2）消费商品类型

国内奢侈品市场的增长从2009年下半年起加速，腕表和箱包领跑市场增长。2009年后，中档价位（2.5万~5万元）腕表推动了腕表品类的强势反弹。箱包作为主要的个人和商务礼品馈赠之选，保持了之前的增长势头。

3）消费偏好

在消费者的品牌偏好上，调查结果再次印证了国内奢侈品消费上的趋同性。各消费品类中前5大品牌占据了约一半的市场份额，知名度高的一些奢侈品品牌拥有广泛受众。路易威登、香奈儿和古驰仍是2010年中国消费者最想拥有的奢侈品品牌。而鞋类中的普拉达、女装中的阿玛尼以及男装中的范思哲则首次在其所在品类中上榜三甲，成为消费者新的追捧对象。

4）消费地域

在2009年中国奢侈品市场总份额中，境内消费持续增加，但仍不足消费总额的50%，过半以上仍来自境外消费。

5）消费心理

对一线城市及中小城市购买奢侈品的消费者进行的调查结果表明，消费者购买奢侈品的原因体现出整体上的一致性：主要看重质量上乘、可展现自我的品位与风格。进一步分析，可以发现，购买奢侈品的原因随受访者地域不同而表现出一定的差异性，这可为商家制定不同的营销策略提供依据。

6）奢侈品新开店数

截至2010年8月底，登喜路、雨果博斯凭借2006年前的先入为主优势，仍然位居前两位，而自2007年以来，各大品牌新开店数增速放缓，原因在于相继开设大型旗舰店以提供更好的客户体验，说明中国国内奢侈品市场竞争日趋激烈，服务质量日益提高。

7）趋势

调研显示，目前中国奢侈品市场主要呈现以下六大重要趋势：

（1）境内购买呈持续增加趋势（对比境外购买），但是更低的价格和更广泛的产品选择仍是境外购买的两大动因。为了吸引本土消费者，各大品牌致力于改善中国的客户服务，并尽力为中国客户提供更多的产品选择，比如保证产品在中国与欧洲同步上市。

此外，一些品牌还通过降低营运利润率来缩小中国市场和其他市场的价差。

（2）二三线城市作为新兴市场潜力巨大。目前，家庭月收入在5万~10万元之间与超过10万元的消费者群体中，二三线城市的消费者在奢侈品上的消费金额几乎等同甚至超过一线城市同等收入的消费者。

（3）消费者期望获得全面的差异化服务体验。为了赢得本土消费者，各大品牌相继开设大型旗舰店来提供更好的客户体验并保证服务品质。

（4）网上平台的重要性持续提升。互联网正成为消费者除杂志之外获取奢侈品信息的第二大来源，因此，各大品牌投资建设中文网站，宣传品牌传统和文化，以便与消费者更好地沟通。此外，网络社区等社交平台仍是中国奢侈品市场的重要营销渠道之一，特别能吸引年龄在25岁到44岁之间的消费人群。

（5）加大品牌建设力度，强化本地元素。随着市场重要性的不断提升，中国在各大奢侈品品牌的全球营销活动中已经占据了最重要的位置。另外，奢侈品品牌也积极在中国开展公益活动，以求提升品牌在消费者心目中的美誉度。

（6）礼品馈赠增加且寻求多元化。礼品馈赠仍是购买奢侈品的一个重要原因。礼品现金卡正越来越受到青睐，它的出现令馈赠礼品品类和品牌的选择呈现出多元化的趋势。

**问题：**

1）在我国，奢侈品消费人群主要集中在哪个层次？

2）如何通过营销手段提高我国的奢侈品品牌的知名度？

3）目前在我国热卖的奢侈品中，在售后服务方面还有哪些需要改进？

**分析要求：**同第1章“基本训练”中本题型的“分析要求”

案例综-2

### 智能化成就物流业未来

**背景与情境：**中国物流业市场前景广阔，且发展潜力巨大。从物流业发展的趋势来看，我国物流业持续向好的方向发展。20世纪90年代后期，物流的重要性逐渐被人们所认识，不同形式的物流企业也渐次出现，包括由传统运输仓储货代转型的企业、新兴第三方物流企业和专门从事运输、仓储的企业。近年来，我国物流企业开始走向信息化，以物料需求为核心的ERP（企业资源计划）系统在钢铁、煤炭、家电和汽车等行业得到推广。2015年8月，国家发改委印发了《关于加快实施现代物流重大工程的通知》（以下简称《通知》），《通知》中指出，到2020年基本建立布局合理、技术先进、便捷高效、绿色环保、安全有序的现代物流服务体系。同时，《通知》中提出物流业增加值年均增长目标为8%，第三方物流比重由目前的约60%提高到70%，按照2014年物流业增加值3.5万亿元计算，到2020年我国第三方物流仍有万亿元发展空间。

目前，我国物流业的发展还存在小、散、乱、差的问题，实现集约化面临着不少困难。我国物流业资源浪费严重，主要原因是运输分散和智能化水平低。随着竞争的日趋激烈，物流业利润被严重挤压，利润率平均低于5%，部分中小物流企业甚至徘徊在盈亏平衡点边缘。因此，以推行智能化、绿色化物流来降低成本是必然趋势。从物流业发展的趋势来看，未来要掌握12个趋势，即向下、向西、向外、O2O、移动化、平台化、供应链化、生态圈化、融合、安全、绿色和高科技化，这将会对中国物流业的发展带来重要影响。

"互联网+物流"不仅会改变物流业的结构，还将改变其业态和规则。从结构上讲，在互联网和数字化时代，传统工业化早期和中期的物流业态的地位可能有所下降，而与信息化、数字化、智能化相结合的物流业态的优势将会得到彰显。在物流行业的"拐点"上，各家企业纷纷亮出底牌。亚马逊在全球布局智慧物流中心，大力发展无人机、智能手表等智能设备；京东聚焦无人机送货和自动化物流中心的搭建；马云宣布加快菜鸟网络布局，打造智能物流骨干节点城市。可以看出，智慧化物流的大潮便已经成为行业不可逆转的趋势。

资料来源　耿黎明. 智能化成就物流业未来［J］. 中国商界，2016（9）.

**问题：**

1）在本案例中，对未来智能物流发展前景的预测主要基于何种依据？

2）在"互联网+物流"的大背景下，智能物流在经济发展中扮演的角色会发生什么变化？

**分析要求：**同第1章本题型的"分析要求"

案例综-3

## 电视频道市场影响力与社会影响力的互动
## ——湖北经视社会影响力调查报告

**背景与情境：**为了深入分析影响和制约湖北经视社会影响力发展的相关因素，寻求提升湖北经视整体社会效益的可能途径和方法，华中科技大学新闻与信息传播学院广播电视新闻学系专门组织了课题组，开展了"湖北经视社会影响力调查"。

1）概念界定、调查方法与调查内容

（1）电视频道社会影响力的界定

电视频道影响力由满意度、频道入户率、观众规模、期待度、频道人气指数和栏目竞争力等构成。报告中所提到的频道影响力即指包含以上评价指标在内的综合分析，而关于频道特征、主持人等方面的分析，则是除频道影响力以外形成频道竞争力的其他要素。

本次调查依托经视影响力指数，对经视在湖北武汉电视行业内部的竞争力、经视的主要栏目在频道内部的竞争力进行分析。报告由节目（包括电视剧剧场）分析过渡到频道分析，以利于深入、全面地理解频道和节目的优劣势及两者之间的关系，详细分析湖北经视在武汉所处的形势，判断湖北经视目前的频道影响力、竞争力。

（2）问卷调查基本情况

①调查方式：统一问卷、访问员入户调查并结合调查员面访。

②调查时间：2007年10月1日到10月7日。

③调查对象：15岁以上的武汉市常住居民。

④调查范围：武汉市的7个中心城区。

⑤抽样方式：本次调查采用多阶抽样（依次包括街道、居委会、家庭、户、个人）的方式。总样本量控制在600个左右，最后实际执行样本为601个，其中有效样本580

个。调查结论对武汉市常住居民总体情况推断的设计误差控制在4%范围之内。

⑥数据分析方法：采用国际上通行的社会科学统计软件包（SPSS/PC+）统计处理。

⑦调查内容：A.湖北经视市场占有情况分析：分析湖北经视受众规模、受众忠诚度、受众结构特征等，描述湖北经视受众的总体概况。B.湖北经视社会影响力分析：分别从频道与栏目两个层面调查受众媒介接触意愿、媒介选择偏好、媒介内容偏好、媒介印象与评价、媒介满意度等，调查受众对湖北经视的收视行为与收视满意度。本次观众满意度调查主要针对湖北经视的5个主要栏目：《经视直播》、《经视故事会》、《经视人家》、《欢乐送》和《阿星“笑”长开讲》。C.湖北经视的社会影响力分析：在进行上述两方面分析的基础上，结合定量与定性分析方法阐述湖北经视可能具有的综合经济实力与社会影响力，进而提出增强社会影响力的可行性建议。

2）调查发现

（1）受众对栏目的知晓度

对于被调查的栏目，67%以上的观众都知道，其中《经视直播》与《经视故事会》分别达到98.4%与95.2%。这说明这些栏目的知名度已达到比较高的水平。

（2）受众对栏目的接触频度

在湖北经视的观众中，收看《经视直播》的达到100%，收看《经视故事会》的达到95%，收看《经视人家》的达到86.2%，收看《阿星“笑”长开讲》的达到71.9%，收看《欢乐送》的达到73.40%。《经视直播》以100%的接触频度稳居第一。总体而言，这几个栏目的到达率比较理想。

（3）受众对栏目的满意度

总的来看，观众对经视栏目的满意度评价较高，近八成观众都持满意或非常满意态度。

（4）受众对栏目的喜爱度

在对栏目喜爱度的调查中，观众对栏目的喜爱度从高到低依次为：《经视直播》、《阿星“笑”长开讲》、《经视故事会》、《欢乐送》以及《经视人家》。

3）本次调查的主要结论

（1）湖北武汉媒介市场与观众的消费习惯

①公众使用最多的媒介依次是：电视、报纸、网络；最能了解本地新闻的媒介和使用最多的媒介次序一致，依次是：电视、报纸、网络。

②受众接触电视行为有鲜明的个性化特点。不同年龄、性别、职业、收入、文化背景的受众接触电视的习惯是不同的，其中，电视受众空间的很大部分被年龄较大、文化程度较低、工作时间固定、生活状态稳定的人群所分割。

③工作日和休息日收视时长差异表明，电视与受众的闲暇生活密切相关。

④受众最看重的是电视的娱乐功能，同时，在提供信息方面，电视媒介也占重要地位。从受众喜欢的节目类型（新闻、影视剧、娱乐）看，电视是典型的娱乐产业和信息产业。同时，各种节目类型都有一定量的受众选择观看，说明受众对电视媒介具有复合型功能的期待。新闻栏目的较高收视率显示受众有关注大事和获取信息的主流化倾向。

（2）受众的人口特征、内容偏好与期待

①受众的人口特征。湖北经视的入户率为99.8%。在经视受众的性别构成中，女性

观众的数量明显高于男性观众的数量；从人口与年龄构成来看，经视的受众主要集中在20岁以上的年龄层；从学历构成来看，受众整体呈现出低学历特征；从收入来看，经视观众的收入为中等偏下；在职业分布上，经视的受众分布广泛，主要集中于离退休人员、工人、商业与服务业人员、下岗与待业人员、在校学生、私营与个体劳动者、专业技术人员、教师、医生等。

②受众的内容偏好与期待。通过“对节目内容的偏好”的频次分布可以看出，有80.2%的观众喜欢看新闻，居第一位；有69.3%的观众选择影视剧，居第二位；其他依次是法制类58.6%、娱乐类58.1%、生活服务类53.6%、体育类40.3%、科教类36%、青少类10.9%、其他7.1%。电视剧依旧占据很大的市场。

通过对“希望经视增加哪些节目”做分析可以看出，观众最希望增加的类型中，生活服务类占53.9%、娱乐类占47.9%、法制类占48.4%、新闻和影视剧各占44%，选择其他选项的较少。这也与整体样本的年龄及性别结构有关。在此样本中，女性比男性多，50岁以上的比年轻人多，这导致对体育和青少类偏好的观众不多。

通过对“观众喜欢的电视剧类型”做数据统计可得，最受欢迎的电视剧类型为警匪剧，占48.1%；其次是言情剧，占47.1%；排名第三的是探险剧，占36.4%；其他依次为乡村剧占34.8%、古装剧占34%、青春偶像剧占26.7%、室内情景剧占22.2%、魔幻剧占13.8%、其他占9.3%。

（3）湖北经视社会影响力评估

从综合的社会影响力来看，湖北经视的知晓度为98.4%，媒体接触率为96.4%，受众对湖北经视的栏目印象整体较好；受众对湖北经视的满意度为84.9%，受众对经视频道的满意度为84.9%，喜爱度为84.9%，受众可能的收视倾向为99.7%，湖北经视的综合社会影响力排名第一。

从整体来看，湖北经视被调查的栏目的知名度、到达率与忠诚度都达到比较高的水平，观众对湖北经视的几个栏目的满意度评价较高。不论是在收看比例还是在受欢迎程度方面，《经视直播》仍然是湖北经视观众最喜欢收看的节目，在本地新闻节目中居第一位，已树立了自己的品牌。

4）本次调查的主要建议

（1）节目的新颖性与创新性需要进一步提高

对于“你认为湖北经视还需要从哪些方面改进”的前8个封闭选项中，选择“增加创新性”的占比最大，为46.9%；与其数量相当的是“多反映群众的呼声和意见”，占46.9%；再次为“趣味性、娱乐性”，占36.2%。占比重较小的为时效性17.9%、可信度26.9%，以及其他7.6%。这些数据表明，经视的节目的及时性和可信赖程度比较高，但是节目可能有些刻板，应多增设听取民意的渠道，在创新性上进一步提升。

（2）新闻报道品质需要进一步提升

受众普遍认为目前电视节目的整体质量亟待提高，这也是电视市场竞争各方争夺受众的焦点。在开放性的意见反馈中，观众对《经视直播》节目不满意的地方主要是：报道的事件太琐碎、题材无新意、不贴近生活、反映负面现象太多等。受众希望节目能对一些事件进行追踪报道，继续拓宽涉及面，内容更贴近生活，进一步提高新颖度和真实感。

（3）在“主持人的魅力”方面，观众对不同栏目的主持人印象与评价差距较大

看得出来，主持人的包装与推广有待进一步推进与提升。对观众的调查表明，类似《欢乐送》的节目主持人进社区活动应该继续保持与发扬，让主持人与观众打交道，了解观众的心声，增加节目的互动环节。电视节目主持人在某种意义上算作电视节目的形象代言人，是栏目风格、定位的体现，优秀的节目主持人可以加强栏目与观众之间的情感联系。经视可以在主持、新闻活动、社会公益活动、走进社区等方面精心策划，有效推出、包装、打造与推广名主持人。

（4）湖北经视针对武汉文艺、武汉影视的主导性优势地位的竞争意识还有待进一步提高

在经视同时段节目中，除了《经视直播》的主导性优势较为明显外，武汉文艺、武汉影视、武汉新闻综合频道对经视其他同时段节目构成竞争态势。湖北经视可根据观众的呼声相应做些调整。

（5）湖北经视受众的空间和容量是巨大的，并且依然具有争取受众的潜力

从受众的职业构成来看，离退休人员、待业人员、下岗人员、家庭主妇、工人等有较多空闲时间的受众相对较多，机关、企业的普通职员和专业人士、教师、医生、工程师等所占的比例也不小，且有进一步挖掘的空间。

（6）双休日收视时间长于工作日，这为媒介“有效电视时间”的利用和节目设置提供了重要的参考

在工作时间，长时间收看电视的受众不多，说明相对于其他媒介，电视媒介与受众工作时间的兼容性较差。电视媒介应该考虑如何在不同的收视时段，科学、合理地确定适合受众生活状态的传播内容和形式。

（7）广告投放与编排要更合理、更科学地考虑市场效益与收视心理的平衡

观众反馈意见较多的问题是插播广告时间太长，尤其是在电视剧播放期间。因此，应在节目进行中间缩短广告时间，让电视剧播放更流畅。

（摘自华中科技大学新闻与信息传播学院《湖北经视社会影响力调查》课题组的报告。课题组负责人：石长顺；课题组成员：何志武、余奇敏、郭小平、石水军、胡怡；执笔：郭小平、余奇敏。）

**问题：**参考第7章和第8章内容，回答以下问题：

1）一个完善的调查报告应该怎样撰写？

2）具体说明撰写一个调查报告需要注意哪些环节。

**分析要求：**同第1章“基本训练”中本题型的“分析要求”。

# 综合实训

实训综-1

【训练项目】

果汁饮料意向调查问卷设计。

【情境设计】

将班级学生分成若干实训团队，每个团队确定1人负责。根据操练项目的需要进行角色分工与协作，并依照该项目的业务原则与程序要求，进行模拟实训。

【训练要求】

练习意向调查问卷设计。

【训练内容】

通过实训，要求学生初步掌握意向问卷设计方法，能够根据调查目标确定问题类型、选择提问方式、设计适当问句、合理编排版面，从而训练“问卷设计”的专业技能，并兼顾“团队协作”“解决问题”等通用能力的培养。

【训练步骤】

1）将班级学生分成若干实训团队，每组确定1人负责。

2）各团队学生根据操练项目的需要进行角色分工与协作。

3）各团队学生结合该项目的内容，重点体验模拟实训的全过程。

4）各团队学生记录本次模拟实训的成功经验、存在的问题、解决办法。

5）各团队整理实训记录，在此基础上撰写《果汁饮料意向调查问卷设计实训报告》。

6）在班级讨论交流、相互点评与修订各团队的《果汁饮料意向调查问卷设计实训报告》。

7）在校园网的本课程平台上展出经过修订和任课教师点评的各团队《果汁饮料意向调查问卷设计实训报告》，供学生们借鉴。

实训综-2

【训练项目】

果汁饮料意向调查报告撰写与分析。

【情境设计】

将班级学生分成若干实训团队，每个团队确定1人负责。根据操练项目的需要进行角色分工与协作，并依照该项目的业务原则与程序要求，进行模拟实训。

【训练要求】

撰写调查报告并进行分析。

【训练内容】

通过实训，要求学生初步掌握调查报告撰写和分析方法，从而训练“调查报告的撰写与分析”的专业技能，并兼顾“团队协作”“解决问题”等通用能力的培养。

【训练步骤】

1）将班级学生分成若干实训团队，每个团队确定1人负责。

2）各团队学生根据操练项目的需要进行角色分工与协作。

3）各团队学生结合该项目的内容，重点体验模拟实训的全过程。

4）各团队学生记录本次模拟实训的成功经验、存在的问题、解决办法。

5）各团队整理实训记录，在此基础上撰写《“果汁饮料意向调查分析”实训报告》。

6）在班级讨论交流、相互点评与修订各团队的《“果汁饮料意向调查分析”实训报告》。

7）在校园网的本课程平台上展出经过修订和任课教师点评的各团队《“果汁饮料意向调查分析”实训报告》，供学生们借鉴。

# 主要参考文献

［1］伯恩斯，布什. 营销调研［M］. 于洪彦，金钰，译. 7版. 北京：中国人民大学出版社，2015.

［2］许鑫. 商业大数据分析［M］. 上海：华东师范大学出版社，2015.

［3］巴宾，齐克芒德. 营销调研精要［M］. 应斌，王虹，译. 6版. 北京：清华大学出版社，2016.

［4］于久贺. 小数据：玩转数据与精准营销［M］. 北京：人民邮电出版社，2016.

［5］李桂华. 市场调研［M］. 天津：南开大学出版社，2016.

［6］陈凯. 市场调研与分析［M］. 北京：中国人民大学出版社，2016.

［7］郑聪玲. 市场调研：任务、案例与实战［M］. 北京：人民邮电出版社，2017.

［8］陶广华，刘乐荣，徐嵘. 市场调查与分析［M］. 北京：北京理工大学出版社，2017.

［9］邵贵平. 网店数据分析［M］. 北京：北京理工大学出版社，2017.

［10］王明伟. 商业预测：构建企业的未来竞争力［M］. 北京：机械工业出版社，2017.

［11］赖文燕. 市场调查与预测［M］. 南京：南京大学出版社，2017.

［12］麦克丹尼尔，盖茨. 当代市场调研［M］. 李桂华，等译. 10版. 北京：机械工业出版社，2018.

［13］贾平. 市场调查与预测［M］. 北京：中国传媒大学出版社，2020.

［14］柴庆春. 市场调查与预测［M］. 北京：中国人民大学出版社. 2020.

［15］张浪. 区块链+商业模式革新与全行业应用案例［M］. 北京：中国经济出版社，2019.

［16］袁煜明，王蕊，孟岩，等. 区域链产业应用100例［M］. 北京：人民邮电出版社，2021.

［17］刘彦华. 2020中国综合小康指数96.6：疫情防控居最受关注十大焦点问题榜首［EB/OL］.［2022-05-25］. https：//www.chinaxiaokang.com/zhongguoxiaokangzhishu/

［18］第一营销网，http：//www.cmmo.cn.

［19］调研在线网，http：//www.mrpad.com.

［20］中国行业研究网，http：//www.chinaim.com.

［21］中国市场营销网，http：//www.ecm.com.cn.

［22］北京新生代市场监测机构，http：//www.sinomonitor.com.

［23］3SEE市场研究信息网，http：//www.3see.com.

［24］全球品牌网，http：//www.globrand.com.

［25］中国营销评论网，http：//www.marketingcn.org.

［26］中国行业咨询网，http：//www.china-consulting.cn.

［27］百度文库，http：//wenku.baidu.com.

［28］中国连锁经营协会，http：//www.ccfa.org.cn/portal/cn/index.jsp.

［29］广州社情民意研究中心，http：//www.c-por.org.

［30］商业评论网，http：//www.ebusinessreview.cn.

［31］尼尔森数据，https：//www.nielsen.com.